D0546962

L'ENFANT
AUX DEUX LANGUES

CLAUDE HAGÈGE

L'ENFANT
AUX DEUX LANGUES

EDITIONS
ODILE JACOB

© ÉDITIONS ODILE JACOB, JANVIER 1996
15, RUE SOUFFLOT, 75005 PARIS
ISBN 2-7381-0340-5

Le Code de la propriété intellectuelle n'autorisant, aux termes de l'article L.122-5, 2° et 3° a), d'une part, que les « copies ou reproductions strictement réservées à l'usage privé du copiste et non destinées à une utilisation collective » et, d'autre part, que les analyses et les courtes citations dans un but d'exemple et d'illustration, « toute représentation ou reproduction intégrale ou partielle faite sans le consentement de l'auteur ou de ses ayants droit ou ayants cause est illicite » (art. L. 122-4). Cette représentation ou reproduction, par quelque procédé que ce soit, constituerait donc une contrefaçon sanctionnée par les articles L. 335-2 et suivants du Code de la propriété intellectuelle.

Introduction

Est-ce une anomalie, pour un être humain, que de posséder trois pieds ? Ou deux nez ? — Oui, certainement. Il ne peut s'agir que de situations extrêmement rares, et là où elles sont attestées, on les tient pour monstrueuses, préférant les assigner au pathologique comme à un revers inquiétant et trouble de la norme. Tout au contraire, on considère comme l'image même de la norme les situations qui, loin d'être rares, se caractérisent par leur haut degré de fréquence.

Or c'est précisément cette fréquence que l'on observe dans le cas du bilinguisme. Si l'on en croit des auteurs sérieux, il n'existe quasiment pas de pays où le bilinguisme ne soit pas présent, et le nombre des individus bilingues doit être évalué comme égal à la moitié, environ, de la population totale du globe (Grosjean 1982). C'est pourquoi mon projet, dans le présent livre, est de montrer par quels moyens l'Europe, qui n'est pas encore le continent où l'on trouve le plus de bilingues, peut multiplier le nombre de ces derniers. L'enjeu d'une telle entreprise, c'est la construction européenne elle-même. Car l'effacement des frontières et l'accroissement de la mobilité des

Européens rendront de plus en plus nécessaire la connaissance des langues d'autres pays que celui de chaque individu.

Ce programme est loin d'être hors de portée. La connaissance d'une langue n'a aucune raison d'exclure, chez une même personne, celle d'une ou de plusieurs autres, pourvu que les circonstances aient favorisé leur acquisition. Le bilinguisme ne requiert pas de facultés cérébrales ni de processus mentaux spécifiques qui ne s'observeraient pas chez les unilingues (Paradis 1980). Cela, comme on peut l'imaginer, n'est pas sans intérêt théorique pour les recherches dites cognitives, c'est-à-dire les recherches sur la connaissance. En effet, cette identité des structures neurologiques, qui désigne tout simplement les bilingues et les unilingues comme membres d'une même espèce, n'implique pas qu'il ne puisse exister des différences induites par les types d'opérations accomplies, et par les mécanismes que leur fréquence est à même de produire. On a constaté depuis longtemps que les bilingues possèdent généralement une malléabilité et une souplesse cognitives supérieures à celles des unilingues (Bain 1974). Cela peut expliquer la meilleure qualité des résultats qu'ils obtiennent dans diverses épreuves (intelligence verbale, formation conceptuelle, raisonnement global, découverte des règles sous-jacentes à la solution des problèmes), ainsi que dans les tâches qui font appel à la capacité de prendre une distance par rapport à la langue et de réfléchir sur elle (Cummins 1978). Ainsi, la souplesse cognitive des bilingues est non une aptitude innée, mais un avantage acquis. Les bilingues possèdent encore le pouvoir de franchir avec aisance les frontières que dresse entre les hommes la différence des langues. On comprend, dans ces conditions, qu'un grand linguiste de ce siècle (Jakobson 1963) ait pu considérer l'étude du bilinguisme comme le chapitre le plus fondamental de la linguistique.

Il s'agit ici, et il s'agira dans tout le présent ouvrage,

du bilinguisme individuel, et non du bilinguisme d'État. Ce dernier est celui de pays qui ne sont officiellement bilingues ou plurilingues que dans la mesure où plusieurs régions ou collectivités s'y différencient entre elles par la langue. Je parlerai ici de *plurilinguisme* pour désigner la coexistence d'une pluralité de langues dans un espace géographique ou politique donné, et de *multilinguisme* pour référer à la connaissance multiple de langues chez un même individu (Truchot 1994). D'autre part, j'inclus le bilinguisme dans le multilinguisme, comme un cas, particulier, de réduction à deux.

Enfin, par souci de clarté, j'utiliserai en général ici la notion de langue maternelle, qui, dans l'usage courant, évoque à peu près le même contenu pour tous. Elle ignore, il est vrai, les réalités des sociétés occidentales, où la mère n'est plus toujours celle qui, attachée au foyer, transmet seule la langue. Je me servirai donc aussi, à l'occasion, de certaines des notions qui lui sont souvent préférées, comme celles de langue première, ou autochtone, ou familiale, etc.

Le présent livre ne s'adresse pas seulement aux spécialistes de l'acquisition des langues ou aux linguistes versés dans d'autres domaines mais soucieux de s'informer sur celui-ci. Il s'adresse également aux parents, et s'efforce donc de répondre à leurs interrogations. Ces dernières sont nombreuses et souvent précises, comme il ressort des consultations publiques. Ainsi, lors de l'une d'entre elles (émission radiophonique consacrée en juin 1990, sur la station France-Inter, au bilinguisme enfantin : Deprez 1994), il fut demandé, notamment, aux spécialistes invités, si l'exposition précoce à deux langues n'implique pas de risques pour le développement de jeunes enfants, et si une mère bilingue peut, sans craindre un échec, entreprendre d'enseigner non pas sa première langue, mais sa seconde, qu'elle connaît bien. D'autres questions que les familles se posent concernent l'âge auquel il convient d'introduire l'enseignement d'une deuxième langue, ou les facultés intellectuelles dont le bilinguisme facilite le développement, ou l'efficacité comparée de l'apprentissage des langues au début de la vie et durant la période adulte, ou encore les cas d'oubli d'une des langues, notamment la langue maternelle.

D'ores et déjà, on peut noter que ces questions concernent aussi bien le bilinguisme précoce que l'apprentissage de la langue maternelle. Or il se trouve que dans l'histoire de la recherche scientifique, l'observation des enfants bilingues est contemporaine des premières études sur l'acquisition de sa langue par l'enfant unilingue. Celles-ci sont conduites à travers celle-là dans certains (notamment Leopold 1939-1950) des travaux importants consacrés à cette branche de la linguistique, lesquels datent tous de la première moitié de ce siècle (de Hérédia-Deprez 1977 en offre une liste). Ce qui est vrai du livre de W. Leopold l'est aussi de celui de J. Ronjat, publié à Paris en 1913 et longtemps demeuré sans postérité, car il ne suffit pas d'étudier avec sérieux le bilinguisme pour intéresser le public, s'il n'est pas motivé. Or, en France, l'intérêt pour le bilinguisme est un phénomène récent. Certes, de nombreuses initiatives ont commencé de le favoriser. Mais il manque encore un vaste et réel projet d'ensemble. C'est bien un tel projet que je voudrais offrir. Il s'agit donc ici de fournir les clefs qui doivent donner accès à une école d'un type encore inconnu.

Pour y parvenir, je conduirai le développement en quatre parties. Dans la première, intitulée *Les blocages de l'adulte et les grâces de l'enfant,* je montrerai d'abord que Les ressources enfantines, trésor inépuisable (chapitre I) sont encore largement sous-exploitées, et qu'il est donc urgent de les mettre à profit avant que ne soit atteint Le seuil fatidique de la onzième année (chapitre II). Un modèle utile, à cette fin, est celui que fournissent Les enfants de couples mixtes (chapitre III), et quant à l'inspiration générale d'un enseignement bilingue, il convient de mettre les écoliers en état d'Apprendre à apprendre (chapitre IV).

Ces bases étant définies, on peut alors accéder au château rêvé du bilinguisme, à condition de se munir de ce que la deuxième partie appelle *Cinq clefs pour une école nouvelle*. Il s'agit successivement, de L'apprentissage précoce des langues étrangères (chapitre V), de la conception de La langue comme instrument (chapitre VI), de L'immersion par échanges massifs de maîtres à travers l'Europe (chapitre VII), de L'entretien permanent des connaissances acquises et nouvelles (chapitre VIII), enfin de la réponse apportée à la question de savoir Quelles langues enseigner dans les écoles primaires (chapitre IX).

Dans le cas particulier de la France, il convient de tenir compte des facteurs liés à la nature et à l'histoire de la langue, ainsi qu'à l'existence d'idiomes régionaux. C'est ce que propose de faire la troisième partie, intitulée *De quelques données de base et méthodes utiles*. Après un essai de caractérisation sous le titre Blandices exotiques de la langue française (chapitre X), j'y rappelle que l'on doit utiliser, lorsqu'il y a lieu, Le précieux concours des langues régionales (chapitre XI).

Enfin, pour compléter cette présentation d'un projet nouveau d'enseignement des langues, le livre souligne dans une quatrième partie la *Diversité des situations bilingues*. Sont ainsi examinés Les visages du bilinguisme (chapitre XII) puis la différence entre Bilinguisme égalitaire et bilinguisme d'inégalité (chapitre XIII).

À travers tous ces jalons, c'est une entreprise de démythification du bilinguisme que le livre s'efforce de conduire méthodiquement. L'urgence d'une telle entreprise est particulièrement claire en France. Car s'il est vrai que l'ouverture aux langues de l'altérité y est de plus en plus perçue, aujourd'hui, comme profitable au français, la tradition unilingue et l'illusion qu'elle produit d'une puissance incontestée ont forgé des mentalités dont la patine est assez épaisse pour résister encore, lors même que la réalité des périls, devenue évidente, arrache les esprits à leur aveuglement. Au surplus, les Français se sont persuadés qu'ils sont «peu doués pour les langues», alors que, comme j'espère le montrer ici, n'importe quel Français peut devenir un parfait bilingue, pourvu que l'on consente à en créer les conditions favorables. Mais la défense du français n'est pas seule en cause. Ou plutôt, elle est un exemple plus frappant que d'autres. Le bilinguisme généralisé est l'avenir de l'Europe. Pour les cultures européennes, il est même, probablement, la clef de la survie.

PREMIÈRE PARTIE

Les blocages de l'adulte et les grâces de l'enfant

CHAPITRE I

Les ressources enfantines,
trésor inépuisable

LE NOURRISSON, OREILLE AVIDE

Si l'enfance est bien la période de la vie où les potentialités sont les plus riches et les plus variées, elle n'est qu'une période. Il convient, en conséquence, d'exploiter sans tarder les ressources immenses qu'elle recèle. Cela est particulièrement vrai dans le domaine des langues, qu'il s'agisse de la principale ou de celle que l'on y ajoute en vue de former un bilingue. Je montrerai donc d'abord, dans le présent chapitre, ce que sont, en matière d'aptitude aux langues, les trésors enfantins, largement inexploités dans les systèmes d'éducation.

Il devra devenir clair, au terme de ce parcours, que les chances de succès de l'apprentissage bilingue sont directement liées au soin que l'on prend de le favoriser dès le début de la vie.

L'étonnante précocité auditive de l'enfant

On a observé que l'enfant distingue dès sa naissance la voix de sa mère. D'autre part, il n'est pas indispensable de se livrer à une longue enquête pour remarquer qu'un enfant âgé de quelques jours est non seulement sensible à tout phénomène sonore (s'il apparaît clairement qu'il ne l'est pas, le diagnostic de surdité est, le plus souvent, certain), mais encore qu'il est capable d'en localiser la source. En effet, on le voit tourner la tête vers cette dernière dès lors que l'émission est non pas frontale, mais latérale, c'est-à-dire non située dans l'axe de son visage. L'angle ainsi formé et dont les deux côtés sont sa tête et cet axe, est fonction, quant à son ouverture, du décalage entre deux perceptions : celle que le phénomène sonore produit dans l'oreille la plus proche de la source, et d'autre part, celle qu'effectue l'oreille la plus éloignée, laquelle reçoit le son dont il s'agit à la fois plus tard et avec moins d'intensité. Dans la mesure où le mouvement de tête que l'on note chez l'enfant lui sert à localiser la source, on peut en déduire qu'il possède de manière innée une organisation assez perfectionnée des centres auditifs, puisqu'il est capable de convertir en termes spatiaux les indices de distance temporelle et d'intensité acoustique qu'enregistrent ses deux oreilles.

Les étapes se succèdent ensuite à un rythme saisissant. Dès le milieu de la deuxième semaine de vie, on voit apparaître l'aptitude à distinguer la voix humaine de toutes les autres émissions sonores, qu'il s'agisse de bruits de l'environnement naturel et humain, de sons émis par les jouets divers ou de tout autre phénomène acoustique. Vers la quatrième semaine, le nourrisson peut distinguer certaines consonnes, ainsi que certaines voyelles si elles sont présentées en opposition avec d'autres consonnes et d'autres voyelles. Et c'est vers le début de son troisième mois qu'il commence à développer une sensibilité aux inflexions de la voix humaine qui correspondent à un contenu sémantique interprétable : il pleure lorsqu'elle est rude ou d'une gravité traduisant le reproche ou la colère, il manifeste sa joie quand la voix et les intonations sont tendres et bémolisées de complicité. Enfin, vers le quatrième mois, l'enfant a acquis la capacité de distinguer entre les voix masculines et féminines (Petit 1992).

Entre l'inné et l'acquis : la division des tâches

L'apprentissage de la langue maternelle et les aptitudes de l'enfant

Avant même qu'il ne révèle, ainsi, qu'il sait assigner un sexe aux voix, le nourrisson a déjà commencé, vers l'âge de trois mois, à distinguer un nombre croissant de sons parmi ceux que les langues humaines utilisent pour différencier les mots (Werker et Tees 1983). Or chaque langue ne sélectionne qu'une portion, très variable, des oppositions phoniques que l'appareil articulatoire de l'homme peut produire et que son oreille peut percevoir. Le nombre de sons que l'enfant est ainsi capable de discriminer étant supérieur à celui que présentent les productions linguistiques de son entourage, on peut considérer comme innée cette aptitude. On peut comprendre également que l'apprentissage de la langue maternelle au cours du développement de l'enfant n'exploitera qu'une partie des potentialités inscrites dans son code génétique.

Hérédité et environnement

De ce qui précède il faut déduire que les tâches d'apprentissage de la langue se répartissent entre deux champs : d'une part celui des composantes transmises par hérédité et appartenant à un noyau de schèmes sensori-moteurs préprogrammés qui, organisant les perceptions et les actions, définissent aussi le comportement linguistique de l'enfant (Cellérier 1979) ; d'autre part les éléments de l'environnement, c'est-à-dire ceux qui procurent une expérience externe du monde physique. Cette expérience joue un rôle capital dans l'apprentissage des langues particulières. Certes, lorsque l'on voit le jeune chimpanzé cantonné dans le stade sensorimoteur, on doit admettre qu'il existe une programmation héréditaire du passage que l'enfant humain, au contraire, effectue de cette première étape au stade symbolique, puis de celui-ci aux opérations formelles : il ne s'agit pas d'une transition stochastique, c'est-à-dire de pur hasard, mais bien d'une manifestation de l'existence d'un patrimoine génétique. Il est vrai, également, qu'en radicalisant les positions, on pourrait, comme le font certains spécialistes de biologie moléculaire, soutenir que les variations phénotypiques elles-mêmes (le phénotype est le trait ou l'ensemble de traits qui apparaissent dans un environnement donné) sont limitées par le génotype (caractère inscrit dans le code héréditaire), ou même qu'il existe dans le patrimoine inné certains gènes régulateurs, qui sont responsables de l'adaptation des systèmes vivants aux conditions de l'environnement (Jacob 1979). Cela dit, il faut reconnaître que le monde extérieur fait surgir trop de facteurs totalement imprévisibles pour que l'on puisse se contenter de les traiter comme potentiellement prévisibles ; dans le cas qui nous occupe ici, les virtualités auxquelles rien ne répond dans la langue maternelle de l'enfant (parce qu'elle ne contient pas certains sons que l'enfant serait cependant capable de percevoir) s'évanouissent très vite, ce qui est précisément, comme nous le verrons, le défi principal de l'enseignement bilingue.

Imiter l'entourage

Il existe chez l'enfant une pulsion d'imitation qui joue un rôle considérable dans l'apprentissage des langues comme dans celui de toute la vie sociale. Qu'elle soit elle-même inscrite dans le code génétique ou créée *ex nihilo* par l'environnement, elle ne déclenche un processus d'imitation que si elle est sollicitée. C'est ce que montre négativement le cas des enfants sauvages. Il s'agit d'humains abandonnés à leur naissance au milieu de sociétés animales, comme l'enfant-chèvre d'Irlande (1672), ou Kaspar Hauser, recueilli à Nürnberg en 1828. Même découverts dans leur adolescence et soumis alors à un processus de civilisation, ils ne parviennent pas à maîtriser la langue. L'environnement humain, indispensable à l'enfant pour l'apprentissage de son idiome maternel, l'est à plus forte raison quand il s'agit d'éducation bilingue. Ainsi, tout comme l'aptitude au langage, la pulsion mimétique n'aboutit à l'acquisition d'une langue que si le milieu lui procure un champ pour se manifester. Pour apprendre une langue, l'enfant imite les humains qui l'entourent. Il est loin d'être évident que, comme le soutenait la doctrine de N. Chomsky dans sa version classique (cf. Hagège 1976, 82), les scories des modèles ambiants soient trop nombreuses pour qu'il n'y ait pas lieu d'assigner un rôle exclusif à la faculté de langage innée. La mimésis est une donnée de base de l'anthropologie. Toutes les méthodes d'enseignement d'une langue prennent appui sur la puissance de ses effets chez l'enfant.

Les gestes, l'adulte et l'enfant

La prononciation ne peut s'acquérir à tout âge de manière acceptable. C'est ce qu'atteste l'exemple courant des étrangers qui, ayant appris une deuxième langue dans leur vie adulte, n'ont pu se défaire de leur accent d'origine. Ainsi, le linguiste R. Jakobson était un remarquable polyglotte, mais on disait aussi de lui qu'il parlait russe en dix langues. Il faut donc considérer que les habitudes articulatoires acquises dès l'enfance dans la langue première sont des gestes sociaux, et que c'est là la raison des fortes pressions qu'elles exercent une fois qu'elles sont enracinées. Pour être limitées à l'appareil qui s'étend des lèvres au larynx, c'est-à-dire à un volume assez restreint, les articulations des sons qui constituent la face phonique des langues humaines n'en sont pas moins des conduites gestuelles. Elles appartiennent à la culture d'une communauté tout comme les autres gestes, auxquels on ne songe guère à les comparer, faute de réfléchir sur leur nature : ceux que font, par exemple, les mains, ou la tête, ou les jambes dans la marche, la génuflexion, etc., ou le tronc se courbant en avant, en arrière ou de côté.

Or une observation essentielle, qui sous-tend toute pédagogie, de quelque discipline qu'il s'agisse, est que l'acquisition des gestes culturels, parfaitement aisée et naturelle chez l'enfant, devient de plus en plus difficile à partir de six ou sept ans, les situations étant évidemment fort variables selon les sujets. Dans les premières années de la vie, l'avidité d'apprendre et la docilité à reproduire ne sont pas, ou sont à peine, inhibées par les pressions sociales. L'enfant de moins de six ans ne redoute pas les railleries qui disqualifient le son exotique en s'en prenant aux mimiques nécessaires à sa production. Peu lui importe que les gestes de sa langue, de ses lèvres, de son nez et de ses dents se heurtent au rejet du groupe, habitué par la culture dominante du lieu à d'autres mouvements du visage, dans lesquels il reconnaît son identité.

LE DÉVELOPPEMENT AUDITIF EST BEAUCOUP PLUS RAPIDE QUE L'ACQUISITION DES SONS

La perception auditive et l'articulation phonique se différencient fortement l'une de l'autre du point de vue ontogénétique. Le fœtus présente déjà des réactions auditives, essentiellement à la voix de sa mère, que transmet le liquide amniotique, mais aussi à des sons de basse fréquence (cf. Querleau et Renard 1981). On constate que le nouveau-né, quand sont émises des sonorités identiques à celles qu'il a reçues pendant son existence intra-utérine, y est particulièrement sensible. Cela ne signifie pas, évidemment, que l'ouïe soit déjà parfaite, puisque l'anatomie de l'oreille interne, moyenne et externe ainsi que celles du nerf auditif et des centres cérébraux connaissent, durant les trois premiers mois de la vie du nourrisson, un important développement. Mais précisément, c'est là une période fort brève, et la rapidité de ce développement est donc bien un fait remarquable.

À cette rapidité s'oppose nettement la lenteur qui caractérise l'élaboration du système phonatoire (Petit 1992). Ce n'est, en effet, qu'au bout de dix-huit à vingt-quatre mois de vie extra-utérine que ce système atteint le stade anatomique correspondant à son état adulte. En particulier, on sait qu'une propriété typique du larynx du nouveau-né est d'être encore situé en une position beaucoup plus élevée que chez l'adulte, c'est-à-dire non pas, comme chez ce dernier, au niveau des vertèbres cervicales les plus basses (de la quatrième à la septième), mais à celui des plus hautes : l'atlas, l'axis et la troisième vertèbre cervicale. Par cette propriété, l'enfant humain ressemble non seulement à l'ensemble des mammifères autres qu'humains, mais aussi à l'ancêtre de l'homme, plus précisément d'*homo erectus*, à savoir *homo habilis*, dont *homo erectus*, apparu vers –200 000 ans, se distingue, entre bien d'autres nouveautés, par la descente du larynx, vraisemblablement liée à la station érigée qui lui donne son nom. L'étape initiale de l'ontogenèse récapitule ici la phylogenèse, comme le dit la fameuse « loi biogénétique » de Haeckel (cf. Hagège 1985, 31), certes simplificatrice et non reconnue par tous, mais apparemment bien illustrée dans cette reproduction, chez le nourrisson, d'une étape fort archaïque de l'histoire de l'espèce. Et précisément, de même que chez *homo habilis*, chez l'enfant, tant que son larynx demeure en position très haute, réduisant fortement, en conséquence, le volume de la cavité du pharynx, celui-ci ne peut pas fonctionner comme résonateur, ni donc agir, ainsi que le fait la voix de l'adulte, sur les sons émis au niveau glottal. De même, tout comme chez *homo erectus*, mais en un temps infiniment plus bref, la descente du larynx, réalisée chez l'enfant entre la naissance et deux ans, ouvre la voie à l'action du pharynx en tant que caisse de résonance.

Pourtant, ce progrès anatomique ne suffit pas pour créer les conditions de la phonation humaine. Durant les 170 000 années qui séparent *homo erectus* d'*homo sapiens*, la structuration du néo-cortex devient de plus en plus complexe et l'apprentissage neuromoteur de plus en plus raffiné. Seul ce phénomène, évidemment unique dans le monde des espèces animales, permettra d'exploiter à des fins de communication linguistique, comme par détour sur voie parallèle, un appareillage dont la finalité d'origine, et d'aujourd'hui encore, est tout autre, comme l'atteste, en effet, une donnée essentielle d'anatomo-physiologie : l'innervation du larynx est purement viscérale par son lieu de provenance, puisqu'elle met en œuvre un rameau, dit justement récurrent, du nerf pneumogastrique (cf. Petit 1992, 78). Ainsi, chez l'enfant humain, il existe une opposition frappante : son audition dépend d'un système spécialisé pour une fonction sensorielle ; en revanche, il est, quant à sa phonation, l'héritier d'une histoire qui, par un très lent mais remarquable scénario d'adaptation, a, en quelque sorte, prélevé une finalité linguistique sur un mécanisme viscéral à vocation digestive !

En d'autres termes, l'enfant apprend à parler beaucoup plus tard qu'il n'apprend à entendre. Et c'est cette précocité de l'audition, autant que sa richesse d'ouverture aux sons les plus variés, qu'il convient d'exploiter dans l'éducation bilingue. On ne peut, naturellement, commencer de procéder dès les premiers mois de la vie à une telle exploitation, qui supposerait une véritable pédagogie bilingue, inconcevable alors. Mais on doit du moins se persuader de l'urgence d'y procéder dès que l'enfant est en état de recevoir un enseignement, quelque forme que prenne ce dernier. Et ce qui rend évidente cette urgence, c'est l'observation d'un phénomène essentiel, dont il va être question maintenant.

CHAPITRE II

Le seuil fatidique
de la onzième année

FAUTE D'ÊTRE SOLLICITÉES,
LES SYNAPSES TENDENT À SE STABILISER

L'enfant possède, comme on vient de le voir, une remarquable sensibilité auditive aux propriétés qui distinguent les sons dans les langues humaines. Mais il se produit assez tôt une perte rapide de ces richesses héréditaires. En effet, s'il est vrai que les aptitudes inscrites dans son code génétique sont très vastes, il est aussi vrai, néanmoins, que la pression du milieu est très puissante. On constate que dans la période située entre six et dix à douze mois, les capacités distinctives de l'enfant commencent à décroître. Il existe des oppositions sonores qu'il n'entend pas dans son milieu, pour la simple raison que la langue qui s'y parle ne les connaît pas. Ces oppositions deviennent de moins en moins sensibles à son oreille. Cette récession s'explique probablement par le fait que l'absence de stimuli dans l'environnement induit une sclérose des synapses qui leur correspondent. Les neurobiologistes, pour rendre compte de l'effet direct qu'exerce sur les structures enfantines ce conditionnement négatif dû à l'action essentielle de l'environnement, parlent de stabilisation sélective des synapses (Petit 1992). Cette formulation dit assez combien la pression extérieure est forte.

LA PRESSION DU MILIEU

On peut faire apparaître cette action, dont l'examen est un préalable à la définition d'une méthode efficace d'enseignement bilingue, en étudiant quatre aspects, correspondant aux notions de période critique, d'oreille nationale, de butée pubertaire et de crainte des erreurs (ou lathophobie) (Petit 1992).

La période critique

La probable sclérose des synapses dont je viens de faire état ne signifie évidemment pas une nécrose de zones neuronales particulières, laquelle serait de nature pathologique et n'interviendrait qu'en cas de lésion. Il s'agit seulement d'une mise en veilleuse de capacités fonctionnelles non sollicitées. C'est la raison pour laquelle la récession observée n'est pas irréversible. Pendant longtemps les enfants correctement instruits dans une deuxième langue demeurent capables d'y acquérir une compétence comparable à celle des locuteurs nés dans la langue. La période critique se situe entre sept mois, âge où apparaissent les premiers signes d'un déclin des aptitudes distinctives observées dans les premiers mois de la vie, et dix ans, âge au-delà duquel ce déclin, encore largement réversible jusque-là, cesse de l'être. En effet, les interférences entre la langue principale et la langue enseignée comme seconde deviennent alors impossibles à conjurer, au moins dans la majorité des cas, c'est-à-dire en ne tenant pas compte des adolescents particulièrement doués, qui demeurent l'exception.

Il faut rappeler encore, néanmoins, que ce seuil critique de la onzième année concerne surtout l'apprentissage de la phonétique. Dans les domaines autres que celui des sons, une langue étrangère peut être fort bien apprise à l'âge adulte. C'est pourquoi l'objection que l'on soulève parfois contre la notion de période critique paraît résulter d'un malentendu, dès lors qu'elle fait état de la bonne acquisition de la grammaire et du lexique chez des sujets qui ont depuis longtemps dépassé l'étape de l'enfance. Ainsi, M. Candelier s'en prend (1995) à

> « la conception encore largement répandue, y compris chez certains didacticiens, selon laquelle c'est dans les dix premières années de la vie que l'on apprend le mieux les langues étrangères. Le développement des connaissances neurologiques et l'examen des données expérimentales relatives à l'apprentissage de langues non maternelles montrent qu'il faut faire aujourd'hui table rase de cette opinion ».

L'auteur cite, à l'appui de cette déclaration, divers passages tirés des travaux de Bogaards (1988), Neufeld (1977), Singleton (1989) et Vogel (1991). Ces passages concernent surtout, en fait, l'acquisition de la grammaire. Le seul des quatre dans lequel il soit question de la phonétique, à savoir Neufeld, outre qu'il date de près de vingt ans, en traite de manière trop brève et trop peu explicite pour qu'on puisse considérer qu'il mette sérieusement en doute la notion de période critique. Au reste, M. Candelier, dans un autre ouvrage qu'il signe avec trois auteurs, consent à accorder une réalité au seuil critique quand il s'agit des sons :

« ... l'opinion publique [...] est convaincue que l'enfance est un moment de la vie où des " miracles " peuvent s'accomplir en matière d'acquisition linguistique.

Pendant de nombreuses années, la recherche neurophysiologique semblait donner un fondement scientifique à cette opinion en s'appuyant sur des hypothèses fixant à dix ou douze ans l'âge auquel se produit la latéralisation du cerveau. On pense maintenant qu'elle intervient beaucoup plus tôt, ce qui ruine le raisonnement liant ce phénomène à un déclin supposé des capacités d'apprentissage des langues. Les recherches empiriques comparant — à conditions égales — l'acquisition de langues non maternelles par de jeunes enfants et par des adolescents ou des adultes confirment ce point de vue. Le seul domaine où un certain nombre d'observations concordantes ont pu être recueillies en faveur d'une meilleure appropriation par de jeunes enfants (de sept à onze ans) est celui de la prononciation. Pour d'autres aspects, qu'il s'agisse de la rapidité des progrès ou de l'acquisition de capacités grammaticales, les études convergent pour montrer la supériorité d'apprenants plus âgés » (Batley et al. 1993).

Les auteurs ne citent aucune de ces « études » dont ils invoquent la caution. Si donc il est certain que, comme l'atteste l'expérience la plus courante, un adulte, même quand il ne parvient pas à la prononcer correctement, peut acquérir néanmoins une très bonne maîtrise d'une langue étrangère, rien n'indique que l'enfant lui soit inférieur quant à l'apprentissage du lexique et des mécanismes de la grammaire.

L'oreille nationale et l'articulation

L'audition détermine-t-elle la phonation ?

Jusqu'à dix ans, ou, dans les cas les plus favorables, onze ans, soit jusqu'à la fin de la période critique, l'oreille de l'enfant est un organe normal d'audition, qui n'a pas encore développé de tropismes particuliers. Or la phonation est en rapport avec les sons que l'enfant entend autour de lui. C'est ce que montre le cas, abondamment étudié, des sourds, qui sont souvent dits « muets », mais par abus. Car ils ne présentent, en général, aucune pathologie articulatoire, et ne se taisent que faute d'être en état de produire des sons linguistiques, puisqu'ils ne les ont pas entendus ; et dans les cas d'audition déficiente sans surdité totale (hypo-acousie), un système phonologique acquis est menacé de se désagréger en quelques années.

Cela dit, il convient de ne pas en déduire dogmatiquement que la phonation soit immédiatement et universellement conditionnée par les indices que fournit l'audition. Un phénomène fut observé dans les années cinquante, qui, jusque-là, n'avait pas suffisamment attiré l'attention. Un psycholinguiste avait remarqué qu'un enfant francophone de cinq ans articulait le prénom *Charles* sous la forme *Sarles*, typique du zézaiement dû à la complexité supérieure des consonnes chuintantes *ch* et *j*, si on compare leur articulation à celle des sifflantes *s* et *z*. Or quand l'auteur de l'expérience prononçait à son tour *Sarles* en zézayant volontairement, l'enfant relevait immédiatement l'erreur et corrigeait en s'écriant : « Tu as dit *Sarles* ! Il faut dire *Sarles* ! » Ce phénomène, observé par le chercheur français J. Petit (1992), a été désigné par Berko et Brown (1960) sous le nom d'« effet *fis* », par référence à la prononciation sifflante, chez les enfants anglophones, de la chuintante finale dans l'anglais *fish* « poisson », lors d'une expérience analogue à celle qui avait été faite en France plusieurs années auparavant. Ce qu'il faut en conclure est que l'aptitude à la distinction phonologique, liée à une audition tout à fait normale, n'a pas pour conséquence nécessaire la capacité d'articuler exactement ce qui est perçu, même chez le jeune enfant en période d'apprentissage.

L'effet direct de l'audition sur la phonation était

pourtant considéré comme certain par beaucoup dans les années soixante, notamment à la suite des travaux d'A. Tomatis (1963), selon qui les productions du larynx sont strictement dictées par ce que l'oreille perçoit. Cet auteur se fondait sur l'apparence suivante : les fréquences sur lesquelles un scotome auditif se manifeste, qu'il soit pathologique ou expérimentalement provoqué, sont celles-là mêmes sur lesquelles se produit un scotome vocal ; si on les rétablit à l'audition, elles réapparaissent aussitôt, dit Tomatis, dans la phonation, sans que le sujet en ait conscience. Mais les faits sont moins simples que ne le soutient l'auteur. Il faut rappeler qu'on observe entre l'audition et la phonation un décalage, démentant en partie ces protocoles artificiels. Ce décalage s'explique par l'inertie de l'appareil articulatoire, comparé à la souplesse et à l'efficacité de l'appareil auditif. Le *s* et le *f* du français ont une fréquence de 10 000 et 11 000 hertz respectivement. Le chiffre de 12 000 hertz, assez proche de ces derniers, et qui représente la plus haute fréquence atteinte par les phonèmes de l'anglais, ne peut donc pas être responsable de l'incapacité où se trouvent la plupart des francophones de reproduire correctement certains sons de cette langue. Ces blocages articulatoires sont dus, en réalité, à l'absence, dans la langue française, de combinaisons particulières de traits phoniques. Or ces combinaisons sont, au contraire, exploitées par l'anglais. N'y étant pas habitué parce que sa langue ne les utilise pas, le francophone perçoit moins aisément ces assemblages de sons. Ce serait donc, dans certains cas, la phonation qui influerait sur l'audition, et non l'inverse.

D'autre part, les études acoustiques et l'examen de l'anatomie et de la physiologie de l'oreille humaine révèlent un fait intéressant : l'enregistrement rétro-cochléaire des sons d'une langue, c'est-à-dire leur acheminement jusqu'aux centres corticaux le long des circuits neuronaux correspondants, peut s'effectuer sans que l'on ait filtrage et décryptage de l'information acoustique au niveau de la cochlée (labyrinthe en spirale qui, situé dans l'oreille interne des humains, constitue l'organe auditif proprement dit). Le traitement de cette information dépend en effet du conditionnement linguistique du sujet, donc du fait que sa langue reconnaît ou non comme pertinents, c'est-à-dire intègre ou non parmi l'ensemble de ses moyens distinctifs, les traits phoniques dont est constituée l'émission de sons. Ainsi, un francophone, quand il prononce le mot *souple* selon la norme courante, c'est-à-dire comme un monosyllabe, fait entendre à la fin un *l* sourd. Pourtant, du fait que le français n'utilise le trait d'opposition entre consonnes sourdes et consonnes sonores que sur les occlusives, comme *p/b*, et sur les fricatives, comme *s/z*, et qu'il n'y existe aucune paire de mots qui ne s'opposent que par la présence d'un *l* sourd dans l'un et d'un *l* sonore dans l'autre, les francophones ne perçoivent pas la sourdité du *l* sourd, que l'on rencontre en gallois, par exemple, où il est noté *ll* dans l'écriture.

Les mélodies du nourrisson et les contraintes du filtre

S'il est vrai que, comme on vient de le voir, l'audition ne détermine pas systématiquement le processus de phonation, en revanche, on doit constater qu'elle exerce sur ce processus, quand c'est du nourrisson qu'il s'agit, une influence importante.

Dans les premiers mois de la vie, les potentialités auditives de l'enfant dépassent les sollicitations sonores de l'environnement. Quant aux émissions, bien qu'à l'évidence elles ne soient pas encore des éléments d'un tout structurellement cohérent, elles dénotent, alors que le larynx n'a fait qu'amorcer son mouvement de descente, une aptitude mélodique que seules certaines familles de langues exploitent en termes de différenciation pertinente entre les mots. À partir de sa huitième semaine, alors que jusque-là il n'émettait que des bruits et sons de nature physiologique, le nourrisson se met à roucouler en signe de satisfaction. Le roucoulement est analysable en courbes mélodiques franchissant les degrés de l'échelle musicale du grave vers l'aigu, de l'aigu vers le grave, ou successivement dans les deux directions. Il en est de même des jeux avec sa voix auxquels l'enfant se livre dès la dixième semaine. Pour peu que la langue du milieu ambiant fasse de ces courbes, dans sa phonologie, un usage distinctif, l'enfant les aura vite acquises au cours de son apprentissage ultérieur. Tel est le cas de ceux qui naissent dans un lieu où l'on parle une langue dite à tons : chinois, vietnamien, thaï, langues bantoues, etc. Le résultat sera évidemment le même si un enfant né dans un milieu francophone est exposé continûment, depuis sa naissance, à une de ces langues. C'est à partir du neuvième mois, après la période du babil, située généralement entre la vingt-cinquième et la quarantième semaine, que l'enfant fait apparaître les premières productions que l'on peut considérer comme linguistiques. Mais si les mélodies qu'il commence à roucouler vers la fin de son deuxième mois, et qui pourraient être celles d'une langue à tons, ne trouvent aucun écho autour de lui car on n'y parle pas de langue de ce type, alors son aptitude à apprendre le chinois, par exemple, amorcera un processus d'atrophie. Le bébé français, comme tout bébé européen, est donc un sinophone en puissance, mais les circonstances se gardent bien, si j'ose dire, de faire passer la puissance à l'acte.

Ce qui est vrai des tons l'est aussi de n'importe quel autre phénomène phonique. Au-delà de dix ou onze ans, la fossilisation des aptitudes non stimulées n'est guère réversible. En effet, vers cet âge, l'oreille, jusque-là organe normal d'audition, devient nationale. On peut appeler oreille nationale (Dalgalian 1980) celle qui, au lieu de traiter de la même façon la totalité des sons perçus en leur ouvrant un itinéraire jusqu'à l'enregistrement cérébral, fonctionne en fait comme un filtre, n'ouvrant passage qu'à ceux que la langue maternelle connaît, sous une forme identique ou analogue. L'oreille du francophone de onze ans qui n'a pas été exposé dès sa naissance à une autre langue en sus de la principale agit comme un filtre à trente-quatre trous, soit le nombre des phonèmes du français d'après le décompte le plus communément accepté. Dès cet âge, et à plus forte raison au-delà, les Français, pour la plupart, éprouvent des difficultés à percevoir clairement, ainsi qu'à reproduire, les nombreux sons d'autres idiomes européens qui sont inconnus de leur langue. L'oreille nationale n'est pas une exclusivité française. Le même phénomène existe chez tous les unilingues du monde à partir de onze ans, et il est une des causes principales de l'«accent étranger» perçu par les autochtones, qu'il surprend ou amuse. Chacun interprète d'après ce que sa langue maternelle offre de plus approchant les sons que celle-ci ne possède pas, et que son oreille nationale n'est plus capable, après la période critique, de traiter sans filtrage. Mais les difficultés du francophone qui n'a pas bénéficié d'une éducation bilingue précoce sont accrues par le profil phonétique particulier de la langue française (cf. chapitre X).

L'écran de la puberté et la crainte de l'erreur

Aux arguments qu'on vient de produire en faveur d'une éducation bilingue précoce de l'enfant français, il s'ajoute une autre considération. Au-delà de la période critique, on risque de se heurter à ce que certains (Selinker 1969) ont appelé la butée pubertaire. Il s'agit d'un seuil au-delà duquel les adolescents, durant quelques années cruciales, deviennent de moins en moins avides d'apprendre et sont de plus en plus préoccupés par leur état de transition vers l'âge adulte et par les signes qu'en portent leur corps et leur esprit. À la puissante motivation qui, avant dix ans, pouvait aimanter l'enfant vers les langues si les conditions étaient réunies pour les lui rendre attrayantes, succède une inquiète curiosité, qu'alimentent bien d'autres aspects de l'existence. Dès lors, le goût enfantin pour les manipulations verbales se trouve fortement réduit. L'allègre spontanéité est relayée par une obsession de l'image sociale que l'on donne à voir, par une attitude soucieuse, à tout moment, de l'opinion d'autrui, et donc par une crainte de la faute (lathophobie). Celle-ci, au lieu d'être sereinement assumée comme profitable par la correction qu'elle appelle, est obstinément redoutée comme disqualifiante par le ridicule qu'elle produirait. Certains diront qu'un facteur aggravant est le caractère national des Français, auxquels, paraît-il, rien n'est plus insupportable que de passer pour des dupes. Quoi qu'il en soit, dans les cas extrêmes, la crainte de la faute peut conduire non au simple silence intermittent que l'on observe couramment dans les classes de langues, mais à un véritable état d'aphasie.

Certes, il convient de ne pas s'exagérer la gravité de cette situation. Les particularités de la langue française, les traits supposés du caractère national, et, à mesure que l'enfant devient adulte, l'accroissement des inhibitions sociales et de l'importance donnée au jugement d'autrui, ce sont là des obstacles que certains individus surmontent, à la faveur des circonstances, ou d'un talent particulier. Mais il demeure vrai que l'enfant jouit du don de pouvoir avant d'être initié au savoir. En d'autres termes, l'enfant, dans l'apprentissage des langues, met en pratique par penchant naturel du corps et de l'esprit sans connaître les fondements théoriques, alors que l'adulte, et déjà l'adolescent, sont informés de la théorie, mais peinent à l'appliquer dans leur conduite gestuelle. La conclusion suit de soi : si l'on n'entreprend pas d'exploiter très tôt les ressources enfantines, dont tout ce chapitre s'est efforcé de montrer la richesse, on ne se donne pas les moyens d'un apprentissage bilingue efficace. Certains auteurs, soucieux de rendre évidente l'urgence d'une saine pédagogie, vont jusqu'à formuler en termes médicaux les difficultés auxquelles se heurte l'adulte francophone. Ainsi, au titre déjà fort évocateur qu'il donne à son livre de 1992, *Au secours, je suis monolingue et francophone !*, J. Petit ajoute le sous-titre « Étiologie et traitement d'un syndrome de sénescence précoce et d'infirmité acquisitionnelle ». Cette terminologie n'est pas fortuite : « étiologie » (recherche ordonnée des causes, en médecine), « traitement », « syndrome », « sénescence », « infirmité ». Au-delà de la recherche d'effet sur les esprits grâce à une formulation métaphorique empruntée au vocabulaire de la pathologie, il y a peut-être là quelque outrance quant à la réalité des obstacles. Mais même si, n'entendant pas suivre à la lettre cette inspiration, on aperçoit ici un problème à résoudre plutôt qu'un mal à guérir, et conçoit les chemins d'action comme des initiatives efficaces plutôt que comme des remèdes adaptés, c'est avec l'intention de réussir que l'on doit, instruit par tout ce qui précède, rechercher les méthodes les plus sûres pour faire acquérir l'usage réel des langues étrangères. À cet égard, il est utile de s'inspirer de la façon dont les enfants assez heureux pour être nés dans une famille bilingue acquièrent, comme on va le voir au chapitre suivant, les deux langues de leurs parents.

CHAPITRE III

Les enfants
de couples mixtes

LES FAVEURS DE L'ENVIRONNEMENT
ET LES CHOIX ENFANTINS

Les enfants de couples linguistiquement mixtes, c'est-à-dire ceux dont les parents ne possèdent pas la même langue maternelle, naissent, théoriquement, sous de bons auspices. Il semble qu'il suffise pour s'en persuader, en deçà de toute recherche ou expérimentation scientifique, d'observer leur comportement dans les classes et dans la vie quotidienne. On ne peut manquer d'être frappé, lorsqu'on les remarque, surtout dans les derniers cours de l'école primaire, par leur aisance à se mouvoir d'une langue à l'autre et par la vivacité toute naturelle de leur élocution. Bien plus, on peut les voir, non contents d'en connaître deux, apprendre à percevoir et même à articuler, avec autant de zèle que de succès, si l'occasion leur en est donnée, une troisième langue.

En effet, il existe un risque auquel un enfant grandissant dans le milieu bilingue constitué par deux parents de langues différentes n'est pas aussi exposé que peut l'être un enfant dont le père et la mère parlent la même langue. Ce risque est celui des interférences. On désigne de ce terme la présence récurrente de confusions, réelles ou potentielles, entre deux langues. Ces confusions résultent de l'effort qu'accomplit l'enfant de langue maternelle unique, en vue de concilier les structures phonétiques, grammaticales et sémantiques d'une deuxième langue, apprise plus tard, avec celles de la première, qu'il a acquise dès le début de sa vie. Si un tel effort de conciliation s'observe beaucoup moins souvent chez les enfants bilingues précoces, c'est évidemment dans la mesure où l'apprentissage simultané de deux langues, quand il est commencé très tôt, n'est guère susceptible de produire une différence de statut entre l'une, qui serait un peu plus maternelle, et l'autre, qui le serait un peu moins. C'est ce qu'établissent de nombreux travaux, étudiant des cas de bilinguisme français-allemand (Ronjat 1913), anglais-français (Swain et Wesche 1975), etc. Cela ne signifie pas que les deux langues soient toujours, ni nécessairement, dans une relation de réelle équivalence. Des déséquilibres se trouvent introduits par divers facteurs, parfaitement naturels, qui commandent le choix d'une langue de préférence à l'autre, et peuvent, sur une longue durée, aboutir à favoriser le développement de compétences inégales.

Le premier de ces facteurs est l'interlocuteur lui-même, et la manière dont l'enfant perçoit les caractéristiques personnelles de ce dernier et y réagit. Ainsi, l'enfant pourra en venir à utiliser plus souvent, et donc à se trouver en situation de mieux acquérir, la langue d'un des parents, parce qu'il le perçoit comme plus proche. Un autre facteur est la fonction, ou le rendement : un enfant peut changer de langue selon le type de profit qu'il attend de l'une ou de l'autre. Il découvre assez vite, en effet, à quoi les langues servent, et le parti qu'il peut tirer d'un bon choix, selon qu'il veut interroger, informer, raconter, souligner son propos en vue d'obtenir quelque chose, donner un ordre immédiatement exécutoire, comme c'est le cas au cours des jeux, ou encore amuser, surprendre, provoquer, choquer, etc., en vue du plaisir qu'il souhaite retirer de l'effet produit. Les observations que l'on peut conduire font apparaître l'existence d'un lien étroit entre la langue choisie et la fonction que l'enfant entend privilégier. Un troisième facteur déterminant est l'environnement de l'enfant et les circonstances et espaces de sa vie : foyer familial, crèche, école, groupe de compagnons, lieux de divertissement. La langue de la mère dans les familles où elle n'a pas d'occupation professionnelle qui l'appelle au dehors, celle du père dans le même cas, le pays où l'on vit, l'école que l'on fréquente sont ici des éléments essentiels.

UNE PERSONNE, UNE LANGUE : LE PRINCIPE DE RONJAT

Efficacité de son application

Je désigne du nom de J. Ronjat un important principe dont il fait état dès le début de son livre de 1913, qu'on peut considérer comme le texte fondateur des études sur le langage des enfants bilingues. Ronjat, marié à une Allemande, avait décidé d'élever leur fils Louis dans les deux langues française et allemande. Son collègue, le phonéticien M. Grammont, lui conseilla d'appliquer dès le berceau une règle très simple : c'est la langue maternelle de chaque parent qui doit être utilisée lorsque celui-ci s'adresse à l'enfant, et non la langue de l'autre. Il est, en effet, admis que dans bien des cas, les parents sont tous deux, complètement ou à des degrés divers, bilingues (ce qui a pu être, à l'origine, une circonstance favorable à leur rencontre, ou une de ses suites) :

« Il n'y a rien à lui apprendre ou à lui enseigner », conseillait Grammont. « Il suffit que lorsqu'on a quelque chose à lui dire, on le lui dise dans l'une des langues qu'on veut qu'il sache. Mais voici le point important : que chaque langue soit représentée par une personne différente. Que vous, par exemple, vous lui parliez toujours français, sa mère allemand. N'intervertissez jamais les rôles. » (Ronjat 1913).

Cela est vrai même si les parents sont tous deux parfaitement bilingues. Ce qui est visé par le principe de Ronjat, ce n'est donc pas une incompétence linguistique de l'un ou de l'autre, mais la confusion des rôles, dont l'effet serait qu'une même langue ne soit pas incarnée seulement par son locuteur naturel. De fait, on a souvent noté que les enfants supportent assez impatiemment que soit transgressée la norme qui postule une langue par parent. Mais il est vrai que s'il s'y ajoute une maîtrise incomplète chez un des parents, tout usage fautif qu'il commettra sera relevé avec humeur lorsque l'enfant, plus tard, aura acquis une compétence relative dans les deux langues. En tout état de cause, ce résultat sera mieux atteint si, depuis le début, on s'est efforcé d'appliquer avec constance le principe de Ronjat, et donc de susciter chez l'enfant une association automatique entre une langue et une personne de son entourage. Dans les meilleurs cas, cette association prend assez de solidité pour que l'enfant en vienne, s'il arrive qu'il soit question d'un absent, à choisir la langue de ce dernier pour se référer à lui, tout comme il le ferait s'il s'adressait à lui ; *a fortiori* l'enfant recourt-il à cette stratégie quand il insère une citation au sein d'un récit. Ainsi, Céline, bilingue français-allemand, racontant en français à sa mère, francophone, une journée passée à l'école franco-allemande, abandonne le français lorsqu'elle rapporte ce qu'elle a entendu d'un camarade germanophone, ou ce qu'elle lui a dit elle-même (Taupenas 1989). Comme on le voit par cet exemple, le principe de Ronjat ne concerne pas l'enfant lui-même ; il est exclu, en tout état de cause, de faire obstacle aux choix que l'enfant, quand il communique avec une seule personne, fait de telle ou telle langue par souci d'adaptation à la situation. Les alternances n'impliquent aucunement qu'il y ait changement d'interlocuteur : dans les milieux dont il s'agit, les parents sont censés, avec les réserves rappelées plus haut, posséder une compétence bilingue minimale.

L'application du principe de Ronjat donne des résultats satisfaisants, si l'on en juge par les cas les plus connus, et d'abord par le premier d'entre eux, celui de l'enfant Louis Ronjat, qui acquit assez vite une connaissance remarquable du français et de l'allemand (Ronjat 1913). Cela ne signifie pas, évidemment, que cette application soit le facteur décisif, ni que l'alternance des langues chez les parents ait nécessairement des effets négatifs sur l'apprentissage en provoquant la confusion. Cela signifie simplement que les chances de succès, mesurées d'après les observations des spécialistes, sont plus fortes lorsque l'on respecte le principe de Ronjat que dans le cas contraire. Cela dit, il importe, même dans ces conditions, d'observer la plus grande souplesse.

Obstacles et contingences

Comme l'a montré plus haut l'exemple de Céline, l'enfant d'âge scolaire pratique volontiers l'alternance des langues. Mais c'est là son choix, et il n'y a pas lieu de rien lui imposer, même quand il est plus jeune. Le fait que chaque parent doive utiliser sa langue maternelle n'implique pas que l'enfant ait l'obligation de répondre dans cette même langue. Son refus, le cas échéant, ne doit pas être interprété comme un rejet, et on ne saurait le contraindre à un choix de langue qui est en fait l'alibi d'un choix personnel, qu'on attend de lui, entre le père et la mère. Si l'enfant n'accepte pas de parler une des deux langues dans une circonstance donnée, ou même de l'entendre comme support d'histoires ou de récits racontés ou lus, il peut s'agir en fait d'une réaction, assez normale, d'être fragile, qui ne se sent pas en mesure de comprendre, et se dérobe donc à la communication, car c'est là son seul moyen pour préserver, d'instinct, son équilibre. Les parents doivent évidemment s'adapter à cette situation passagère, et bannir toute obstination.

En outre, le principe de Ronjat est parfois difficile à appliquer. Dans l'absolu, il répond à une inspiration saine, et reflète certainement de nombreuses observations. Mais dans la réalité des destinées familiales, son application se heurte parfois à des contingences qui compromettent les résultats. D'une part, les deux parents ne passent pas en compagnie de l'enfant le même nombre d'heures. L'un d'eux, souvent la mère, y compris dans les sociétés occidentales, où beaucoup de femmes exercent une profession extérieure au foyer, consacre à l'enfant une part plus importante de son temps. À cette pression supérieure de la langue d'un des parents s'ajoute, d'autre part, celle de la communication avec d'autres personnes de l'environnement familial : frères et sœurs, gardes d'enfants, amis, le cas échéant nourrice. En outre, si une des deux langues parentales se trouve être aussi celle du pays où vit l'enfant, son influence en sera puissamment accrue.

Enfin, le maintien d'une bonne compétence bilingue suppose que la pratique des deux langues soit entretenue d'une manière permanente, en particulier durant les premières années, où de très nombreuses nouveautés sollicitent la curiosité de l'enfant et viennent peupler sa mémoire. Celle-ci est certes encore neuve, et théoriquement exploitable pour un lot considérable de connaissances, mais l'investissement dans le présent et le futur immédiat, ainsi que l'abolition partielle du passé, qui en découle, sont des traits dominants de la psychologie de l'enfant. Dans le domaine des langues, cela s'observe avec une particulière netteté. R. Burling (1959) indique, par exemple, que son fils, chez qui le garo était jusqu'à l'âge de cinq ans la langue dominante, car l'enfant avait vécu ses premières années dans la partie de l'Assam, au nord-est de l'Inde, où se parle cette langue tibéto-birmane, l'oublia complètement dans les six mois qui suivirent son installation aux États-Unis en compagnie de sa famille. Les enfants qui changent de famille dans les premières années de leur vie sont une autre illustration frappante du même phénomène : j'ai constaté, au cours d'enquêtes à Stockholm et à Uppsala en 1995, que les Coréens qui avaient entre trois et cinq ans lorsqu'ils furent adoptés par des familles suédoises avaient totalement perdu l'usage du coréen, et ne se distinguaient pas, en termes linguistiques, des autres suécophones.

COMPLEXITÉ DES SITUATIONS DE BILINGUISME FAMILIAL PRÉCOCE

En dépit des réserves qui précèdent, le principe de Ronjat est à recommander, et si les conditions ne sont pas défavorables, il conserve, en général, son efficacité.

Protocoles arbitraires

Cette efficacité du principe de Ronjat tient, notamment, au fait qu'en instituant une règle immuable, il apparente l'acquisition de la langue à un jeu ; il s'adapte, de la sorte, à l'enfant ; car dans le développement de celui-ci, les conduites ludiques strictement codées ont une place importante, ainsi que le montrent les nombreux jeux où l'enfant est fort attaché aux règles. En outre, le principe de Ronjat, faisant correspondre d'une manière naturelle

une langue et un individu, n'a pas l'arbitraire dont souf-
frent certains protocoles privés qu'imaginent parfois les
familles. Ainsi, on a noté l'existence de langues du
dimanche et de langues du premier étage, ou autres pratiques assignant à un moment ou à un lieu particulier
l'emploi d'une langue donnée ; ces choix, qui ne reposent
sur aucune motivation naturelle et dont l'enfant n'aperçoit pas la nécessité, aboutissent le plus souvent à des
échecs (Lietti 1994).

Avantages des puînés

Les erreurs auxquelles peut conduire le défaut d'expérience des parents, qu'elles soient dues à l'ignorance du
principe de Ronjat, à son application inadéquate, au choix
de protocoles arbitraires ou à toute autre cause, ne se
reproduisent pas toujours, heureusement, quand il s'agit
du deuxième enfant. En matière de bilinguisme familial
précoce, on constate que les enfants autres que les aînés
bénéficient du savoir acquis par les parents : ils apprennent mieux et plus vite à dominer deux langues.

Du bon usage des grands-parents

Il se trouve que les grands-parents jouent souvent,
dans l'éducation bilingue précoce, un rôle essentiel. Le
souci d'une continuité culturelle entre les générations
n'est pas étranger au choix que font les parents, dans un
couple linguistiquement mixte, de transmettre chacun sa
langue. Ainsi l'enfant, durant les vacances qu'il va passer
dans la maison natale du père ou de la mère, est mis en
état de communiquer avec ses grands-parents. Le désir
de dialogue avec ces parents par procuration, chez qui il

perçoit moins d'investissement et plus de mansuétude, constitue pour l'enfant un facteur de vive incitation.

C'est pour cette raison qu'il convient d'éviter les mesures irréfléchies. Ainsi, la décision prise par un des parents de restreindre, ou, pis encore, d'exclure, la communication de l'enfant avec ses grands-parents, sous prétexte de sauvegarder l'unité de la famille par abandon d'une des deux langues du couple mixte, est une erreur. Indépendamment du caractère illusoire d'une telle résolution et des risques de conflit, notamment avec l'enfant rebelle à la loi qui le prive d'une communication avidement recherchée, cet obstacle, artificiellement imposé, à l'apprentissage d'une deuxième langue le retarde alors même que les grands-parents peuvent apporter un précieux concours.

Assistance aux parents

Les erreurs de ce type représentent, il est vrai, un cas assez particulier. Il peut aussi arriver que les grands-parents ne soient pas en mesure, pour diverses raisons, de remplir le rôle qu'on attend d'eux. En tout état de cause, ce qu'on appelle, d'une formule commode, bilinguisme familial précoce recouvre, en fait, des situations très diverses, et souvent assez complexes. C'est pourquoi, depuis le début des années quatre-vingt, un nombre croissant d'ouvrages ont été publiés, qui se proposent, notamment, de guider les familles bilingues et de les informer sur l'état de la recherche. Parmi eux on peut citer Kielhöfer et Jonekeit 1985, Harding et Riley 1986, Arnberg 1987 ou Deshays 1990. Enfin, une revue, *The Bilingual Family Newsletter* (*Lettre de la Famille bilingue*) a pour propos de permettre aux familles vivant dans le bilinguisme d'échanger à travers le monde leurs expériences et leurs suggestions (Lietti 1994).

LE BILINGUISME ET LES PARAMÈTRES UNILINGUES

L'explosion lexicale

On sait que chez l'enfant unilingue, le nombre de mots entre brusquement dans une phase d'accroissement vertigineux au cours des mois qui précèdent et de ceux qui suivent la troisième année. On peut même parler, vers deux ans et demi, d'une véritable explosion lexicale. Celle-ci s'accompagne d'une maîtrise de plus en plus nette du système morphologique, laquelle se réalise à travers une série de phases déviantes. Diverses études, en particulier celle de Koehn (1994), mettent bien en lumière ce renfort réciproque du lexique et de la morphologie. Mais chez le bilingue, ce renfort n'implique pas que l'explosion lexicale ait lieu simultanément dans les deux langues. Les cas concrets soumis à des examens attentifs qui tiennent compte de la diversité de circonstances mentionnée plus haut semblent indiquer qu'en réalité, les deux langues n'apparaissent pas exactement au même moment dans un même état de développement. Le bilinguisme véritable n'affleure que lorsque les conditions sont devenues favorables. Ainsi, comme le montre Taupenas (1989), un enfant de mère française et de père allemand qui vit en France et fréquente de l'âge de trois ans à celui de quatre ans l'école maternelle française possède un niveau moins élevé en allemand qu'en français, même si son père ne lui parle qu'en allemand et s'il passe ses vacances, durant les premières années de sa vie, en Allemagne chez ses grands-parents paternels. Mais si cet enfant entre à quatre ans et demi au Kindergarten, alors, en six mois et parfois moins, la compétence précédemment acquise en allemand se cristallise, et, les structures grammaticales étant déjà assurées pour l'essentiel avant cet épisode sco-laire, l'explosion lexicale se produit, comme elle s'était produite pour le français environ deux ans plus tôt. Pour peu que cet enfant ne soit pas le premier et qu'il commu-nique dans les deux langues avec un aîné (nécessairement plus compétent, même s'il n'a pas bénéficié d'une pre-mière expérience des parents), les progrès seront plus spectaculaires encore. Le désir de partager les jeux et les activités de l'aîné constitue un facteur supplémentaire d'incitation. Alors peut apparaître une réelle maîtrise, comparable à celle que l'on note dans la langue jusque-là dominante. De là les réactions émerveillées des parents durant les semaines où se produit la deuxième explosion lexicale : « C'est le déclic ! Laurence est bilingue ! » (Taupe-nas 1989).

La dominance d'une seule langue.
Intérêt cognitif de ce phénomène

En dépit de semblables témoignages quant à un bilin-guisme véritable à partir d'un moment déterminé de l'his-toire de l'enfant en milieu familial bilingue, certains auteurs jugent qu'en termes psychologiques, on doit considérer l'une des deux langues comme dominante, quand bien même il serait impossible de la tenir pour mieux connue que l'autre en termes de compétence dans la conversation. L'acquisition des structures phonétiques des deux langues commence très tôt chez l'enfant né en milieu bilingue ; mais les expériences réalisées sur des sujets aux premiers mois de leur vie attestent qu'une des deux langues, le plus souvent celle de la mère du fait d'un contact initial plus étroit, fournit les bases par rapport auxquelles les structures phonétiques et prosodiques de l'autre langue sont évaluées et maintenues clairement dis-tinctes (Mehler et Dupoux 1990). On a pu établir que chez les adultes bilingues français-anglais, si parfaite que soit leur égale connaissance des deux langues, le mode de segmentation du discours révèle cette dominance de l'une d'entre elles.

La segmentation est l'ensemble des procédés de découpage permettant à l'auditeur de saisir les frontières entre les mots, entre les expressions, entre les parties de phrases. Ces procédés sont à la base de la compréhension même de la parole, comme le prouve l'expérience la plus élémentaire : celui qui n'a pas une bonne connaissance phonique d'une langue étrangère, même s'il la comprend bien à la lecture, ne perçoit pas aisément ses mots quand il l'entend parler, faute de savoir identifier rapidement et correctement les parties initiale et finale de chacun d'entre eux ; il arrive ainsi qu'il ne puisse pas soutenir une conversation. Or les procédés de segmentation sont loin d'être uniformes dans les langues du monde. Le français, qui possède des frontières assez claires entre les syllabes et des schèmes temporels de reconnaissance fondés sur la syllabe, encourage à segmenter selon les syllabes ; tel n'est pas, au contraire, le cas de l'anglais, où les frontières syllabiques sont moins claires, et où les cadres d'identification des unités sont déterminés par la place de l'accentuation (c'est ce que montre clairement le mode d'écriture, reflet graphique, dans de nombreux cas, de la structure des unités : les règles de coupure des mots à la fin d'une ligne sont, comme on sait, bien différentes pour l'anglais de ce qu'elles sont pour le français ; ainsi, en anglais, si le verbe signifiant « tua », soit *killed*, figure en fin de ligne, on coupera *kill* et on écrira -*ed* au début de la ligne suivante, alors qu'en français, *collèrent* sera coupé *col-lèrent*). Or on constate que certains bilingues sont capables de segmenter aussi bien selon la syllabe qu'autrement lorsqu'ils entendent du français ou de l'anglais, alors que d'autres ne segmentent pas selon la syllabe, et ne possèdent qu'une seule technique de découpage. Cutler *et al.* (1992), qui relèvent cette différence de procédure, en déduisent que chez les premiers, c'est le français qui domine, alors que les seconds doivent être considérés comme des bilingues à anglais dominant.

Du fait que cette différence entre deux types de dominances produit une différence parmi les processus « cognitifs », comme ceux de la segmentation, on peut considérer que le sujet qui, dans son comportement linguistique, dénote un parfait bilinguisme ne fonctionne pas comme deux unilingues réunis en une même personne, mais bien comme un seul individu, bilingue, chez qui, cependant, dans un domaine au moins, une des deux langues est plus enracinée. Cet enracinement n'est pas lui-même un phénomène cognitif, mais un produit social. Il est, en effet, le résultat des toutes premières expositions à une seule langue, et de sa présence continue par la suite. On sait que les nourrissons sont sensibles au rythme linguistique dès leur quatrième jour, pouvant alors discriminer une séquence de mots courts par rapport à une séquence de mots longs (Cutler *et al.* 1992).

LES COUPLES MIXTES ET L'AVENIR DE L'EUROPE

Si l'on consulte la revue *The Bilingual Family Newsletter*, on constate que les mariages mixtes (en termes linguistiques) sont de plus en plus nombreux en Europe occidentale. La revue note que ce phénomène est parallèle à l'extension de plus en plus considérable des voyages. Même si l'on se refuse à poser une corrélation directe entre les transports en commun et les transports du cœur, d'ordre plus privé, on retiendra cependant que la plupart des cas connus d'enfants bilingues précoces d'âge pré-scolaire appartiennent à des familles relativement aisées, lesquelles possèdent les moyens de voyager abondamment.

Si l'on considère le multilinguisme comme une nécessité de plus en plus pressante dans le vaste marché économique et culturel que l'Union européenne est en train de construire, il est clair que la multiplication des mariages linguistiquement mixtes est une des clefs de l'avenir pour l'Europe. Certains pourraient voir dans cette multiplication le péril d'une dissolution des identités nationales. À bien considérer les faits, on doit convenir qu'il n'en est rien. Chacun constate qu'un des messages principaux de l'Europe contemporaine au monde est que l'on peut concilier le souci d'unité politique et économique, seul moyen efficace pour faire équilibre à la puissance des États-Unis et à celle du Japon, avec le culte des différences entre les nations dont est constitué le continent. Chacune d'elles est définie par son destin original et irréductible, fait d'une langue, d'une culture, d'une histoire. Et nul ne songe à nier que ces trois composantes s'enracinent dans le terreau naturel des mariages entre nationaux. Dans la situation actuelle il est clair que l'identité de langue, de mode de vie, d'appartenance civique et de territoire est, comme elle l'a été depuis l'origine des temps, le ferment tout-puissant de ces unions autochtones.

Il n'apparaît pas, aujourd'hui, de signes d'un mouvement opposé. Bien au contraire, les nationalismes qui déchirent le tissu d'une ancienne fédération la Yougoslavie, précisément fondée, naguère, sur un idéal supranational, sont l'indice d'un attachement aveugle et violent aux identités de groupes. On ne voit donc pas comment les mariages linguistiquement mixtes pourraient, dans un environnement aussi hostile, devenir le cas général, en admettant même, ce qui est loin d'être évident, que la chose soit souhaitable. C'est bien parce que leur nombre est insuffisant que l'on peut recommander leur multiplication, dans la perspective d'une promotion du multilinguisme, pour ne rien dire d'une autre cause tout aussi digne d'être plaidée, et qui n'est pas sans lien avec le multilinguisme, à savoir la tolérance. Loin qu'il y ait un danger dans l'accroissement du nombre de ces unions, elles représentent simplement une promesse de diffusion du multilinguisme en Europe. D'autres continents, notamment l'Afrique, illustrent fort bien la façon dont ce profit se répand sans mettre le moins du monde en péril les identités ethniques, ni même tribales. L'exemple africain n'est pas sans intérêt, comme il va apparaître maintenant.

MULTILINGUISME ET POLYGAMIE

Le présent livre n'est pas d'un démographe. À mon incompétence dans ce domaine s'ajoute le fait que mon propos n'est pas non plus de l'ordre de la morale sociale : il ne s'agit pas pour moi d'y aller de mon codicille aux saints plaidoyers en faveur de l'immémoriale institution du mariage. Car qu'on en invoque la nécessité comme seule fondatrice du couple socialement défini ou que l'on préfère glapir contre ses lois comme dissolvants assurés des élans lyriques, ce qui est ici pertinent est moins le mariage en soi que l'union stable de parents de langues différentes. C'est là ce que j'entends, simplement, par couple mixte. Il ne s'agit pas nécessairement de cautionner la pratique monogame telle qu'elle règne en Occident et dans beaucoup d'autres cultures. On observe ailleurs les effets bénéfiques que peuvent avoir sur le multilinguisme des structures familiales tout autres que celles de l'Europe chrétienne.

Les ethnologues et les linguistes qui connaissent un peu l'Afrique savent que la plupart des sociétés islamisées qu'on y rencontre tolèrent la polygamie. Il en est de même dans une grande partie de l'Inde, ainsi qu'au Pakistan, en Asie centrale, en Indonésie, en Malaisie, au sud des Philippines, sans parler du Proche-Orient, berceau universel. Bien que l'islam ne recommande pas la polygamie comme un idéal, il en laisse l'homme libre, dans certaines limites, ainsi que l'indique, notamment, le verset 3 de la sourate 4 du Coran, consacrée aux femmes : « Épousez, comme il vous agréera, deux, trois ou quatre femmes. Mais si vous craignez de n'être pas équitable, ne prenez qu'une seule femme [...]. Cela vaut mieux pour vous que de ne pouvoir subvenir aux besoins d'une famille nombreuse. »

Le reflet de cette prescription, pour ceux qui entendent tirer parti de la tolérance qui s'y manifeste, s'observe aisément dans l'Afrique musulmane. Le Sénégal, le Nigéria, le Tchad et le nord du Cameroun, pour ne citer que ces quatre lieux, sont habités d'innombrables familles polygames. L'autorisation coranique rejoint ici les traditions sociales, en vertu desquelles les enfants représentent une richesse : les femmes qui les mettent au monde s'achètent, et les hommes les plus puissants d'un village agissent selon ce que leur prestige fait attendre d'eux, payant une dot, en têtes de bétail, au père de chaque jeune fille. De là le nombre énorme des multilingues. En effet, l'enfant d'un père polygame est exposé dès l'âge le plus tendre, dans la demeure familiale, non seulement à la langue de sa mère, mais encore à celles de ses belles-mères. C'est ainsi qu'au nord du Cameroun, pour ne citer qu'un cas que j'ai étudié, on rencontre, dans les villes et les régions de Ngaoundéré, Garoua et Maroua, des personnes qui parlent couramment, en plus de la langue de leur ethnie et de celles des ethnies voisines, à savoir gbaya, mboum, vouté, dourou, mafa, guidar, etc., au moins deux langues de plus large diffusion que ces idiomes du groupe Adamaoua oriental : le peul dans sa version locale, dite foulfouldé, et le haoussa, toutes deux à l'origine langues de pasteurs musulmans qui les répandaient avec l'islam, en même temps qu'ils nomadisaient à la recherche de points d'eau pour leurs troupeaux.

Ainsi, il est tout à fait courant de rencontrer, dans cette partie de l'Afrique et dans bien d'autres, des individus qui possèdent une bonne pratique de cinq ou six langues. Cela ne veut pas dire qu'ils les écrivent, soit qu'il s'agisse d'idiomes de pure oralité, soit que, faute de scolarisation, ils n'en aient pas appris la forme graphique. Du moins leur compétence multilingue ne fait-elle pas de doute. Est-ce à dire que, s'inspirant de l'exemple africain, l'Europe devrait voir dans la généralisation de la polygamie la clef de son avenir linguistique ? La noblesse de la cause ne suffirait pas à gommer l'iniquité du moyen, dans un continent où l'égalité, au moins reconnue, des sexes rend de moins en moins tolérable la domination de l'un d'eux, et où l'on pourrait rétorquer : « Pourquoi pas la polyandrie ? » — La polyandrie, hélas, n'est pas productrice de familles nombreuses, grâce auxquelles puisse s'accroître la proportion des multilingues. Or le but recherché est celui-là, et il est corollaire de l'expansion démographique, telle que la visait jadis la polygamie mormone.

On ne peut donc, présentement, qu'admirer l'efficacité de la polygamie africaine quant à l'éducation multilingue. En Europe, le bilinguisme familial précoce demeure encore, en dépit des progrès, ce qu'il était hier : un idéal et une rareté. C'est pourquoi l'école, qui est le bien de tous, doit s'inspirer de la situation éminemment favorable qu'il crée pour l'enfant, en particulier dans la mesure où il le met en état d'apprendre à apprendre. Le chapitre suivant va étudier la façon dont l'école peut tirer parti de ce modèle d'apprentissage.

CHAPITRE IV

Apprendre à apprendre

L'ÂGE ET LA GRAMMAIRE

En utilisant la langue étrangère comme support de certaines disciplines du programme scolaire (cf. chapitre VI), on se donne le moyen de libérer, pour divers usages, un important volume d'heures, puisque le cours de langue lui-même se trouve allégé. Mais cela ne signifie en aucune façon que le maître de langue perde son importance dans le système d'éducation. Il se pourrait qu'un moins grand nombre soit nécessaire, mais les critères de leur formation deviendront plus exigeants. En effet, si le système proposé dans le présent livre est appliqué un jour, le cours du maître de langue devra, dans sa conception, tenir compte du fait que cette langue est en outre utilisée par le collègue étranger qui en est usager autochtone et qui vient enseigner sa discipline (cf. chapitre VII). De ce fait même, le cours de langue proprement dit prend un caractère plus technique. Il nécessite une sérieuse initiation linguistique du professeur. J'en esquisserai les bases, plus loin, à propos des maîtres itinérants. Ici, je traiterai un aspect particulier de cette formation.

En effet, elle doit fournir au maître les moyens d'acquérir une juste appréciation du rapport complexe entre la grammaire et le lexique ; elle doit aussi lui permettre de mesurer exactement la capacité qu'ont les enfants d'assimiler un enseignement explicite des mécanismes de la langue. J'examinerai successivement ces deux points ci-dessous, avant d'étudier, dans une deuxième section du chapitre, les contraintes lexicales, dans une troisième l'importance du mot, et dans une quatrième le rôle des phrases et des textes.

Grammaire et lexique

Le terme de grammaire possède au moins deux sens. Selon l'un de ces sens, il désigne celle des composantes d'une langue humaine qui n'est pas constituée de mots du vocabulaire, appelés précisément lexèmes parce qu'ils appartiennent à une autre composante, le lexique. Ces types de mots qui ne relèvent pas, par leur statut, de la grammaire, sont notamment les noms, les verbes, les adverbes, etc., selon qu'une langue possède la totalité de ces types ou n'en possède que la plus grande partie. Par opposition aux lexèmes, les unités qui appartiennent à la grammaire, et qui sont appelées morphèmes, entrent dans des listes en principe closes : personnels (formes libres ou formes affixées au prédicat, terme central de l'énoncé), possessifs, démonstratifs, marques de genre, de nombre, de classe dans certaines langues, articles le cas échéant, quantificateurs (comme, en français, *chaque, tout, aucun, personne*, etc.), éléments (enclitiques ou proclitiques du verbe, ou encore issus de verbes se figeant en auxiliaires) qui servent à indiquer le temps, l'aspect, le mode, la direction, signes d'assertion, d'interrogation, d'injonction, coordonnants, marques diverses de fonction (prépositions, postpositions, conjonctions de subordination, désinences de déclinaison, etc.).

L'enfant et le métalangage

Selon un autre sens, le terme de grammaire désigne la discipline qui traite de la composante grammaticale des langues, c'est-à-dire de tout ce que je viens d'énumérer. Or l'enseignement de la grammaire en ce deuxième sens ne peut pas être introduit dès le début de l'éducation bilingue précoce, pas plus que l'enfant, avant de fréquenter l'école, n'apprend sa langue maternelle à travers les notions de noms, d'adjectifs ou de numéraux. En effet, à ce stade de son histoire cognitive, et de même encore durant la première année d'école primaire, il n'est pas en mesure d'exercer une activité rationnelle de type réflexif, qui consiste à analyser les opérations que son cerveau exécute spontanément. En d'autres termes, pendant cette phase de la construction des connaissances chez l'enfant, ni les parents ni le maître ne peuvent avoir efficacement recours à des gloses analytiques. De telles gloses impliquent une conscience métalinguistique, c'est-à-dire l'aptitude à prendre une distance d'observation vis-à-vis des formes mêmes que l'on emploie en parlant. Or c'est chez l'adulte que la conscience métalinguistique peut être une bonne base de l'acquisition bilingue.

Au contraire, l'enfant de moins de sept ans, dont les facultés d'analyse sont encore en voie d'élaboration, ne peut pas facilement prêter une attention soutenue au discours scientifique sur la langue et ses mécanismes. C'est pourquoi le maître, durant la première année, qui correspond en France au Cours Préparatoire, devrait surtout s'efforcer de faire acquérir aux enfants quelques-unes des habitudes les plus importantes. En revanche, à partir du Cours Élémentaire 1, et surtout au Cours Élémentaire 2, le maître peut essayer d'enseigner directement certaines règles de grammaire, c'est-à-dire de structures des mots (morphologie) et de relations entre les éléments de l'énoncé (syntaxe), et s'assurer, par diverses épreuves, que les enfants ont assimilé ces règles. Seule une demande réelle de la classe peut conduire de cette méthode inductive à un exposé véritablement déductif. Une formulation explicite d'un ensemble de mécanismes constituant un tout logiquement ordonné n'est concevable que si l'enfant, qui est surtout habité du désir de communiquer, est parvenu à une étape intellectuelle qui lui fasse apercevoir l'efficacité d'une connaissance lucide des lois qui soustendent la communication. Or une telle étape suppose un développement de l'intellection que l'on peut considérer comme déjà proche de la démarche adulte.

Pour la même raison d'insuffisante maturité, certains préféreront éviter, à l'étape initiale, d'avoir recours aux procédures que l'on a proposé de placer, en didactique des langues, sous la formule « apprendre à apprendre », laquelle recouvre un apprentissage des langues qui

> « doit s'effectuer " les yeux ouverts ", à la fois sur le fonctionnement de ces langues et sur les démarches qui permettent de les apprendre » (Candelier 1995).

De nombreux spécialistes accordent une grande importance à cette forme d'apprentissage par soi-même que l'enseignant entreprend de susciter chez l'écolier, en l'aidant à acquérir un certain degré d'autonomie, et à prendre conscience, à la fois, des actes par lesquels on peut se constituer un savoir, et de ce qu'est la communication au moyen d'une langue (de la Garanderie 1984). Girard (1995), tout en l'accueillant volontiers, souligne prudemment que

> « ce nouvel élément des programmes scolaires intéresse avant tout la tranche d'âge 10-14 ans (fin du primaire, début du secondaire) ».

Il faut pourtant que l'enfant apprenne à apprendre le plus tôt possible. On peut l'y aider par un enseignement insistant sur la différence entre lexique et grammaire.

LE LEXIQUE, DOMAINE DE CONTRAINTES PLUS FORTES ENCORE QUE CELLES DE LA GRAMMAIRE

La syntaxe, pourvoyeuse de paraphrases

Au risque de heurter de nouveau les usages de pensée, mais cette fois à l'intérieur même de la linguistique et non plus seulement dans le domaine des méthodes d'éducation bilingue précoce, je voudrais remettre en cause une représentation fort répandue parmi les professionnels du langage et des langues. La plupart des théories soutiennent que la grammaire est le domaine des contraintes et que c'est là un des aspects principaux par lesquels elle s'oppose au lexique, domaine des choix relativement libres. Il est exact que la violation des règles fondamentales signale une insuffisante compétence, souvent caractéristique d'un étranger qui ne maîtrise pas la langue. Mais on peut en dire tout autant de l'ignorance des tournures usuelles qui relèvent du lexique. Il y a plus : la composante que les modèles naguère dominants en linguistique, tels que la théorie générativiste, considèrent comme nucléaire, à savoir la grammaire, permet toujours, précisément, de recourir à une paraphrase lorsque l'on ne connaît pas la formulation la plus courante. La structure syntaxique et, le cas échéant, la morphologie, distinguent plusieurs phrases qui, du point de vue du sens, sont identiques et dont une seule est, dans une circonstance donnée, celle qu'utilisent spontanément les locuteurs autochtones. Une bonne connaissance de la grammaire permet de produire ces phrases ; mais elle ne permet pas de décider, si l'on ne possède pas une réelle compétence lexicale, laquelle est la tournure consacrée par l'usage.

Tournures consacrées et locuteurs de naissance

Certaines tournures des langues apparaissent comme des formulations préférées par les locuteurs de naissance. Elles sont certes plus rares dans les contextes de caractère plus international et moins lié aux cultures spécifiques, comme, par exemple, les exposés scientifiques. Mais elles sont courantes dans les situations ordinaires ; ce sont notamment des salutations, des formules de table, des requêtes, des ordres, des constatations générales, des expressions de divers types de déplacements, ainsi que de la relation d'actance (d'agent à patient) entre animés, humains ou non, ou entre objets, etc. (cf. pp. 218-219).

Nécessité d'un apprentissage précoce
des contraintes lexicales

C'est précisément parce que la syntaxe est pourvoyeuse de moyens paraphrastiques de tourner une difficulté, qu'il faut enseigner dès le début aux enfants les automatismes lexicaux tels que les possèdent les locuteurs de naissance. Car contrairement aux phrases, qui appliquent des règles, ces automatismes ne peuvent être déduits, et l'on n'a d'autre choix que de les apprendre. Les règles de la grammaire, qu'elles concernent l'accord en genre, en nombre, l'ordre des mots, le régime des verbes, ou tout autre domaine, sont souvent analogues d'une langue à l'autre, et forment la base de la typologie linguistique. À l'inverse, les contraintes lexicales sont caractéristiques de chaque langue. Le cours, au lieu de privilégier la grammaire comme on le fait traditionnellement presque partout, devra, durant les premières années, s'en tenir aux règles indispensables, et insister sur les particularités du lexique.

IMPORTANCE DU MOT, À LA FOIS COMME INSTRUMENT D'APPRENTISSAGE ET COMME CIBLE

Les éléments constituants du lexique, comme ceux que l'on trouve, à l'exclusion d'autres sémantiquement possibles, dans les formulations préférées, sont des mots. Chez l'enfant, ainsi que chacun peut l'observer, les mots apparaissent avant les phrases. Tant que celles-ci ne sont pas survenues, c'est-à-dire jusqu'à la période s'étendant, selon les sujets, entre le vingt-quatrième et le trentième mois, bien des productions, que les spécialistes, justement, appellent souvent mots-phrases, équivalent aux énoncés complets de l'adulte. Certains supposent que dans l'histoire du langage et des langues, ce processus ontogénétique est la réplique, infiniment raccourcie, d'un développement phylogénétique, et que l'homme a commencé par parler au moyen de mots-phrases. Quoi qu'il en soit, on peut considérer l'apprentissage des mots, aux premières étapes, comme un des secrets du cours, et de ce point de vue, il n'y a pas de différence radicale entre la langue étrangère et la langue maternelle, acquise au foyer.

La relation dialectique entre la connaissance des mots et l'aptitude à parler

Les expériences réalisées par les spécialistes (notamment Nation 1993) tendent à prouver que la relation entre l'étendue du vocabulaire et l'aptitude à se servir d'une langue changent de direction à mesure que le lexique de l'enfant augmente. Au début, il apparaît clair que la capacité d'utiliser la langue dépend fortement du nombre des mots qu'il connaît. À une étape ultérieure, la connaissance du contenu des mots devient fonction du degré d'aisance avec laquelle l'enfant parvient à communiquer ; celle-ci s'obtient d'autant plus sûrement que le maître a su intégrer les mots enseignés dans un réseau d'associations nombreuses et solides. Sur la base même de cette aisance, le vocabulaire s'accroît encore, à raison de l'accès à de nouveaux domaines de connaissance. C'est en considération de cette inversion des processus qu'il convient de favoriser dès le principe l'acquisition d'un lexique aussi large que le permet le niveau des écoliers, en se servant, notamment, de la méthode du remplissage d'un vide dans un contexte donné. L'apprentissage des mots dans des textes écrits est un procédé efficace. Il suppose que la lecture ait été bien apprise, et cela d'abord, évidemment, en langue maternelle, ce qui, en France, dans les conditions normales, est le cas à partir de la quatrième année d'école primaire, c'est-à-dire, en comptant le Cours Préparatoire, à partir du Cours Moyen 1.

Enseigner d'abord les mots les plus fréquents

Fréquence et difficulté

Quelle que soit la méthode employée, il importe surtout que l'enfant acquière vite les mots dont la fréquence est la plus haute. Car c'est la connaissance de ces mots qui commande l'aptitude à comprendre, laquelle, comme on vient de le voir, commande elle-même l'apprentissage de nouveaux mots, que comporte le contexte. Une bonne acquisition précoce des mots d'une langue étrangère dont

la fréquence est la plus élevée donne à l'enfant l'équipe-
ment nécessaire pour apprendre plus tard, lors de l'adolescence et surtout durant la vie adulte, les mots moins
fréquents, termes scientifiques et techniques (sur la différence entre mots et termes, voir Hagège 1983), ainsi que
le grand nombre des mots de faible fréquence dans la
conversation, et dont la connaissance est l'indice d'un
riche vocabulaire. L'enseignement de mots de haute fréquence doit recourir sans réticence à la répétition. Outre
son efficacité ludique dans une classe enfantine et son
caractère naturel quand elle s'applique à des mots récur-
rents dans l'usage des adultes, la répétition est une arme
contre la difficulté. Or on doit considérer comme difficiles
(Nation 1993) les mots qui d'abord ne ressemblent à
aucun mot de la langue maternelle de l'enfant, ensuite, et
partiellement pour cette raison, font appel à des articulations qui ne lui sont pas familières, enfin, ne sont pas des
noms.

Les noms et le monde

Ceux, parmi les noms, qui désignent des objets sont
les éléments de langue que l'enfant apprend le plus facilement, car ces objets font partie de son environnement.
C'est pourquoi l'accroissement du vocabulaire est directement relié à la connaissance du monde. Les langues ne
sont pas des schèmes sans matière. Elles parlent de l'univers, le reflètent et l'organisent, même si c'est à travers
des grilles variables selon les cultures. Le maître, tout
comme les parents aidant l'enfant à acquérir sa première
langue, joue donc ici, bien qu'alors il s'agisse d'un écolier
et non des toutes premières années de la vie, le rôle d'un
guide, accompagnant l'enfant sur le chemin, difficile et
prometteur, de la découverte des choses.

LES PHRASES ET LES TEXTES, ALIMENTS DE LA PENSÉE

Les mots en contexte

En rappelant qu'avant de construire des phrases, l'enfant apprend des mots, et qu'il convient de lui en faire acquérir très tôt le plus possible, je ne veux nullement dire qu'il faille enseigner ces mots hors de tout contexte. C'est au sein de phrases qu'il entend les messages des adultes, même s'il n'en reproduit, au début, que des séquences tronquées, réduites à des mots uniques, souvent faits d'une syllabe redoublée. Certes, il est plus difficile d'émettre que de recevoir, mais cela ne signifie pas que le cerveau de l'enfant ne soit pas capable d'enregistrer et de traiter, avec une précision croissante, des énoncés entiers. C'est ce que fait apparaître le dialogue entre l'enfant et un de ses parents ; les moyens sont différents au début : ce sont des mots chez l'un et des phrases chez l'autre ; mais cela n'est pas un obstacle à la compréhension. Il faut toujours s'assurer que les enfants, même s'ils ne peuvent, aux premières étapes, le reproduire, ont bien assimilé le contexte au sein duquel leur sont présentés en grand nombre, durant la classe, les mots les plus fréquents de la langue étrangère.

Apprendre des listes de phrases

Ainsi, loin qu'il faille enseigner à l'enfant des listes de mots isolés, ce sont, au contraire, des listes de phrases qu'il convient de lui faire apprendre, dès qu'il a atteint le stade de la communication, même élémentaire, dans la langue. Qu'on me permette ici une notation personnelle, liée à mon propre apprentissage. Habité, depuis l'enfance, d'une sorte d'ivresse d'apprendre des langues, je sollicitais de mes parents l'achat de guides de conversation, autant et plus que de grammaires et de dictionnaires. J'en apprenais par cœur des phrases entières. J'éprouvais ensuite une joie intense lorsque je rencontrais des locuteurs autochtones et parvenais à comprendre certaines de leurs phrases, ainsi qu'à rendre interprétables certaines des miennes. Ce sentiment, pour l'enfant que j'étais, participait largement de la jubilation ludique : en établissant une connivence de parole, il me semblait que j'avais mis en action la commande d'un mécanisme, et qu'il fonctionnait devant mes yeux. La connaissance de mots isolés, même en grand nombre, n'aurait pu produire ce résultat.

Je voudrais encore mentionner un épisode beaucoup plus tardif, qui m'apporta une sorte de confirmation. Ayant rencontré à Pékin, en 1965, des étudiants chinois dont le français me frappa par sa qualité, je m'enquis des méthodes, et appris qu'à l'Institut des langues étrangères, établissement réputé, on faisait pour l'essentiel apprendre aux élèves, du début des études jusqu'à la fin, des phrases entières, que l'on assortissait, quand il le fallait, de gloses grammaticales.

Certes, nous ne savons pas si l'on pense par phrases, par mots ou d'une manière globale, qui ne correspond pas aux découpages analytiques des langues. Mais la pensée s'alimente de phrases explicites, entendues, lues, ou proférées par le penseur lui-même. La pédagogie des langues doit exploiter cette réalité. D'aucuns jugeront que l'on aboutit alors à une méthode inductive, procédant par coûteuse accumulation. Mais les résultats constatés, comme ceux que je viens de mentionner, annulent cette objection. En revanche, on ne rencontre guère de bilingues réels formés dans une deuxième langue selon la méthode inspirée de la notion, naguère en vogue dans les milieux générativistes, de «grammaire interne»; cette méthode est encore préconisée par certains auteurs, convaincus, apparemment, qu'elle suffit pour faire produire à l'écolier tout énoncé; l'un de ces auteurs écrit, par exemple :

> «Enseigner une langue seconde signifie aider l'élève à construire pierre par pierre une grammaire interne de L2 capable, tout comme la grammaire interne de L1, de produire et de comprendre (entre autres) un nombre infini d'énoncés» (Adamczewski 1992).

À distance de ces projets tout théoriques, l'examen de situations pédagogiques vivantes fait apparaître que l'enseignement d'une langue à travers un grand nombre de phrases réelles est non seulement une bonne méthode pour donner à l'enfant le moyen de communiquer, mais encore un instrument efficace pour lui faire acquérir le lexique et la grammaire : le lexique, parce que les mots, à être appris dans un contexte naturel d'utilisation, deviennent autre chose que des entités abstraites ; la grammaire, parce que les phrases sont les applications mêmes des règles. Je serais moins réservé à l'égard de la notion de grammaire interne, critiquée plus haut, si ceux qui la préconisent admettaient que la connaissance des règles qui la constituent ne peut donner à elle seule tous les schèmes de phrases, quand il ne s'y ajoute pas un sérieux apprentissage des énoncés réels. Car il est vrai que la connaissance des schèmes de phrases est la solution la plus appropriée du débat sur les rôles comparés du lexique et de la grammaire. Ce débat surgit encore dans des travaux récents, comme celui de Vermeer (1992), qui écrit :

> «La connaissance des mots est la clef qui permet de comprendre et d'être compris. [...] L'essentiel de l'apprentissage d'une nouvelle langue consiste à apprendre de nouveaux mots : la connaissance de la grammaire ne favorise

pas l'acquisition d'une grande compétence dans une langue. »

Il est clair que ce n'est pas la connaissance des règles de grammaire, incompréhensibles, en tout état de cause, à l'enfant trop jeune, qui peut lui permettre de communiquer en langue étrangère. Mais les mots isolés ne sont pas d'un plus grand secours. On a vu plus haut, certes, que l'acquisition précoce du plus grand nombre possible de mots est une nécessité ; mais d'une part, cela vaut surtout au début de l'apprentissage, puisqu'alors c'est à cette condition même que la langue peut être utilisée ; et d'autre part, les phrases sont le cadre vivant des mots.

Le berceau naturel des phrases : textes et dialogues

Les phrases elles-mêmes ne sont pas isolées. Elles possèdent leur cadre. Unités d'ordre supérieur, elles intègrent les mots, mais elles s'intègrent à leur tour dans des séquences spontanées de communication : textes oraux et dialogues. Il ne peut suffire d'écrire et de lire une phrase sans fautes, ni de reproduire rapidement une phrase entendue hors de tout contexte. Il faut, en outre, que l'élève devienne capable d'adapter au contexte linguistique d'un échange réel, ainsi qu'à la situation dans laquelle cet échange a lieu, les phrases qu'il doit employer. C'est donc dans une communication intégrale, dans une véritable relation sociale par le biais de la langue, qu'il convient d'immerger l'enfant. Le débat sur l'enseignement de la grammaire ou du lexique est à dépasser par l'effort pédagogique en vue de faire acquérir une réelle et vaste compétence communicative.

DEUXIÈME PARTIE

Cinq clefs pour une école nouvelle

À la présente étape, c'est l'établissement même d'une méthode d'éducation bilingue qui est visé. La première des cinq clefs qui doivent donner accès à la maîtrise d'une deuxième langue est l'apprentissage précoce. Le chapitre initial de cette Partie, qui y est consacré, commande les suivants, car c'est dans le cadre ainsi défini que se situent les autres propositions.

Mais l'enseignement précoce, par lui-même, n'est pas suffisant. Il faut aussi que, de la même façon que la langue maternelle, celle que l'on y ajoute soit enseignée non comme une matière parmi d'autres, mais comme vecteur naturel d'expression. Cette deuxième clef fera l'objet du chapitre VI. Pour parvenir au résultat escompté, il faut encore une troisième clef, à savoir l'immersion de l'enfant dans la deuxième langue, afin qu'elle n'apparaisse pas comme un milieu artificiel; il convient donc d'assurer, d'un pays à l'autre, un échange massif des maîtres. Ces deux points seront traités au chapitre VII. Mais une quatrième clef est encore nécessaire : il convient d'assurer un entretien permanent des connaissances, ainsi que le montrera le chapitre VIII. Enfin, une cinquième clef ouvre l'accès aux choix mêmes que l'école doit offrir quant aux langues à enseigner; tel sera le propos du chapitre IX.

CHAPITRE V

L'apprentissage précoce des langues étrangères

EXPÉRIENCES PASSÉES ET PROJETS ACTUELS

L'idée d'éducation bilingue précoce n'est pas une totale nouveauté. Mais les réalisations que l'on en connaît aujourd'hui demeurent des esquisses, alors que c'est la généralisation du projet à toute l'Europe qui est ici proposée comme une urgence de notre époque. Je mentionnerai donc en premier lieu les principales expériences passées. Ensuite, pour donner une base solide au programme que je préconise, je m'efforcerai de définir la notion de précocité en matière d'enseignement bilingue. À une troisième étape, je rappellerai le respect dû au temps dans cette entreprise. Enfin, les dernières sections du présent chapitre exposeront quelques-uns des points de méthode qui paraissent les plus importants.

Il n'est pas sans intérêt de souligner, pour congédier certains préjugés, que le pays où est apparu l'enseignement bilingue précoce semble bien être la France. Comme le note Girard (1995),

« C'est en 1954 qu'a commencé à Arles la première expérience d'apprentissage de l'anglais à l'école primaire, rapidement suivie d'un très grand nombre d'autres sur l'ensemble du territoire national et concernant aussi, pendant
une vingtaine d'années, l'apprentissage de l'allemand et, de
façon plus limitée, de l'espagnol et de l'italien. L'enthousiasme pour cette innovation était tout aussi grand dans de
nombreux pays d'Europe, si bien que les deux conférences
internationales organisées par l'UNESCO en 1962 et 1966 ras-
semblèrent des représentants de douze pays européens
ainsi que des États-Unis, du Canada et de l'Inde.

Cet enthousiasme trouvait une explication scientifique
dans la publication d'un livre du grand neurologue cana-
dien Wilder Penfield, *Speech and Brain Mechanisms* (Pen-
field/Roberts, 1959), montrant qu'après une grave opération du cerveau, les enfants de moins de dix ans récupèrent
intégralement leurs fonctions langagières, ce qui n'est pas
le cas chez les enfants plus âgés et *a fortiori* chez les
adultes. »

Cependant, pour d'évidentes raisons, sur lesquelles je
reviendrai plus loin, cet enthousiasme commença de
décliner vers le milieu des années soixante-dix. C'est au
début des années quatre-vingt que reparut dans la plupart des pays d'Europe, sauf quelques-uns dont la
Grande-Bretagne, un mouvement en faveur de l'introduction d'un enseignement des langues à l'école primaire.
L'urgence d'une telle mesure est devenue plus évidente à
la fin des années quatre-vingt et au début des années
quatre-vingt-dix, lorsque se sont produits deux phénomènes que l'histoire, vraisemblablement, retiendra : la
chute du mur de Berlin, d'une part, et d'autre part, l'avè-
nement de l'Union européenne. Par ailleurs,

« il est significatif que l'actuel projet " Langues vivantes " du
Conseil de l'Europe comporte pour la première fois parmi
ses priorités " l'enseignement et l'apprentissage des langues
à l'école primaire " et que vingt pays membres aient envoyé
des participants à l'atelier organisé sur ce thème à Édim-

bourg en 1991 et à celui que la France a organisé à Sèvres en décembre 1993 » (Girard 1995).

Néanmoins, l'introduction des langues à l'école primaire en est encore à une phase expérimentale, à deux exceptions près. La première est représentée par le Luxembourg, où le parler national, le luxembourgeois (francique mosellan appartenant au groupe germanique), est la langue de la première année d'école, laquelle est suivie d'années de formation en allemand d'abord, en français ensuite, jusqu'à la fin du primaire. Il est à peine besoin de souligner que ce trilinguisme généralisé des enfants les rend aptes à apprendre une quatrième langue lorsqu'ils entrent dans l'enseignement secondaire. Ajoutons que le Grand-Duché n'a pas créé d'université, choisissant plutôt l'ouverture au monde et à ses langues, grâce à la poursuite des études en France, en Allemagne, en Belgique ou en Grande-Bretagne ; le gouvernement de la principauté d'Andorre préfère, pour la même raison, que ses étudiants se rendent à Toulouse, à Barcelone, à Madrid ou à Londres, à la fin d'une scolarité où, depuis une décision récente, ils doivent acquérir trois langues, et souvent quatre, à savoir le catalan, l'espagnol, le français et de plus en plus, du fait de sa présence due à une importante immigration, le portugais. On pourrait considérer que l'éducation multilingue précoce est plus facile dans un petit pays riche que dans des pays certes développés mais beaucoup plus peuplés, tels que la France ou l'Allemagne. Quoi qu'il en soit, il s'agit ici, comme dans le cas du Val d'Aoste (cf. chapitre VII), d'un modèle pour l'Europe.

L'autre exception est celle de l'Italie, où, en 1992-1993 (Bondi 1994), le système d'enseignement bilingue a été introduit dans un tiers des classes, mais seulement à partir de la troisième année d'école primaire. C'est l'anglais qui a été enseigné dans 73 % des classes, le français dans 20 % et l'allemand dans 6,5 %, fortement concentrés au

Trentin-Haut Adige, ce qui s'explique par le fait que les germanophones sont nombreux dans cette région, cédée par l'Autriche à l'Italie en 1919, et justement dotée d'un statut spécial. En France, l'expérimentation contrôlée que l'on a instaurée en 1991-1992 ne s'est appliquée qu'à 15 % des élèves de Cours Moyen 1, et 32 % des élèves de Cours Moyen 2, cinquième et dernière année de l'école primaire (Candelier 1995). Dans les autres pays d'Europe, bien que l'apprentissage d'une deuxième langue dès avant les études secondaires soit de plus en plus considéré comme une nécessité, les projets ne précisent pas toujours si l'on doit ou non l'introduire à partir des premières années, et sur quelle échelle dans chaque pays. Ainsi, le programme «Apprentissage des langues et citoyenneté européenne» pour les années 1990-1996, auquel participent à présent une trentaine d'États (dont le nombre tend à s'accroître par l'adhésion de ceux d'Europe centrale et orientale), mentionne notamment l'éducation bilingue tout court, et non l'éducation bilingue précoce.

L'ENSEIGNEMENT PRÉCOCE, FONDEMENT DE L'ÉDUCATION BILINGUE

Solliciter davantage les aptitudes enfantines

Par opposition à ces expériences et projets, certes encourageants, mais encore sporadiques, et par ailleurs insuffisants parce que la période de la vie scolaire à laquelle ils s'appliquent est trop tardive, c'est un enseignement précoce généralisé d'une langue en plus de la langue maternelle que je propose ici. Il faut donc à présent en établir les bases.

Pour commencer, considérant ce que l'on sait de l'organisation neurolinguistique des jeunes enfants, et d'autre part ce que la simple observation empirique révèle quant à la malléabilité de leur esprit, encore exempt de tout figement, et à leur immense avidité d'entendre et d'apprendre (cf. chapitre I), il est évident que l'offre scolaire actuelle demeure bien en deçà du possible. Les craintes souvent exprimées des familles quant à la prétendue surcharge des disciplines et aux menaces qu'elle ferait peser sur l'équilibre intellectuel et social des enfants sont, au moins en ce qui concerne l'enseignement primaire, dépourvues de fondement. La vérité est, au contraire, que les aptitudes enfantines sont encore, dans le système scolaire d'aujourd'hui, en permanent état de sous-exploitation. Cela ne s'applique pas seulement à l'enseignement des langues, mais tout autant à celui d'autres domaines, dont les spécialistes ont déjà, ou devraient à leur tour, souligner la présence insuffisante, ou trop précaire, dans la vie de l'école : arts plastiques, formes et techniques musicales, expression corporelle, éducation physique. Laissant donc aux spécialistes de ces domaines le soin de montrer tout le parti que l'on peut tirer de la créativité enfantine dans des champs aussi divers que l'image, les mélodies et harmonies, ou les mouvements du corps, je voudrais suggérer ici les moyens d'éviter qu'à cette créativité inexploitée ne succèdent, dans l'apprentissage des langues, les phases de fossilisation puis d'inhibition.

La notion de précocité
en pédagogie du bilinguisme

Il convient donc, à présent, de définir ce qu'on entend par le terme « précoce » en matière d'éducation bilingue. Il ne s'agit pas ici d'un sens lié à la personnalité biologique ou intellectuelle de l'enfant, mais d'un sens institutionnel. En effet, on s'accorde à considérer comme trop tardif l'âge de onze ans, qui est à peu près celui où les écoliers entrent dans l'enseignement secondaire et y commencent l'apprentissage d'une deuxième langue. La notion de précocité s'attache donc ici à ce qui est pratiqué avant l'âge prévu par l'institution. La période visée est bien celle de l'école primaire ; mais il faut encore préciser, dans ce cadre assez vaste, l'année exacte dont il s'agit. Le terme de « précoce », utilisé pour caractériser l'enseignement bilingue qu'ont adopté dans leurs politiques scolaires, de manière encore dispersée et non systématique, des pays comme l'Autriche, la Finlande, l'Irlande, la Suède ou la Suisse, ne dit pas clairement de quel âge et de quelle classe il s'agit. En France actuellement, en s'en tenant au cas le plus général de parcours sans accident, l'enfant entré à trois ans en petite section d'école maternelle est à quatre ans en moyenne section, à cinq ans en grande section, et il parvient donc à six ans au Cours Préparatoire. C'est dans cette classe, c'est-à-dire avant même la première des quatre années principales d'école primaire, dite Cours Élémentaire 1, et plus précisément un an avant, que devrait être introduit l'enseignement d'une deuxième langue, sous forme orale d'abord, à cette étape. C'est alors que la disponibilité totale du jeune écolier, aux oreilles et au regard déclos sur l'univers, doit être exploitée comme un trésor aussi précieux que périssable. C'est alors que les germes de langues que l'on sème profitent d'une terre avide. Ils y seront accueillis avec plus de zèle qu'on n'en retrouvera jamais par la suite.

Mais il y a plus. Procéder ainsi, c'est aussi garantir l'avenir. Le succès d'une éducation bilingue précoce fournit, en quelque sorte, un contrat d'assurance pour le multilinguisme ultérieur. En effet, on constate que les enfants qui ont commencé très tôt l'apprentissage d'une langue étrangère et qui, si l'on a satisfait aux conditions exposées dans les chapitres suivants, en ont assez bien acquis les fondements, possèdent, comparés aux autres, une facilité beaucoup plus grande pour en apprendre une nouvelle le moment venu. Un petit Français qui, dès le début de l'école primaire, a étudié l'allemand apprendra l'espagnol avec plus d'aisance, s'il choisit ce dernier en entrant en sixième, que s'il n'avait reçu aucun enseignement précoce d'une langue autre que celle de son milieu familial. Ainsi devrait-il, bientôt, devenir courant, en Europe, de passer du bilinguisme précoce au trilinguisme du lycéen à la sortie de l'adolescence.

L'ENFANT, LES LANGUES ET LE TEMPS

L'enfance ductile

L'aisance avec laquelle de nouveaux mécanismes peuvent être acquis par de jeunes enfants a frappé plus d'un observateur. On mentionne ainsi, parmi bien d'autres exemples, celui d'une enfant américaine âgée de quatre ans et un mois lors de son arrivée en France, mais qui y est restée six mois (Petit 1992). Elle présentait, au début de ce séjour, la plupart des traits caractéristiques de ce qu'on appelle « l'accent américain » : dans le français qu'elle parlait durant les premières semaines, le *r* était une consonne produite par vibration de la pointe de la langue rétrofléchie vers l'arrière du palais, et immédiatement reconnaissable comme un des aspects les plus frappants de l'anglais des États-Unis, car il ne se rencontre guère chez les Britanniques non américanisés, qui ont ici une vibrante apicale nettement moins rétroflexe, ne semblant pas autant « venir du fond de la gorge » ; d'autre part, le *l,* chez cette enfant, était, surtout à la finale après voyelle, fortement vélarisé : la langue était appuyée non pas par sa pointe contre les alvéoles, comme en français, mais par son dos contre le voile du palais ; enfin, pour ne citer encore qu'un seul trait, les mots de deux syllabes étaient accentués sur la première au lieu de l'être, comme en français, sur la seconde. Mais en trois mois, toutes ces particularités, qui, au début, distinguaient nettement la prononciation de ce sujet par rapport à celle des enfants francophones de son entourage, avaient complètement disparu. On peut en déduire que les Américains qui présentent ces mêmes traits à l'oreille des francophones ont appris le français à l'âge adulte, c'est-à-dire longtemps après la fossilisation.

Ce qui est en jeu ici, c'est, en fait, la relation avec le temps. Le temps de l'enfant est une immensité ouverte ; celui de l'adulte s'achemine vers la clôture. Mais pour l'enfant autant que pour l'adulte, le temps est une irréversible coulée. C'est pourquoi l'éducation bilingue doit commencer très précocement. La culture est compagne du temps. La connaissance d'une langue étrangère est une partie intégrante de la culture et implique donc un sérieux investissement de temps, reflet de celui que l'on doit savoir accorder à l'altérité. Les méthodes commerciales, qui se font fort d'enseigner une langue en un temps miraculeusement bref, ne séduisent que les chalands disposés à se satisfaire de connaissances pelliculaires, propres à donner l'illusion de parler une langue parce qu'on s'est entraîné à y proférer et à y comprendre les salutations, les demandes et les réponses d'urgence minimale. Pour dépasser ce niveau élémentaire, il n'y a d'autre méthode que de respecter le temps. À cet égard, les langues sont non seulement parmi les contenus de la culture, mais aussi parmi ses supports les plus solides, s'il est vrai que celle-ci ait pour vocation d'introduire la densité du temps, en réduisant leur course démente, dans les mécanismes qui précipitent en avant les civilisations, enivrées de leur propre rythme et de l'apparente maîtrise que les techniques leur donnent sur l'univers. À cette maîtrise, en partie illusoire, s'oppose la maîtrise des langues, qui est de l'ordre de la durée humaine.

Langue et environnement culturel

Dès lors que l'on reconnaît toute son importance à ce lien entre langue et culture, on doit en tirer d'autres conclusions, même si l'on admet que la langue n'épuise pas le contenu de la culture. D'une part, une langue présente dans l'environnement socioculturel de l'enfant, ou, plus encore, dans le patrimoine linguistique de la famille ou de la région où il est né impose tout à fait naturellement sa nécessité comme langue seconde si une autre est première. Cette nécessité est beaucoup plus évidente, du fait des racines culturelles à quoi elle s'alimente, que celle des langues qui, fussent-elles de vaste diffusion internationale, sont étrangères à la culture environnante. D'autre part, étudier une langue, c'est s'assimiler des contenus culturels originaux auxquels l'enfant, non encore enfermé dans une citadelle de savoirs orientés comme le sont souvent les adultes unilingues, ne demande qu'à ouvrir ses oreilles et son regard. Il faut exploiter très tôt ce zèle et cette curiosité des usages d'autrui tels que les reflètent les langues. Par conséquent, c'est dès le début de la vie, et non, comme on le croit souvent, à l'âge adulte, qu'il convient de se fixer des objectifs culturels, c'est-à-dire de passer, pour enseigner une deuxième langue à un enfant, par une initiation aux manières de vivre, aux sensibilités et aux croyances du peuple qui la parle ; car elles sont reflétées dans sa langue. Loin de déraciner l'enfant, une telle méthode, outre qu'elle ouvre son esprit à la tolérance, est pour lui un enrichissement, dans la mesure où elle se fonde sur une comparaison implicite, et volontiers explicitée, entre ces contenus culturels et ceux que son environnement lui offre.

Filtrer les données et respecter un seuil d'exposition

Il ne suffit pas d'insérer l'apprentissage d'une langue dans son environnement culturel ; il faut encore en présenter une forme que l'écolier puisse assimiler. Il est donc utile de s'inspirer, bien que les sujets soient ici plus âgés que les enfants apprenant leur langue maternelle, des mécanismes de blutage, ou sélection par rejet, qui sont appliqués aux données de la langue par la famille, c'est-à-dire les parents, en collaboration, le cas échéant, avec les sœurs et frères aînés : il faut par exemple, dans le domaine phonétique, insister sur les courbes intonatives, ralentir le débit, introduire des pauses ménageant le temps d'enregistrement cérébral ; dans le domaine grammatical, il est bon de recourir aux groupes nominaux les plus simples (utilisant modérément l'article et l'adjectif dans les langues où ils existent) et aux phrases les plus courtes, sans excès de mots subordonnants (en français, *que, quoique, si*, etc.) ; quant au lexique, enfin, il devrait être constitué d'un nombre limité de mots fréquents. Certes, on doit montrer plus d'audace qu'avec un sujet de trois ans lorsque l'on s'adresse à un écolier de six ans. Mais il importe de ne pas tarir l'attention de ce dernier par le recours à des données trop complexes.

Cela ne signifie pas, néanmoins, qu'il faille s'en tenir à un seuil très bas de sollicitation. Un horaire de deux heures par jour durant cinq jours de la semaine est un temps d'exposition raisonnable, et qui a fait ses preuves (cf. Petit 1992). Les enfants s'en accommodent bien, et il est suffisant pour mettre en œuvre les stratégies d'apprentissage, en assurant, dans le domaine des sons par exemple, le meilleur rendement, aussi bien pour leur assimilation que pour leur reproduction.

ÉVALUATION ET CORRECTIONS

Les déviances sont chez l'enfant des instruments pour apprendre

Interférences

L'existence de tous les facteurs favorables liés à l'acquisition précoce n'implique pas qu'il suffise d'être un enfant pour apprendre sans efforts une deuxième langue. Les interférences entre la langue maternelle (LM) et la première langue vivante nouvelle (LV1) sont loin d'être absentes chez l'enfant. Mais c'est chez l'adulte qu'elles dominent, devenant de plus en plus nombreuses à mesure que la croissance de l'individu unilingue renforce les structures de sa langue unique et impose toujours davantage leur pression sur tout autre idiome qu'il désirerait apprendre. Au contraire, chez l'enfant, les interférences ne risquent d'atteindre une phase de figement que si l'exposition aux données de LV1 est insuffisante. Si elle est suffisante, alors, loin de se fossiliser jusqu'à devenir irréversibles comme c'est le cas le plus fréquent dans le domaine phonétique, les interférences enfantines sont éliminées assez rapidement dès que l'acquisition de LV1 entre dans une phase décisive. En tout état de cause, il n'y a pas lieu de s'alarmer lorsque les interférences semblent persister plus longtemps qu'on ne le souhaiterait. L'enseignant doit savoir que l'enfant, pris entre les pressions de sa langue maternelle et l'ouverture à la nouveauté de LV1, construit inconsciemment des hypothèses heuristiques inspirées par ce qui lui est le plus familier. Celles-ci sont, inévitablement, génératrices d'interférences. Mais ces contraintes d'acquisition de LV1 sont tout à fait normales, et il est vain de s'attendre à voir l'enfant maîtriser dès les premières semaines tout énoncé simple de la langue-cible, c'est-à-dire ici LV1.

Stratégies d'extension

On peut appeler stratégies d'extension les méthodes empiriques en vertu desquelles l'enfant étend, par généralisation, le champ d'utilisation d'un mot, ou d'application d'une règle, au-delà de leurs limites. Ainsi, pour ce qui est des mots, l'enfant francophone de deux ans et demi appellera *chat* non seulement un chat, mais aussi bien un chien, un cheval ou une vache ; pour ce qui est des règles, un francophone, à trois ans et demi, étendra à la première personne du futur la forme de la troisième, disant par exemple *je mangera*, et, à quatre ans et demi, il lui arrivera de conjuguer l'imparfait du verbe *être* par suffixation des désinences au radical du présent, d'où *hier, je sui(s)tais triste* (Petit 1992). Les stratégies d'extension sont tout aussi naturelles dans la langue-cible que dans la langue-source, c'est-à-dire LM. Aux yeux de la norme, ces stratégies sont évidemment des déviances. Elles partagent ce trait avec les interférences, qui sont une de leurs formes. Mais ce sont des caractéristiques cognitives fondamentales de l'humain, dont le domaine d'exercice dépasse de loin le langage : la connaissance du monde par l'espèce se construit à travers des assimilations de l'inconnu au connu, et des rectifications et ajustements successifs à mesure que les mystères se dissipent et que le savoir progresse.

Le maître doit manifester une tolérance constructive

L'auto-correction et l'émulation

Il est profitabe d'établir une évaluation des déviances (constat docimologique), effectuée à base d'épreuves par le maître, sans informer directement ni immédiatement l'élève de ce qui est visé. Sur cette base, l'auto-correction est préférable à la correction du maître, en particulier si celle-ci est dogmatique, ou, pis encore, sévère ou humiliante. La procédure d'auto-correction est encore plus efficace lorsqu'elle est pratiquée par collaboration à l'échelle de toute la classe. Plus les enfants sont jeunes, plus les corrections qu'ils se suggèrent les uns aux autres à l'exemple et sur l'initiative du maître sont marquées d'un esprit de coopération, et moins elles sont agressives ou dépréciatives, si l'on en croit le témoignage des instituteurs.

Le cours de langue étrangère en classe primaire devrait d'autant plus être un champ de stimulation réciproque que l'enfant est alors à l'âge de l'avidité d'expression. Grande est à ce moment sa créativité, comme on le voit d'abord dans sa langue maternelle. On peut en citer pour preuves, parmi beaucoup d'autres, les productions spontanées, à base d'abréviations, que certains auteurs ont relevées chez des enfants francophones de quatre ans, comme *parap* (*parapluie*), *jus d'or* (*jus d'orange*), *au-des* (*au-dessus*) (Kilani-Schoch et Dressler 1993). Ce don d'invention en langue maternelle doit être exploité en LV1. Il faut laisser l'enfant se livrer à la joie de reproduire des séquences linguistiques étrangères qu'il entend, même si les premières imitations dénotent quelque écart fantaisiste par rapport à la norme. Le zèle des plus libérés peut valoir incitation pour les plus timorés. Les manifesta-

tions souvent bruyantes ou désordonnées de ce zèle reflètent la pulsion de dire et le besoin d'affirmer son identité
par la parole. Si le maître possède le talent de faire dominer l'harmonie, qui, évidemment, ne signifie pas rigou-
reuse discipline ni interdiction de semblables manifestations, alors l'émulation peut aboutir aux résultats les plus
heureux.

Le maître à l'écoute

Face aux écarts que produit cette liesse expressive de
l'enfant, et plus généralement face à toute déviance, il
convient d'observer une attitude de mesure. Il est vain,
sinon nocif, de les pourchasser comme des fléaux, ou
comme des pathologies à éradiquer, en particulier quand
cette chasse, conduite par un pédagogue qu'impatientent
les explosions fautives des enfants, rend pesante l'atmo-
sphère de la classe. Cela ne signifie pas, bien entendu,
qu'il faille renoncer à certaines corrections, puisque c'est
bien la norme de LV1 que le maître a pour charge d'enseigner. Mais il n'est pas recommandable de corriger toute
déviance aussitôt qu'elle est proférée. Le message linguistique est une suite continue dont les parties constitutives,
c'est-à-dire les phrases, et, au sein de chaque phrase, les
mots successifs, se suscitent et se commandent les uns les
autres. Une correction immédiate et systématique, par
interruption abrupte du message enfantin, risque d'induire chez les enfants, même les moins fragiles, divers
effets négatifs : angoisse de la faute, développement de
stratégies ayant pour but l'évitement de la communication, diminution de l'ardeur à prendre part aux échanges
dans le cadre de la classe, déclin de la motivation et de la
curiosité d'apprendre, baisse de l'entrain à pratiquer
l'auto-correction, méfiance à l'endroit du maître, et
même, chez les plus sensibles, accroissement de l'émoti-

vité ou comportements agressifs vis-à-vis de l'entourage (Esser 1984).

En conséquence, la correction par le pédagogue ne doit s'appliquer, du moins au début, qu'aux écarts qui constituent de sérieux obstacles à la communication. En particulier, il est préférable qu'elle n'intervienne pas lorsqu'il s'agit de cas d'extension. En effet, la fréquence des formes ou des règles qui se trouvent alors abusivement généralisées, ainsi que la saillance cognitive qui résulte de cette fréquence, sont suffisamment élevées pour que les stratégies d'extension ne fassent pas obstacle à l'échange verbal. Certes, un moment vient où il faut enseigner la norme, et éliminer les cas d'extension après les avoir tolérés quelque temps pour les raisons qu'on vient de dire. Mais alors, le pédagogue doit s'efforcer de ne corriger que selon une méthode fondée sur l'expansion, c'est-à-dire en présentant la bonne formulation, avec sérénité et sans éclats réprobateurs, sous l'aspect d'un complément plutôt que d'un substitut autoritaire. Dans cet apport complémentaire, où ne figurent pas de jugements négatifs ou de préceptes d'interdiction (du type « il ne faut pas dire... »), la correction doit se glisser sans être donnée pour ce qu'elle est. Pour autant, elle doit être parfaitement claire, et il est important que le maître répète la bonne formule et en sollicite la répétition.

La relation de confiance

Tout ce qui précède suppose que l'on établisse avec la classe cette relation essentielle à tout apprentissage : la confiance. Il ne s'agit pas ici d'un vain mot. L'enfant progresse d'autant plus que, loin de se sentir en situation de conflit, il est à tout moment encouragé par une attitude bienveillante. Il doit, grâce à la permanente mansuétude du maître, se persuader qu'il a le pouvoir de parvenir à une bonne connaissance de la langue étrangère. Ne ressentant pas de tension, ne redoutant pas la correction disqualifiante, valorisé par les éloges et les encouragements, il doit, en outre, cheminer à son rythme, sans que le maître lui donne jamais l'impression de précipiter le processus d'acquisition, ou d'avoir hâte qu'un résultat parfait apparaisse rapidement. Toute attitude d'anxiété, toute peur de la faute dirimante doivent être conjurées par l'assurance que l'enfant est en bonne voie, et, quand ce qu'il a dit ou cru comprendre est inexact, par une correction suivant la méthode d'expansion mentionnée plus haut. Cette attitude à l'égard de l'enfant est aussi celle qu'il convient d'adopter vis-à-vis des adultes désirant apprendre une langue étrangère. Elle peut donner chez ces derniers de bons résultats, si l'on en croit les témoignages des élèves illustres, hommes politiques, musiciens, acteurs, qui auraient appris de cette manière le français, l'allemand ou l'espagnol auprès du professeur Michel Thomas, un maître de langues officiant à Beverley Hills et Tel-Aviv, et reconnu comme une autorité pédagogique, selon *The Jerusalem Report* (1994), par des spécialistes de plusieurs universités californiennes et pennsylvaniennes.

N'ayant pu moi-même juger sur pièces ces résultats, et sachant assez quel investissement précoce de temps et d'énergie est exigé par le bon apprentissage d'une deuxième langue, j'ignore quelles sont dans cette affaire la part de la vérité et celle de l'hyperbole marchande. Mais il convient de souligner que les principes méthodologiques de cet enseignement ne diffèrent pas en profondeur de ceux que recommande un spécialiste de l'éducation bilingue précoce, selon lequel il est nécessaire que le maître écarte

« la solution consistant à mêler de façon permanente, ou même intermittente, l'évaluation chiffrée et individuelle à l'acte d'enseignement. La notation, seulement nécessaire aux fins d'évaluation interindividuelle, saperait immanquablement l'impression de réussite ressentie par les participants. [...] On sait que cette impression de réussite est une composante maîtresse de la dynamique acquisitionnelle. [...] Il ne s'agit pas de supprimer toute évaluation, mais de réaliser une dichotomie aussi radicale que possible entre l'acte d'enseignement et l'acte d'évaluation des résultats afin de préserver l'élan acquisitionnel. L'évaluation peut être organisée à larges intervalles et de façon collective et anonyme. Ainsi pratiquée, elle ne provoque aucune perturbation.

Il est enfin un autre grand principe qui devrait être appliqué dans l'enseignement précoce, toujours aux mêmes fins d'efficience et de motivation : celui qui consiste à remettre le plus possible aux élèves eux-mêmes le déroulement de la classe, à les faire agir et à leur faire prendre en mains la dynamique acquisitionnelle » (Petit 1992).

J'ajouterai que la confiance qui conduit ainsi le maître à déléguer à la classe, en vue d'un meilleur résultat, une partie de ses prérogatives traditionnelles devrait être assez grande pour le faire accéder à une bonne connaissance de l'histoire individuelle de chaque enfant. Il peut arriver, en effet, qu'un enfant prenne plus de plaisir à parler une langue étrangère que sa langue maternelle. Le maître attentif aux personnalités des enfants saura déceler ces cas, où l'on observe une

« contribution de l'enseignement des langues étrangères à l'enrichissement de la personnalité et à l'expression de soi : les connotations liées à certaines expressions dans la langue maternelle peuvent avoir des effets inhibants. Il est parfois plus facile de dire librement ce que l'on ressent dans une autre langue, et la langue étrangère peut, par ce biais, fournir aux apprenants un espace de liberté et de bien-être. Dans une expérience récente d'enseignement précoce du français aux enfants des bidonvilles au Brésil, "rendre aux enfants un espace d'enfance" était l'objectif principal » (Batley et al. 1993).

TECHNIQUES EFFICACES

Enseigner comme des gestes
l'accent tonique et l'intonation

L'accent tonique frappe systématiquement en français la dernière syllabe des mots, phénomène tout à fait exotique en Europe. L'intonation, ou courbe mélodique de la phrase, est elle aussi assez particulière dans cette langue. Les parties de l'appareil phonatoire qui permettent de réaliser l'accent tonique et l'intonation ne sont pas commandées par le système cérébro-spinal, et les mouvements qu'elles accomplissent ne sont évidemment pas aussi conscients et volontaires que ceux des bras, des jambes ou de la tête, puisqu'ici, il s'agit de vibrations variables des cordes vocales. Mais les cordes sont une composante du corps, et leurs vibrations sont aussi des gestes. C'est précisément parce qu'elles ne se prêtent pas à un enseignement simple comme celui des gestes volontaires, que l'on a tout intérêt, dans l'éducation bilingue précoce, à les figurer par ces derniers. En d'autres termes, on pourrait, par exemple, en même temps que chaque syllabe accentuée d'un mot étranger et que chaque point culminant d'une courbe intonative dans une phrase étrangère, exécuter un mouvement élémentaire : extension d'un bras, abaissement de la tête, ou inclinaison du buste. Les enfants associeraient automatiquement un geste et un trait phonique, et leur penchant mimétique favoriserait la bonne acquisition de l'un et de l'autre. Il semble que cette pédagogie gestuelle de phénomènes phoniques étrangers au français, laquelle se fonde sur la conception des prononciations comme gestes culturels,

pourrait, s'adressant à des enfants francophones, produire de bons résultats.

Illustrer les techniques d'articulation
par des tableaux

On sait que dans les classes élémentaires de l'école
primaire, et même dans les suivantes, les instituteurs
décorent les murs de planches illustrant les matières
enseignées. Il est utile de recourir, en classe de langue
étrangère, à des représentations de l'appareil phonatoire
en coupe, des lèvres au larynx, ainsi que de face, afin de
faire apparaître les diverses configurations qu'il prend
pour articuler les sons de cette langue, en particulier ceux
qui sont inconnus du français, et exigent le concours d'organes, ou de positions d'organes, non sollicités par lui. Tel
est le cas, par exemple, des consonnes interdentales de
l'espagnol, dont on pourrait illustrer la production en utilisant une planche figurant la position de la langue entre
les dents, ainsi que la vibration ou l'absence de vibration
des cordes vocales selon qu'il s'agit de la sonore $ð$ ou de
la sourde $θ$; le bruit de frottement fait par l'air se frayant
un passage apparaîtrait évident d'après un tel schéma.
L'enfant qui aurait appris très tôt à prononcer et à
entendre les interdentales de l'espagnol n'éprouverait pas,
sur ce point, de difficultés quand il aborderait, dans l'enseignement secondaire, d'autres langues qui en sont pour-
vues, comme l'anglais par exemple.
    Les tableaux aimantés sur lesquels courent des figu-
rines sont un autre instrument pédagogique utile. En solli-
citant l'attention de l'enfant pour ces figurines dont chacune
représente un son de la langue étrangère qu'on enseigne, et
en l'habituant à articuler ce son dès que la figurine corres-
pondante lui est présentée, on substitue aux méthodes sta-
tiques d'exposé une méthode cinétique qui s'adapte mieux

à ses penchants et peut plus sûrement se révéler féconde. La projection de films montrant des locuteurs autochtones de la langue étrangère en train d'articuler des sons difficiles de cette langue est, pour la même raison, un moyen recommandable lorsque l'on peut en disposer.

Recours à la langue maternelle
en classe de langue étrangère

Le mélange continu de LM et de LV1 durant le cours de langue étrangère n'est pas à recommander. Cela ne signifie pas que LM soit à proscrire. C'est une illusion de croire qu'un enfant unilingue de six ans n'ait pas besoin d'explications données dans sa langue maternelle, alors que c'est dans les termes de cette dernière qu'il a commencé à mettre le monde en paroles, avant de s'ouvrir à d'autres univers linguistiques. Au contraire, la langue maternelle, faisant office de métalangue dans laquelle sont exposées les particularités grammaticales de la langue étrangère qu'on enseigne, apporte un précieux concours. Mais il convient de ne l'utiliser que dans des cadres précisément définis, et sans la faire interférer sans cesse avec LV1, afin de ne pas accroître, justement, les interférences. Certes celles-ci sont des processus normaux d'acquisition, et il est vain de vouloir les pourchasser. Mais il n' y a aucun profit à les encourager. C'est donc selon un dosage soigneusement établi que l'on devra recourir à la langue maternelle des écoliers lorsque l'on commentera, et souvent traduira, les textes en langue étrangère qui, plus que les passages artificiellement construits, constituent le matériau le meilleur, parce que naturel, de l'apprentissage : récits, comptines, chants, et toutes autres productions linguistiques répondant à la curiosité de l'enfant pour l'imaginaire et l'art, telle qu'elle est exploitée aussi, dans l'enseignement de la langue maternelle elle-même, par les parents les plus avisés.

CHAPITRE VI

La langue comme instrument

LA LANGUE, OBJET SINGULIER

Lorsque l'on s'est convaincu qu'il n'y a d'autre enseignement efficace d'une langue étrangère que celui qu'on entreprend dès l'enfance, il reste encore à fixer son statut parmi les autres disciplines du programme scolaire. La langue occupe, en fait, une place particulière, qui la distingue de toutes, comme j'essaierai de le montrer d'abord : elle est l'instrument même dont on se sert pour enseigner n'importe quelle matière. Il convient donc de la traiter comme le requiert sa nature ; c'est ce qu'établira la deuxième section du présent chapitre. Une manière efficace d'assurer ce traitement est d'exploiter un trait fondamental de la personnalité enfantine, à savoir le penchant ludique ; la troisième section de ce chapitre fera voir tout le parti qu'on peut en tirer.

La singularité de la langue par rapport à tout ce que l'école enseigne d'autre est loin d'être assez clairement reconnue pour qu'on en ait aperçu les conséquences pédagogiques. C'est ce que je voudrais suggérer ici pour commencer.

L'enseignement traditionnel des langues étrangères : une finalité sans fin

Dans la plupart des cultures qui se fondent sur l'école, les langues étrangères figurent parmi les matières enseignées. Il ne s'agit pas seulement d'une pratique contemporaine. Il en a toujours été ainsi, quelque forme qu'ait prise l'instruction de la jeunesse : précepteurs particuliers des princes ou des enfants nobles, éducation religieuse faisant également place aux sujets profanes, enseignement dispensé en privé à de petits groupes de privilégiés, cursus scolaire public des démocraties modernes, etc. Or cette situation, à laquelle sa diffusion universelle dans le temps et dans l'espace assigne le visage de l'évidence, n'a que les apparences du naturel. On ne voit pas ce qui peut la fonder en raison, ni même lui fournir fût-ce un semblant de justification. En effet, intégrer l'enseignement des langues au cursus scolaire sans lui reconnaître de statut singulier ni créer pour lui un cadre spécifique, c'est considérer les langues de la même façon que toutes les disciplines du programme. Or qu'est-ce que les langues ? Ce sont des systèmes complexes utilisés dans la communication sous toutes les latitudes par des milliards d'êtres humains. Elles sont donc ce au moyen de quoi s'exprime tout sujet. Les langues sont ce qui permet au pensable d'accéder au dicible. Elles sont la matière de toute matière. Elles ne sauraient, par conséquent, être enseignées comme elles le sont dans le système scolaire de la plupart des pays, c'est-à-dire de manière extensive, à raison d'un petit nombre d'heures par semaine durant de longues années, et par ailleurs selon la méthode livresque utilisée par toutes les disciplines, lesquelles, en dehors des arts et du sport, ont recours à des manuels dont les écoliers sont censés retenir le contenu.

Une telle conception de l'enseignement des langues est, au mieux, une étrangeté, au pire une aberration. Elle repose, en vérité, sur un défaut d'analyse de ce qu'est une langue. En effet, en l'enseignant comme une matière parmi d'autres, elle en fait une fin en soi. On peut parfaitement adopter cette conception quand il s'agit des autres disciplines. Il est loisible de considérer l'histoire et son enseignement, par exemple, comme des fins en soi. Car même si l'on admet que la connaissance historique est une des voies de la culture, de l'accomplissement d'une vie civique, ou de certains métiers, dont celui de... professeur d'histoire, il s'agit bien d'un domaine qui se suffit à lui-même. L'histoire constitue par essence un savoir. On ne voit pas en quoi les manipulations auxquelles la soumettent tels régimes politiques, soucieux de se trouver une légitimité dans le passé ou d'y puiser des arguments pour agir, font partie, de quelque manière que ce soit, de sa finalité. On peut en dire autant de l'application des sciences. C'est une évidence maintes fois répétée que l'utilisation des résultats de la recherche en biologie ou en physique nucléaire en vue de construire des moyens de reproduction du vivant, des outils de lutte contre diverses pathologies ou des instruments de destruction massive, est une conduite en principe étrangère à la science elle-même. Celle-ci est essentiellement bâtie, par l'homme, pour répondre à sa pulsion de connaître, et apaiser, dans une modeste mesure, l'angoisse que sécrète son insatiable curiosité de dissiper les mystères du monde. À cet égard, la linguistique est bien elle-même une science, puisque le linguiste (au sens où je l'entends) est habité par le rêve misérable de connaître toutes les langues, et de trouver sur elles le discours à la fois le plus rigoureux et le plus adéquat. Mais précisément, les langues elles-mêmes ne sont pas des savoirs. Une langue ne fait que contenir, véritable musée Grévin de la connaissance, un ensemble hétéroclite de savoirs dispersés, reflétant divers états de la science, dont certains totalement désuets, par exemple celui auquel réfèrent, dans bien des langues, les expressions comme, en français, *le soleil se couche*, vestige erratique d'une conception pré-copernicienne du système solaire.

La langue enseigne

Ainsi, il apparaît clairement qu'une langue ne peut pas être une matière comme les autres. Une observation d'évidence quotidienne dans la vie de l'école le rappelle à chaque instant : toutes les matières s'enseignent en langue, alors que cela ne peut avoir aucun sens d'imaginer un enseignement de la langue qui se ferait au moyen de l'histoire ou de l'arithmétique. Les disciplines les plus rigoureuses ne peuvent être professées uniquement à l'aide de chiffres, de schémas, de calculs et de symboles écrits. Le professeur n'est pas muet, et les élèves, dans la majorité des cas, ne sont pas sourds. L'enseignement est oral, et la langue en est donc le vecteur. Les formes géométriques, les chiffres, les états de la matière et les combinaisons chimiques ont des noms, et les démonstrations sont des agencements de propositions, même s'il est vrai que la langue n'est pas ici l'objet d'une recherche décorative.

Sur ce dernier point, il conviendrait d'ajouter, au reste, que les mathématiciens sont loin d'être unanimes à considérer la langue, dans leur discipline, comme un simple moyen d'expression dépourvu de toute autre importance. Pour certains, la recherche d'une langue précise, claire et non contradictoire constitue une des nécessités fondamentales de la pédagogie des mathématiques. Telle est la position de S. Baruk, qui cite (1985) les opinions d'un grand pédagogue classique et de deux philosophes modernes, soit, respectivement,

> « L'intelligence des langues sert comme d'introduction à toutes les sciences » (Rollin),
> « Une analyse directe des mots usuels permet toujours de traiter honorablement n'importe quelle question » (Alain),

et enfin, au niveau le plus général,

> « Le langage n'est pas, comme on le croit souvent, le vêtement de la pensée. Il en est le corps véritable » (Lavelle).

S. Baruk rappelle que la langue, « matière d'aucune discipline », est en fait la « discipline de toute matière, de tout matériau et de toute procédure d'enseignement », comme le notait un texte (Nancy 1978) justement consacré au thème de la langue dans l'organisation de l'école.

Ainsi, la langue, ne pouvant, de par sa nature, être, à l'école primaire, une fin en soi comme le sont d'autres disciplines, est au contraire le moyen mis à leur disposition. Cela ne signifie évidemment pas qu'il n'existe d'autres étapes et d'autres circonstances dans lesquelles la langue, pour une large part, est à elle-même sa propre fin. Ainsi, le cours de littérature, qui s'adresse aux adolescents puis aux adultes, et non aux enfants, prend volontiers, et de manière tout à fait légitime, la langue pour objet propre. Un texte littéraire se définit d'abord par son style, c'est-à-dire par ses choix de phrases, de formules et de mots. Il ne s'agit en aucune façon, ici, d'éloigner les enfants de la littérature. Tout au contraire, il faut, dans leur langue maternelle, leur donner le plus tôt possible une accoutumance aux plus beaux textes. Mais c'est l'apprentissage d'une deuxième langue qui est ici en cause, et il n'est encore question, à l'étape précoce qui est recommandée, que de faire acquérir une pratique courante. Mon propos est donc de suggérer que la deuxième langue soit elle-même utilisée comme support des autres enseignements, au lieu d'avoir simplement pour statut d'être un d'entre eux.

« INSTRUMENTALISER » LA LANGUE ÉTRANGÈRE

Il s'agit d'apprendre aux enfants la deuxième langue comme un instrument en vue d'aboutir à des résultats. Un de ces derniers est précisément l'apprentissage de celles, parmi les autres matières, que l'on décidera d'enseigner en LV1.

Comprendre la deuxième langue dans ses emplois naturels

L'enseignement bilingue précoce ne saurait concevoir la langue étrangère comme le lieu d'un discours sur un objet didactique, à la manière du discours sur le passé (classe d'histoire) ou sur les éléments d'algèbre et de géométrie (classe de mathématiques). Ici, le but ne peut pas être simplement d'enseigner un certain système linguistique en s'assurant qu'il a été compris. Il ne suffit pas que les règles de la LV1 aient été conceptualisées pour que l'enfant acquière du même coup la capacité de la comprendre dans les circonstances naturelles où ses locuteurs autochtones en font usage. Une partie du temps alloué au cours de langue étrangère proprement dit doit contribuer à réduire l'impression d'artifice que produit une simulation scolaire éloignée des conduites de la vie. Il convient donc de développer, en les mettant au service de l'éducation bilingue précoce, les moyens d'apprentissage qui font apparaître LV1 non comme un objet abstrait, mais comme le bien culturel sur lequel se fonde la vie quotidienne de toute une population : radio scolaire, télé-vision en LV1, liaisons télématiques, multimédia sur micro-ordinateurs, et toutes techniques d'aujourd'hui qui ajoutent, à l'intérêt de présenter comme autre chose qu'un mythe d'école la langue enseignée, celui de s'adap-ter au plaisir enfantin du lien tactile, tel que le permet l'activité de manipulation des machines.

Communiquer en langue étrangère

Il convient, en outre, de susciter chez l'enfant le désir d'utiliser la LV1 dans la communication comme il le ferait de sa langue maternelle. L'enseignement bilingue précoce conçoit donc ici comme instrument de communication la langue à apprendre. Du point de vue théorique, c'est là le lieu d'un débat. Certaines écoles linguistiques tiennent que la notion d'instrument de communication fournit la définition même de la langue. D'autres jugent qu'on ne saurait épuiser ainsi sa nature, qu'elle est bien davantage qu'un simple outil, et que c'est une conception réductrice que d'y voir un système purement ancillaire destiné à l'échange d'informations, de questions ou d'injonctions. Certains même, comme les tenants de la théorie générati-viste, hostile à tout fonctionalisme, considèrent que l'utili-sation de la langue dans la communication est un épiphé-nomène, ou une circonstance latérale, qui ne dit rien sur sa nature profonde de modèle cognitif propre à l'espèce.

En fait, cette controverse ne saurait avoir d'incidence directe sur l'éducation bilingue précoce. Car l'enfant voit bien que la langue étrangère qu'il étudie est à la base de toute relation entre ceux dont elle est l'idiome maternel. Quelles que soient les théories linguistiques, les progrès de l'enfant seront d'autant plus assurés que le maître s'efforcera de confirmer cette expérience. Pour le faire, il convient de persuader l'écolier que la finalité naturelle de la langue étrangère est, tout comme celle de la langue maternelle, d'être utilisée dans une relation entre personnes, où est engagée l'affectivité de chacune, et où, dans un contexte social précis, on attend un certain effet de ce que l'on dit, et reçoit une certaine impression de ce que l'on entend.

Ainsi, l'enfant ne peut être sérieusement incité à apprendre une langue étrangère que si on lui donne occasion de s'investir pleinement dans un échange communicatif qui le sollicite en tant que personne, et non pas seulement en tant qu'élève. Or un moyen s'offre ici comme totalement évident. Ce moyen ne s'inspire d'aucun expédient d'instituteur expérimenté, ni d'aucune recherche savante de psycho-pédagogue. Il ne fait qu'exploiter ce que n'importe qui a toujours observé chez l'enfant, et qui s'inscrit dans son être intime : l'instinct du jeu.

LE LUDIQUE COMME VOIE SOUVERAINE :
APPRIVOISER L'ENJEU PAR LE JEU

Puer ludens

L'enfance est l'âge auquel s'appliquent le mieux les observations faites par Huizinga sur la nature ludique de l'homme dans son célèbre ouvrage *Homo ludens* (1938). C'est pourquoi je parle de *puer ludens*. Certes, dans toutes les générations, le besoin de jeu commande bien souvent les conduites humaines. Il est à la base de diverses formes d'activité poétique dans de nombreuses cultures, du monde scandinave à l'Océanie en passant par les terres d'Islam et le Japon. Il est vrai, également, qu'en contrepoint de l'instinct de reproduction, du réflexe alimentaire et du besoin de s'abriter s'inscrivent, non requis par les apparences fonctionnelles et néanmoins tout aussi vitaux à leur registre, l'érotisme, l'art gastronomique et l'esthétique de l'architecture. Mais l'adulte déploie bien d'autres conduites que ludiques, alors que le jeu est le monde consubstantiel de l'enfance. Les parents le savent, et tout autant les marchands de jouets, qui font profit de ce savoir.

Le chemin, dès lors, est tout tracé : il faut, dans l'éducation bilingue précoce, exploiter le bonheur enfantin de jouer en le mettant au service de l'apprentissage.

La pédagogie bilingue par le jeu : rôles du corps et du groupe social

Si le ludique, ici comme dans d'autres domaines, est à lui-même, pour une large part, sa propre fin, il n'est cependant pas totalement gratuit. Le champ premier des activités de l'enfant est son corps. Le corps de l'enfant est ce que celui-ci découvre d'abord, lorsque, par exemple, à quelques mois, il en manipule les articulations en saisissant ses pieds. Le corps de l'enfant est sa paroi intime, son enveloppe intériorisée. C'est par lui qu'il entre en relation avec le monde extérieur. Au cours de l'apprentissage de sa langue maternelle, l'enfant acquiert d'abord les désignations des objets concrets, des activités clairement orientées, des positions dans l'espace, bref de tout ce par rapport à quoi son corps se situe. Les types de mots correspondant à ces désignations sont, respectivement, des noms, des verbes d'action et des prépositions ou des adverbes.

À propos de ces deux dernières classes, il est intéressant de noter un parallélisme entre l'histoire de leur formation et celle de l'acquisition des mots par l'enfant. On sait, en effet (cf. Hagège 1975), que dans de nombreuses langues, les prépositions et adverbes qui signifient « sur/dessus », « sous/dessous », « dans/dedans », « devant »,

« derrière », etc. proviennent de noms de parties du corps, c'est-à-dire de mots qui signifient, respectivement, « tête », « pied », « ventre », « visage » et « dos ». Il s'agit, ici, d'une véritable anthropologie grammaticale. Or l'enfant commence à apprendre vers l'âge de trois ans, ou un peu plus selon les cas, les noms de parties du corps, et acquerra ensuite les prépositions et adverbes désignant les emplacements dans l'espace. En d'autres termes, de même que l'ontogenèse récapitule, par certains au moins de ses aspects, des étapes de la phylogenèse, de même, l'histoire individuelle de l'apprentissage linguistique chez l'enfant retrouve, en partie, le trajet qu'a suivi, précisément, celle de beaucoup d'idiomes, même quand il s'agit, comme c'est le cas pour le français, d'une langue où les désignations spatiales n'ont pas de lien de filiation observable avec les noms de parties du corps.

Ainsi, le corps apparaît comme une mesure de toute chose dicible, aussi bien dans les sociétés humaines les plus archaïques à l'orée de la formation des langues que dans le développement personnel de l'enfant. Mais ce qui est vrai de l'idiome maternel l'est aussi de la deuxième langue. L'enfant apprendra plus aisément les mots que cette dernière utilise pour désigner les parties du corps et les notions qui leur sont reliées, si l'on donne la place qu'ils méritent, de par leur rendement pédagogique, aux jeux, sportifs et autres, où le corps est l'objet d'une permanente sollicitation. L'éducation bilingue précoce doit donc, comme d'autres matières, mettre au service de l'enfant lui-même la place essentielle que le corps occupe dans l'économie de la vie enfantine.

Outre le corps, un autre élément déterminant dans l'acquisition de LV1 comme dans celle de LM est le groupe social. La pédagogie bilingue par le jeu doit s'inspirer des observations que l'on peut faire sur la façon dont l'enfant acquiert, dans sa langue maternelle, les mots reflétant sa relation avec le groupe. Chez les petits Français, c'est dans la période de trois ans et demi à quatre ans que l'on voit apparaître, en général, l'usage des pronoms personnels. Ceux-ci, évidemment, ne se conçoivent qu'au sein du groupe social, où ego se pose comme individu par rapport à l'entourage, en identifiant un « tu », un « il/elle », ainsi que des ensembles auxquels il appartient (en français, *on* et plus tard *nous*), ou dont il ne fait pas partie : « vous », « ils/elles ». De même, les noms de beaucoup d'objets de la vie courante dont la disposition est partagée également entre tous les enfants dans une classe de moyenne section d'école maternelle sont assez vite appris, du fait que la vie sociale au sein du groupe qui les utilise constitue une puissante incitation à savoir désigner ces objets. Cela, de nouveau, s'applique autant à LV1 qu'à LM. Il ne saurait y avoir désir de communication dans une langue nouvelle sans participation à des dispositions d'objets et de notions, c'est-à-dire sans insertion au sein d'un groupe social. Or le jeu tient ici une place essentielle, car il est pour l'enfant un moteur d'intégration au groupe, donc de partage. Mieux encore, c'est à travers le jeu que se construit le sens, comme élaboration solidaire et collective des contenus correspondant à chaque forme linguistique. Une conception instrumentale de la langue étrangère enseignée est donc corollaire de l'exploitation pédagogique du jeu comme tentation permanente de l'enfance.

Comment exploiter le penchant ludique

Le recours aux jeux dans l'éducation est pratiqué depuis toujours, et chacun sait que les maîtres les plus créatifs savent en imaginer de fort variés et de fort efficaces. Certains ont connu un début de notoriété, et donnent lieu à des méthodes dont sont informés et qu'appliquent les enseignants les plus curieux. Tel est le cas, pour l'allemand, de « Sing und spiele mit », méthode audiovisuelle assortie de pratiques de dramatisation en classes enfantines, mise au point par J. Petit au début des années soixante-dix. Certes, la langue y est manipulée dans des situations imitées, et non pas spontanées, mais les enfants préfèrent souvent les rêves de la simulation aux platitudes de la réalité. Cette méthode mobilise sur une base ludique tous les éléments lexicaux et grammaticaux déjà enseignés, que l'on peut représenter par des objets à valeur iconique. La variété des types de manipulations fait clairement apercevoir aux enfants le nombre considérable de possibilités combinatoires que permet d'atteindre un nombre réduit d'éléments. Selon le témoignage de ceux qui ont appliqué cette méthode, les enfants y prennent un plaisir qui accroît fortement son rendement. En outre, pour ce qui est des connaissances acquises, ils apprennent à les utiliser dans un contexte différent de celui de leur acquisition, ce qui est, en didactique des langues comme en didactique tout court, une des clefs de l'apprentissage. C'est, également, une voie sûre vers la liberté d'expression, fondement même du désir de communiquer. Au nombre des autres méthodes d'enseignement d'un idiome qui sont susceptibles d'aménagements ludiques, on peut encore mentionner, bien qu'elle s'applique à une langue dont je ne recommande pas l'introduction dans l'éducation bilingue précoce, celle qu'ont élaborée pour l'anglais Girard et Capelle (1974).

Parmi les types d'exploitation du penchant ludique comme ceux que met à profit la méthode « Sing und spiele mit », un des plus efficaces dans l'apprentissage précoce d'une deuxième langue consiste à utiliser de grands cartons figurant des animaux comme au jeu de l'oie (Lietti 1994). L'enseignant invite les enfants à imiter la manière dont chaque animal se déplace. Mais ce mouvement du corps est mis au service d'un exercice de l'esprit : les enfants devront apprendre à désigner en LV1, en même temps qu'ils avancent et reculent avec une drôlerie mimétique, le nom de l'animal, ainsi que celui des couleurs (généralement traitées en langues occidentales par des adjectifs) dans lesquelles sont dessinés et sur fond desquelles se détachent les animaux ; les enfants devront également avoir appris, et proférer en même temps qu'ils miment les actions correspondantes, les verbes signifiant en LV1 « avancer », « tomber », « se lever », « reculer », ainsi que bien d'autres très courants que l'on pourra ajouter en imaginant telle saynète que l'on voudra : ceux qui signifient « manger », « boire », « courir », « donner », « apporter », « prendre », « parler », « dormir », « voir », « entendre », « savoir », « vouloir », « pouvoir », etc. Enfin, les animaux occupant diverses positions dans l'espace, l'enseignant trouvera ici l'occasion de faire acquérir à travers les mouvements du corps les prépositions et adverbes qui, dans beaucoup de langues, sont issus de noms de divers membres : tête, pieds, etc.

Relations de jeu avec les enfants étrangers et dans leur langue

Il est une considération qui peut conduire certains à juger artificielle l'exploitation de l'instinct ludique des enfants à des fins d'apprentissage bilingue, et l'exigence qu'impose l'enseignant de n'employer que la LV1 au cours de ces jeux, auxquels il participe lui-même. On peut objecter, en effet, que même si le maître connaît fort bien la LV1, cela n'est pas une garantie suffisante d'apprentissage efficace : les écoliers ne peuvent être tentés de s'en servir spontanément sur de longues périodes que s'il se trouve parmi eux d'autres enfants dont elle est la langue maternelle. Ce sera, précisément, l'objet du chapitre VII que de proposer des moyens radicaux d'apprentissage bilingue précoce. Mais si l'on n'a pas la possibilité de prendre les mesures que ces moyens supposent, du moins faut-il s'efforcer d'assurer dans la classe de LV1 la présence d'enfants qui soient usagers autochtones de LV1. Je ne dis pas que la réalisation pratique d'un tel projet aille de soi. Mais elle seule permet une exploitation fructueuse de l'instinct ludique. L'enfant veut l'emporter aux concours de vitesse, il veut gagner l'objet choisi comme enjeu dans une compétition, il veut s'exprimer et être entendu. Si tout cela n'est possible qu'en parlant la langue des enfants étrangers étroitement mêlés à son existence quotidienne, sa motivation sera assez puissante pour qu'il investisse beaucoup d'énergie dans la compréhension de ce qu'ils disent et dans l'émission de messages qui leur soient compréhensibles.

L'enfant est alors en situation d'apprendre LV1. Qu'il le veuille ou non, il se trouve arraché à l'apprentissage livresque d'une langue que rien de naturel ne vient instrumentaliser. Il n'a d'autre choix que de vivre comme un processus normal l'utilisation de la langue étrangère avec ses camarades venus d'autres pays dont elle est le moyen d'expression national. C'est alors que la langue, dépouillée de l'apparence fâcheuse qu'elle revêt dans les classes, celle d'une discipline scolaire parmi d'autres, se révèle pour ce qu'elle est : un instrument nécessaire de communication. Le maître peut, avec tact et discrétion, recourir à des gratifications qui prennent acte des gains obtenus par les enfants au cours des activités ludiques, c'est-à-dire qui les encouragent, en fait, à communiquer en LV1. En tout état de cause, la conception de la langue comme instrument ne fait que tirer les conséquences pédagogiques évidentes d'une constatation que chacun peut faire : l'enfant apprend une langue non pour elle-même, mais parce qu'elle lui sert à agir.

Ainsi, la présence est souhaitable, dans une classe primaire, d'enfants étrangers dont la langue maternelle est celle que cette classe étudie. Il s'agit ici d'une mesure ponctuelle, bien qu'à l'évidence sa réalisation soulève toutes sortes de difficultés pratiques. Mais précisément, il est urgent de prendre des mesures plus générales, et d'application plus délicate encore, car elles rompent avec toutes les habitudes.

CHAPITRE VII

L'immersion par échanges massifs de maîtres à travers l'Europe

L'IMMERSION

L'apprentissage sérieux d'une langue étrangère représente pour l'enfant un investissement non seulement intellectuel, mais encore affectif, dont on ne saurait sous-estimer l'importance. Cependant, à mesure qu'il grandit, et dépasse les étapes initiales de créativité explosive et de jubilation ludique d'apprendre, l'enfant en vient à s'interroger, que ce soit inconsciemment ou à travers une formulation explicite, sur l'exacte utilité de la langue étrangère qu'on veut lui enseigner. Et la raison de cette perplexité n'est pas à rechercher très loin : c'est tout simplement l'absence de cette langue dans son environnement naturel. Il est, par conséquent, essentiel de compenser par quelque moyen cette absence. Les pédagogues qui ont reconnu l'importance du problème ici posé ont suggéré une solution que l'on appelle communément l'immersion. J'en rappellerai les formes, telles qu'elles sont attestées en divers lieux, ainsi que les aspects cognitif et social. Je présenterai ensuite le type d'immersion qui me paraît être le plus efficace, et qui consiste en un échange massif de maîtres à travers les pays d'Europe.

Expériences modernes d'immersion

L'immersion canadienne

La plus connue des expériences modernes d'immersion est celle qui fut inaugurée au Québec (essentiellement dans la zone anglophone (quartiers occidentaux) de Montréal) ainsi qu'au Nouveau-Brunswick et, plus sporadiquement, dans l'Ontario, à partir de 1965. 3 %, environ, des enfants canadiens de langue maternelle anglaise reçurent pour la totalité des matières, dès la première année de leur vie scolaire, un enseignement exclusivement dispensé en français. L'anglais n'intervenait qu'en deuxième ou en troisième année d'école primaire, d'abord uniquement comme discipline enseignée, puis comme vecteur de quelques matières ; il était progressivement étendu, ensuite, à l'ensemble des matières. Les résultats furent excellents, si l'on s'en tient à ce qu'était le niveau des élèves à la fin de l'école primaire : les petits anglophones de dix ans avaient alors en français une compétence de francophones de naissance. De surcroît, cette expérience, en persuadant les familles, et en balayant leurs doutes sur l'efficacité d'un enseignement bilingue par immersion précoce, avait revêtu au Canada une signification sociale et éducative qui dépassait l'objet même que l'on s'était proposé.

Cela dit, l'immersion canadienne, en dépit de sa renommée, dont les échos se sont répandus dans bien des milieux de pédagogues de l'éducation bilingue, n'est pas un cas idéal. Car d'une part, elle intéresse surtout les provinces où certaines familles anglophones jugent utile pour leurs enfants une réelle compétence en français, du fait que cette langue y est parlée dans la plus grande partie, ou dans une zone, du territoire. Il suffit de se rendre en Alberta ou en Colombie britannique pour constater que les habitants n'ont pas fréquenté, c'est le moins que l'on puisse dire, d'école d'immersion francophone! D'autre part, même dans les provinces où elle a fonctionné d'une manière satisfaisante, l'immersion canadienne, de 1965 à 1983, ne s'est appliquée qu'à cent quinze mille élèves de l'ensemble des écoles anglo-canadiennes (Girard 1995). Enfin, ici comme dans tous les cas d'immersion, c'est une nécessité absolue, pour conjurer l'oubli, que d'assurer la continuité au-delà du primaire; or on peut douter qu'il soit facile de le faire dans le milieu anglophone où vivent les enfants, puisqu'il y règne une langue dont la domination mondiale rend problématique la curiosité que l'on devrait avoir des autres.

L'immersion au Val d'Aoste, exemple et phare pour l'Europe

Le cas du Val d'Aoste est fort intéressant. Cette Région autonome de la République italienne apparaît pour l'Europe comme un phare de l'éducation bilingue (Lietti 1994). Le français y représentait un legs historique de la maison de Savoie, celle des anciens maîtres. Mais l'État s'efforça d'italianiser la région, en particulier à l'époque fasciste, qui fut celle d'une véritable répression, à des fins de «purification linguistique», par éradication du français. On recourut, notamment, à l'importation massive de main-d'œuvre venue de Vénétie et d'autres parties de l'Italie. Cette politique fut assez efficace. Elle a fait de l'italien la langue unique de plus de la moitié des habitants, cependant que 45 %, environ, sont bilingues, leur autre langue étant un des parlers du domaine linguistique franco-provençal; une faible minorité ne parle que ce patois. En dépit de cette situation, les Valdôtains n'ont pas oublié leur héritage culturel francophone. Ils y sont même très attachés. C'est pourquoi à partir de 1985, dans tous les établissements scolaires publics, le temps d'enseignement depuis le début de l'école primaire fut partagé à égalité entre l'italien et le français. Allant plus loin encore dans l'entreprise de promotion de ce bilinguisme, le gouvernement valdôtain lança en 1991 le programme Pax linguis (« La paix par les langues »), répondant aux vœux des membres du Conseil de la Région autonome, lesquels coïncidaient eux-mêmes avec ceux de l'association Le Monde bilingue.

Cette association fut créée en 1951 par un noyau d'anciens résistants réunis autour de J.-M. Bressand. Tous étaient convaincus que la voie de la paix passait par l'ouverture à la langue du prochain (c'est une autre question que de se demander si cela est, ou non, toujours confirmé par l'histoire). Cette association, par son effort continu, a beaucoup contribué à l'audience internationale du projet d'éducation bilingue. En 1952, soixante-dix députés français constituèrent un groupe d'action parlementaire du Monde bilingue. En 1974 et 1976, les dix-huitième et dix-neuvième Conférences générales de l'UNESCO adoptèrent plusieurs résolutions en faveur de l'éducation bilingue. En 1989, à Paris, la Conférence des présidents d'universités votait une motion demandant aux autorités nationales et européennes de prendre rapidement les mesures nécessaires pour réaliser le projet d'éducation multilingue généralisée. En 1989 également, l'Assemblée des régions d'Europe proposait à l'ONU d'ajouter à la Déclaration universelle des droits de l'homme le droit à une éducation bilingue. En 1990, à Winchester, en Grande-Bretagne, une résolution fut adoptée, proposant la désignation d'une région à choisir parmi l'Assemblée des régions d'Europe, pour la charger de la responsabilité des questions linguistiques, et notamment du projet de multilinguisme européen.

Les entreprises se sont multipliées ces dernières

années. Pour ne citer que les principales, il faut rappeler qu'en 1992, la Charte européenne des langues minoritaires demandait aux États et aux collectivités locales d'attribuer aux communautés parlant des langues régionales les moyens d'assurer leur existence linguistique, tout en veillant aux langues nationales et officielles, garantes d'unité de la communication. D'autre part, le Val d'Aoste est la première des deux Régions autonomes dans lesquelles a été organisée une conférence internationale sur l'éducation multilingue, en 1990. La seconde est la Catalogne : Barcelone fut en 1991 le siège de la conférence suivante. La troisième conférence internationale eut lieu en 1993 à Luxembourg, organisée conjointement par le ministère de l'Éducation nationale du Grand-Duché et Le Monde bilingue, avec la participation du Conseil de l'Europe. Ces trois lieux possèdent évidemment une riche valeur symbolique, puisqu'ils sont connus pour la manière originale et créatrice dont ils traitent le plurilinguisme, donnée socioculturelle et politique qui leur est commune. Enfin, il est intéressant de noter qu'en 1994, les promoteurs du programme Pax linguis ont édifié, et présenté aux ministres européens de l'Éducation et de la Culture, un projet de Charte européenne de l'éducation plurilingue, qui avait recueilli de nombreuses signatures, dont celles d'hommes politiques et de linguistes.

Tous ces liens entre les promoteurs de l'enseignement bilingue précoce et le gouvernement valdôtain permettent de comprendre comment celui-ci a pu être conduit à devenir le premier, sinon le seul actuellement, en Europe, qui ait généralisé l'enseignement d'une seconde langue, le français, dès l'école primaire. Cette initiative revêt une grande importance pour l'Europe. En effet, l'introduction du bilinguisme à l'école primaire est un phénomène révolutionnaire dès lors qu'elle concerne non plus quelques établissements pilotes nécessairement dispersés, mais bien une entité politique, comme l'est la Région autonome valdôtaine. Mais surtout, les familles, loin de dresser un front du refus étayé des arguments classiques de parents gavés de préjugés et de mythes, comme la « surcharge scolaire » et les « périls mentaux », manifestent depuis 1988 une tranquille acceptation de cette révolution pédagogique et, quasiment, culturelle, peut-être rendue moins spectaculaire par le fait que le français était une partie intégrante du patrimoine valdôtain. Il est vrai, également, que ce changement radical est plus facile à réaliser dans une région géographiquement réduite que dans un État de plus vastes dimensions.

L'expérience d'immersion valdôtaine diffère beaucoup de celle qui fut menée au Canada. Contrairement à cette dernière, fondée dès le principe sur une savante structure docimologique d'épreuves à fins d'évaluation, elle n'a procédé à une mesure des résultats qu'en 1993, sur des enfants de onze ans, chez qui la connaissance du français, produit d'un enseignement précoce, a été jugée très satisfaisante. En fait, une grande liberté d'organisation est laissée aux maîtres, qui doivent, essentiellement, appliquer à toutes les matières le principe d'un enseignement en français pour la moitié du volume horaire et en italien pour l'autre moitié. Les maîtres ont découvert que l'alternance de deux langues au sein d'une même heure d'enseignement, en géographie ou en calcul par exemple, était un outil assez fécond pour l'acquisition des connaissances : l'enfant apprend mieux une notion nouvelle qu'on lui présente d'abord en italien, et dont on commente ensuite en français le contenu. On peut, pour rendre compte de ce phénomène contraire à l'attente du « sens commun », faire l'hypothèse suivante : la nouveauté d'un contenu successivement proposé en deux idiomes différents se trouve réduite dans la mesure où elle est relativisée, au lieu d'être étroitement associée, comme l'est le signifié au signifiant pour tout signe linguistique dans la conception de F. de Saussure (1916), avec un mode unique d'expression en langue, qui paraîtrait faire corps avec ce contenu.

Ce qui est vrai au début de la scolarité le demeure plus tard. On retiendra, par exemple, le cas d'une classe de cinquième année d'enseignement primaire dans une école du village de Charvansod, au-dessus d'Aoste. Cette classe est consacrée à la grammaire et à l'analyse de textes. La maîtresse obtient de bons résultats grâce à l'alternance des langues. De son expérience elle tire la leçon suivante :

> « Quand on veut faire comprendre la différence entre une description, un dialogue et une recette de cuisine, le passage d'une langue à l'autre aide à mieux voir la structure sous les mots » (Lietti 1994).

Certes, au Val d'Aoste, le français, tout comme en Ontario, n'a guère d'existence publique, telle que la manifestent le spectacle de la rue, ou la présence dans la société et dans les médias. L'italien ici et l'anglais là sont seuls à jouir du statut de langue que la population parle d'une manière courante et naturelle, en dépit de l'expérience d'intégration bilingue que l'on appelle immersion. Mais d'une part, des efforts sont accomplis depuis le début des années quatre-vingt-dix, en vue d'accroître la présence du français dans la vie culturelle, notamment à la télévision régionale valdôtaine (Lietti 1994 mentionne le rôle de G. Dalgalian, alors attaché linguistique de l'ambassade de France). D'autre part, l'expérience du Val d'Aoste, bien qu'elle ne puisse, ayant commencé très récemment, porter encore de fruits qui permettent une évaluation de large échelle, produit présentement, sous les yeux de l'observateur, des résultats fort encourageants.

Autres expériences connues

En principauté d'Andorre, l'école nationale coexiste avec l'école française (fréquentée, notamment, par une partie de la communauté lusophone) et l'école espagnole, lesquelles, dépendant l'une de la France et l'autre de l'Espagne, appliquent les programmes et les méthodes en usage, respectivement, dans chacun de ces pays. L'école andorrane s'efforce de mettre au point des procédés originaux d'enseignement précoce du français aux enfants des familles qui parlent le catalan, langue officielle (mais encore minoritaire actuellement) ; la plupart de ces familles étant également hispanophones, les enfants concernés ont vocation d'être trilingues, comme le sont le plus souvent leurs parents.

D'autres cas encore sont instructifs. La Suisse, pour commencer par elle, offre un paradoxe : elle compte le plurilinguisme au nombre de ses ressources naturelles ; pourtant, elle est loin de l'avoir exploité en vue d'un enseignement multilingue précoce. C'est l'état d'esprit régionaliste qui peut expliquer cette situation. Parmi les habitants de la Suisse romande, minoritaires, certains croient au péril, largement imaginaire, d'une germanisation de leurs cantons par ceux, plus nombreux, de la Suisse alémanique, alors que la population de ces derniers, quant à elle, ne veut pas laisser penser qu'elle recherche ses modèles à Genève, Lausanne ou Neuchâtel. À cela s'ajoute que la diglossie des seconds est source de perplexité pour les premiers : faut-il apprendre l'allemand, dont les Alémaniques ne se servent pas dans la communication orale ? Vaut-il mieux étudier un dialecte, mais lequel ? Celui de Zurich, souvent considéré comme le « principal » ? Celui de Berne, la capitale, malgré ses particularités, ou, avec cette même réserve, celui de Bâle, dont l'agglomération compte à peu près autant d'habitants que Zurich-ville ? Il est heureux qu'en dépit de ces perplexités, la Confédération helvétique ait récemment été le théâtre d'un développement notable de l'enseignement bilingue précoce, notamment dans les villes traversées par la frontière linguistique franco-alémanique : Fribourg, Bienne ou Sierre.

En France, il faut mentionner, pour la qualité de son enseignement, le lycée international de Saint-Germain-en-Laye, qui offre dix sections, dont une suédoise (distincte, malgré l'étroite parenté linguistique, d'une autre, dano-norvégienne), une néerlandaise, une britannique (distincte d'une autre, américaine), et, depuis 1993, une japonaise. Il est souhaitable que des sections de ce type, à l'exception de celles de langue anglo-américaine (cf. chapitre IX), soient étendues en France à l'enseignement primaire, dans toutes les écoles. Un autre établissement qui, pour une langue particulière, peut servir d'exemple est le lycée franco-allemand du Buc, près de Versailles. Je signalerai pour terminer que sur un modèle comparable, l'Allemagne possède des lycées franco-allemands, notamment à Sarrebruck et à Fribourg-en-Brisgau. Mais surtout, on verra plus bas comment fonctionne actuellement, dans le land de Rhénanie-Palatinat, un intéressant système d'enseignement bilingue qui est appliqué à certaines matières.

Aspects cognitif et social de l'immersion

*La compétence en langue maternelle et les aptitudes cognitives
jouent un grand rôle dans l'immersion*

Le succès de l'immersion n'est pas sans relation avec le niveau de connaissance que les enfants immergés possèdent initialement dans leur propre langue maternelle. On a constaté, par exemple, que parmi les adolescents de langue maternelle finnoise dont les parents étaient des travailleurs finlandais émigrés en Suède, ceux qui y étaient arrivés au début de leur vie avaient en suédois, appris à l'école suédoise unilingue, une compétence moins grande que ceux qui, lors de leur installation dans les provinces suédoises orientales, avaient environ dix ans; en effet, à cet âge, ces derniers avaient déjà acquis la quasi-totalité des structures grammaticales et du vocabulaire du finnois, leur langue maternelle, phénomène que l'on doit donc considérer comme déterminant dans le processus constaté, à savoir l'acquisition d'une connaissance du suédois aussi bonne que celle des enfants suédois de naissance (cf. Dalgalian 1980, citant un rapport des spécialistes suéco-finnois Skutnabb-Kangas et Tukomaa). D'une manière comparable, un groupe d'enfants indiens du Mexique initialement scolarisés en nahuatl, langue maternelle de leur ethnie, celle des Aztèques (hauts plateaux du nord et du centre du pays), et ensuite en espagnol, montre un meilleur niveau dans cette langue que ceux dont elle a été depuis le début l'instrument exclusif de scolarisation (*ibid.*), et qui, souvent, venaient de villages où la conscience de l'identité indienne et les moyens pour la préserver n'étaient pas suffisants pour avoir rendu possible la création d'une école aztèque destinée à former ces enfants de langue maternelle nahuatl.

La conclusion à tirer de ces faits, d'un évident intérêt cognitif, est qu'il est essentiel, pour une acquisition correcte de la deuxième langue dans un contexte d'immersion, que l'enfant possède, comme cela commence à être le cas vers six ou sept ans, une bonne compétence dans sa langue maternelle. En effet, c'est à travers elle qu'il découvre le monde et apprend à le structurer ainsi qu'à y déceler des parentés et à l'organiser en catégories. En d'autres termes, c'est elle qui lui fournit les bases cognitives qui fondent son dialogue avec son environnement physique, social et intellectuel. Or, à mesure qu'il grandit, les matières scolaires qui lui sont enseignées requièrent de sa part un niveau d'abstraction croissant. Cela est particulièrement vrai pour les disciplines scientifiques. On constate que sa facilité de maniement des opérations, au cours de la classe en langue étrangère, est fonction d'une bonne acquisition précoce de sa langue maternelle. Le problème ne peut, évidemment, se poser en ces termes pour les enfants de couples mixtes précocement élevés dans le bilinguisme, car chez eux, lorsque les circonstances sont favorables, les bases cognitives sont liées à deux langues, sans que l'une fasse obstacle à l'autre. En revanche, chez ceux qui sont issus de familles unilingues, une mauvaise acquisition de la langue maternelle ne permet pas de tirer parti de l'immersion. Le risque existe même d'un dévoiement vers le semi-linguisme (cf. p. 262). Car faute des critères d'évaluation que fournit une langue de départ, l'enfant ne peut posséder cette base d'apprentissage d'une autre langue qu'est la conscience métalinguistique (cf. p. 59).

Les présupposés sociaux de l'immersion

Ce qui précède laisse apercevoir que l'immersion n'est pas sans poser des problèmes sociaux. Les enfants qui, avant l'immersion dans la langue étrangère, ont reçu de leur environnement une bonne formation dans leur langue maternelle appartiennent souvent à des milieux favorisés, même s'il ne s'agit pas ici d'une loi qui ne souffrirait pas d'exception. Comme le note un spécialiste,

« chaque fois que les programmes d'immersion ont donné de bons résultats, c'était exclusivement avec des enfants qui n'étaient ni d'une minorité linguistique, ni d'une couche sociale déshéritée et qui, entre autres facteurs positifs, avaient acquis une base telle en langue maternelle à la maison, qu'elle est restée non modifiée et non affectée par l'exposition exclusive à L2 à l'école. Dans leur cas, les conditions d'un bilinguisme additionnel étaient posées dès le départ et maintenues pour l'essentiel. Tout au contraire, chaque fois que des groupes d'enfants minoritaires ont été placés dans des systèmes avec immersion dans la L2, les résultats ont été moins bons que dans les systèmes démarrant la scolarité en L1 » (Dalgalian 1980).

Il se confirme ainsi que la maîtrise sémantique acquise par l'enfant dans sa langue maternelle est un préalable à la bonne acquisition de la langue étrangère par immersion. Mais inversement, la langue maternelle risque d'imposer des frontières à cette bonne acquisition si la compétence en langue étrangère n'est pas entretenue. Si l'immersion canadienne n'a pas été un succès total, c'est, entre autres causes, parce que sa limitation au milieu scolaire, l'essentiel de l'existence individuelle et sociale des enfants se déroulant en anglais, n'a pas été compensée par un soutien naturel sous forme de contacts entretenus, en dehors de la classe, avec la langue et la culture françaises.

L'enfant doit d'abord acquérir les bases de la lecture

L'écrit joue ici un rôle essentiel. L'enfant doit posséder, déjà, de bonnes bases de lecture dans sa langue maternelle, même s'il n'est pas encore capable de lire rapidement. La lecture n'est pas seulement une obligation pour tout enfant appelé à mener un jour une vie normale de citoyen. Les textes que l'enfant peut lire lui permettent, en plus, d'acquérir une véritable aptitude sémantique, c'est-à-dire d'apprendre, dans sa langue maternelle, un nombre croissant de mots, de constructions et de phrases. La raison en est simple : dans toute langue, l'oral, si on le compare à l'écrit, fait usage de mots moins nombreux et de phrases plus courtes et moins complexes. Une bonne connaissance de la langue maternelle passe nécessairement par l'aptitude à lire les textes écrits. Or cette bonne connaissance est, pour l'enfant qui n'est pas né dans une famille bilingue, un préalable à l'immersion.

Ces bases étant posées, il faut encore garder à l'esprit ce fait capital que l'immersion concerne une langue absente de l'environnement des enfants, et dont, par suite, ils n'aperçoivent pas la finalité lorsqu'ils commencent à prendre conscience des données sociales et des urgences. Cette langue doit donc leur être rendue non seulement nécessaire, mais aussi présente et même visible. Seuls des moyens humains, radicalement nouveaux, permettent d'aboutir au résultat souhaitable : *que les enfants prennent au sérieux la langue étrangère.* C'est de ces moyens qu'il va, à présent, être question.

LES ÉCHANGES MASSIFS DE MAÎTRES À TRAVERS L'EUROPE

Le maître, porteur nomade d'un message de langue

Le problème du recrutement des maîtres

Dans toutes les expériences d'immersion dont je viens de faire état, il est peu question de la personnalité des individus chargés d'enseigner une langue étrangère. Il peut se faire que l'on confie cette charge à un enseignant ayant LV1 pour idiome maternel et vivant dans le pays où la langue parlée par les enfants est celle de la majorité de la population. Mais de tels enseignants, dont on attend, en outre, qu'ils aient une connaissance au moins bonne de cette dernière, sont loin d'être faciles à trouver en grand nombre. La solution la plus « simple » est donc que l'instituteur francophone enseigne lui-même la langue étrangère. Mais il est trop clair que les instituteurs ne sauraient être considérés comme des polyglottes, ni même comme de bons connaisseurs fût-ce de langues très présentes en Europe, comme l'allemand et l'espagnol. Du moins est-ce ainsi à l'étape actuelle, et tant que ne sont pas encore apparues les nouvelles générations d'Européens polyglottes dont le présent livre a justement pour propos de suggérer la formation.

Dès lors, puisqu'il faut bien, dans la situation d'aujourd'hui, se contenter des données disponibles, va-t-on introduire dans les écoles primaires des instituteurs spécialisés qui auraient reçu une formation en langues étrangères ? On voit mal comment, en France, le ministère de l'Éducation nationale pourrait trouver les moyens d'assurer une telle formation, alors que le recrutement de maîtres compétents est une des difficultés les plus aiguës, dont la solution contraint à toutes sortes d'expédients. La conclusion s'impose avec clarté : ce qui ne peut être résolu à l'échelle nationale, ni en France ni dans les pays voisins, qui se heurtent aux mêmes obstacles, doit l'être à une autre échelle. L'éducation multilingue est un problème européen. Les États sont impuissants à s'en charger seuls. Il n'y a d'autre solution, ici, qu'au niveau du continent tout entier.

Les maîtres en mission et les garanties

La mesure que je voudrais suggérer ici est probablement révolutionnaire. Elle peut, par conséquent, paraître largement illusoire. Mais dès que l'on s'est convaincu que l'enseignement multilingue est un problème continental, et non le lieu d'un débat que chaque État doive affronter séparément, alors la conséquence s'impose à l'esprit : la seule entreprise adéquate est une politique paneuropéenne d'échanges temporaires massifs des maîtres, d'un pays d'Europe à un autre. En d'autres termes, les gouvernements des quinze pays qui constituent l'Union européenne sous sa forme actuelle doivent négocier ensemble le programme suivant : la deuxième langue (outre la langue maternelle), obligatoire dès la première année d'école primaire (en France le Cours préparatoire) dans tous ces pays, doit, selon la conception instrumentale que j'ai recommandée, être le support d'un enseignement dispensé par un maître étranger dont elle est la langue maternelle. Ce maître doit, messager de langue, se rendre dans le pays où une classe l'attend, pour y enseigner, durant une période déterminée, sa spécialité dans sa propre langue. Évidemment, les déplacements des maîtres devraient non seulement être pris en charge par des accords entre gouvernements, mais encore être assortis de garanties de carrière et de statut, permettant à ceux et celles qui ont consenti, nomades de la culture, à passer à l'étranger une année de leur vie professionnelle, ou deux, ou davantage, selon la formule adoptée dans chaque cas particulier, de retrouver à leur retour leur poste d'origine ou un poste de promotion ; ils devraient même obtenir, en reconnaissance de leur contribution à la construction du multilinguisme européen, de gravir les échelons de leur cadre sur un rythme plus rapide que celui d'une carrière continue dans un même pays.

Une telle mesure est une application tout à fait normale des recommandations bien connues qui font partie des fondements de la construction européenne, et qui encouragent la circulation des personnes à travers le continent. Ainsi, pour donner une illustration, dans une école de France, un maître allemand de géographie viendrait enseigner sa discipline dans sa langue, l'allemand, aux enfants francophones, tandis que dans une école primaire allemande, un maître français de sciences naturelles viendrait enseigner la sienne dans sa langue, le français, aux enfants germanophones.

La formation des maîtres

Dès lors que l'on a admis la nécessité d'organiser à l'échelle de l'Europe, et non à celle des États, l'enseignement bilingue précoce, on est en bonne voie pour se donner les moyens de résoudre le problème difficile de la formation des maîtres. Mais le succès d'une entreprise aussi complexe ne peut être assuré par des mesures isolées, si radicales soient-elles. Il faut traiter l'ensemble de la situation. La perméabilité de l'ego enfantin et l'étendue des performances que l'on peut attendre d'esprits neufs et toujours insuffisamment sollicités sont certes des sujets légitimes d'émerveillement. Mais une mauvaise exploitation de ces richesses potentielles peut produire des résultats très fâcheux. Ce risque existe si les enfants sont confiés à des maîtres dont la formation n'est pas satisfaisante. Il convient donc que les États de l'Union européenne organisent solidairement, pour les maîtres appelés à aller enseigner dans un pays étranger, des cycles d'initiation à divers domaines. Il s'agit, essentiellement, de la psychopédagogie et de la linguistique.

• Formation en psychopédagogie

Ce terme assez général est censé impliquer des connaissances variées. Les enseignants devraient apprendre les fondements de la neurophysiologie humaine. Ils devraient aussi connaître ceux de la psycholinguistique acquisitionnelle, ainsi que les principes de la pédagogie générale. Parmi les points particuliers qui valent d'être soulignés, l'enseignant a tout intérêt à posséder des connaissances de base sur l'attention, sur la mémoire et sur les relations entre le cerveau et les langues. En ce qui concerne l'attention,

«les travaux de l'équipe du professeur Lassen à Copenhague montrent qu'il s'agit d'un processus anticipatoire : ce
n'est pas l'arsenal de moyens ultra-sophistiqués qui va
développer notre attention, mais — quel que soit le canal
sensoriel utilisé (visuel, auditif, kinesthésique) — l'objectif
proposé décidera de la mise en mouvement du processus
d'attention » (Trocmé-Fabre 1987).

La mémoire, quant à elle, doit être conçue en termes
nouveaux. Selon une spécialiste de l'enseignement des
langues,

«dans les esprits [...] la mémoire est quelque chose qu'on
possède ou qu'on perd. C'est-à-dire que nous en parlons sur
le mode de l'avoir ("on a de la mémoire", "on perd la
mémoire"). [...] Il est temps de recadrer ce langage, et
de souligner très vigoureusement que nous sommes
mémoires, et même nous sommes nos mémoires. C'est
nous-mêmes qui construisons et déconstruisons nos mises
en relation, nos "couplages" avec l'environnement. Lorsque
nous disons que nous "perdons" la mémoire, c'est que nous
n'établissons plus de relation avec l'événement, l'objet, la
personne... Et nous avons sans doute de bonnes raisons
pour le faire...
    Mobiliser la mémoire de l'apprenant, c'est lui permettre
d'établir des relations avec ce qu'on lui propose d'apprendre.
C'est lui montrer, mieux, lui faire découvrir l'intérêt, le béné-
fice qu'il peut en tirer, le potentiel de découverte, d'explora-
tion, d'innovation de ce champ nouveau dans lequel s'inscrit
la langue étrangère » (Trocmé-Fabre 1995).

Enfin, à propos des relations entre le cerveau et les
langues, le maître devra être assez bien informé de leurs
implications pour savoir que l'activité d'usage de la langue
est un des principaux domaines d'illustration d'une aptitude cérébrale essentielle : celle de traiter l'inconnu par la
comparaison avec le connu, de hiérarchiser, d'établir des
rapprochements, d'enrichir les acquis en y intégrant les
nouveautés. S'il a étudié, pour ce que la science en
connaît, les bases neurophysiologiques de cette aptitude

du cerveau, l'enseignant pourra mettre son étude au service de l'éducation bilingue.

• Initiation en linguistique et en langues

Une initiation en linguistique semble nécessaire, pour les maîtres qui seront chargés de l'enseignement bilingue, en cette fin du XXᵉ siècle où notre connaissance du langage et des langues a clairement progressé. Cette initiation répond, du reste, au vœu des enseignants, comme le font apparaître les résultats d'une enquête conduite en 1982 (Girard 1995). En particulier, l'enseignant doit avoir suffisamment admis la nécessité d'une position souple à l'égard de la norme pour être en mesure d'accorder aux productions linguistiques des enfants une attention exempte de tout dogmatisme. Il doit avoir appris à interpréter en termes de pression de la langue maternelle des enfants les écarts qu'ils «commettent» par rapport à la langue étrangère. Cela suppose que l'enseignant venu d'un autre pays, selon le programme d'échanges internationaux que je préconise, enseigner sa discipline dans sa langue, et l'utilisant aussi pour dialoguer avec les élèves à certains moments du cours, ait une connaissance suffisante de la langue du pays d'accueil. En outre, aussi bien pour comprendre les pressions que celle-ci exerce que pour enseigner sa propre langue à travers son cours comme à travers les échanges avec la classe, il doit posséder quelques notions de base en phonétique articulatoire, ainsi qu'en grammaire et en sémantique.

Il doit savoir, également, imputer une interférence entre l'écrit et l'oral à une insuffisante maîtrise des différences entre les registres, et adapter son enseignement à cette situation. Idéalement, il devrait même avoir, en France, des notions d'arabe, de portugais, de kabyle, de serbe, en Allemagne de turc, etc., qui lui permettent, au moins, de dresser une étiologie élémentaire des erreurs propres aux enfants de communautés immigrées parlant leur langue en famille. Cela, du reste, en deçà de l'éducation bilingue, s'applique à l'enseignement même du français en France, de l'allemand en Allemagne, etc.

• Stages de formation

Pour acquérir cette formation, plus simple que ne pourrait le laisser paraître la diversité des domaines que je viens d'évoquer, il peut suffire de deux heures hebdomadaires suivies durant deux années, dont la seconde serait déjà une année d'enseignement sur le lieu de travail, simultanément avec le stage pédagogique. On favorise par ce moyen un phénomène de «catalyse de la pratique didactique par l'action de formation, et de l'action de formation par la pratique didactique» (Petit 1992). De cette stimulation réciproque, il y a lieu d'attendre beaucoup de profit.

La répartition des volumes horaires
entre la langue maternelle et la deuxième langue

• Trois cinquièmes des matières en langue maternelle
et deux cinquièmes en langue étrangère

Quelles matières devraient être enseignées en langue maternelle ? Ici encore, les propositions que je présente impliquent une transformation profonde, dans les quinze pays européens qui sont en cause, des pratiques scolaires, et des schémas de pensée qu'elles ont sécrétés (Hagège 1995a). Les matières se diversifient à mesure que l'enfant grandit et passe d'une classe à l'autre. Je conçois que l'on puisse hésiter à faire commencer l'enseignement d'une langue étrangère à six ans, c'est-à-dire, pour la France dans les conditions les plus courantes, en Cours préparatoire. Une des raisons qui peuvent empêcher qu'on s'y résolve est que dans les six premières années de leur vie, les enfants ont un besoin quasi vital de la sollicitude des parents, en particulier de la mère, et qu'à partir de trois ans, s'ils entrent alors à l'école maternelle, ils nouent des rapports affectifs avec l'enseignant, le plus souvent une femme. Par conséquent, l'introduction, dans la classe enfantine, d'un second enseignant venu d'un autre pays peut ne pas aller de soi. Quelque parti que l'on prenne, l'instituteur étranger devrait assurer, pendant les deux premières années d'école primaire, un enseignement couvrant un tiers du volume horaire total de chaque semaine, les deux autres tiers étant assurés par celui ou celle qui enseigne dans la langue maternelle des enfants.

À partir de la troisième classe du primaire (en France le Cours Élémentaire 2) et jusqu'à la fin du secondaire, c'est-à-dire jusqu'à seize ou dix-huit ans selon les pays et les individus, je suggère que deux cinquièmes des matières soient enseignés en langue étrangère et trois cinquièmes en langue maternelle. Il s'agit ici d'une évaluation moyenne et simplifiée, le nombre des matières étant environ de dix, si l'on prend pour référence une classe de sixième des collèges en France dans le système actuel : 1. explication de textes, orthographe, grammaire, expression écrite (tout en langue maternelle, par définition) ; 2. histoire ; 3. géographie ; 4. mathématiques ; 5. biologie ; 6. arts plastiques ; 7. éducation musicale ; 8. éducation physique, ce qui donne dix si l'on ajoute les matières introduites plus tard, à savoir la physique et chimie, et la deuxième langue, LV2 (en fait, la troisième, si l'on compte la langue maternelle), traitée, au bout de quelque temps d'initiation, de la même manière que LV1, soit à la fois comme cible et comme instrument.

• Allègements et nouvelles ventilations

Ici trois points essentiels méritent d'être soulignés. D'une part, étant admis que deux cinquièmes (quatre dixièmes) des matières sont professés en LV1, le cours de LV1 lui-même ne nécessite plus qu'un temps réduit consacré à l'apprentissage des bases, ainsi qu'à la consolidation des connaissances et à leur contrôle par épreuves appropriées. Cette situation, qui, contre tous les usages et toutes les traditions, résulte directement de l'introduction, comme support, de la LV1 incarnée en la personne d'un maître étranger, comporte elle-même deux conséquences. La première est que l'enseignement de la LV1 cesse d'être ce qu'il est encore aujourd'hui dans de nombreux pays d'Europe : une injection discontinue, pendant plusieurs années, d'heures hebdomadaires non enracinées dans le terreau vivant de la culture dont cette langue est l'expression, non soutenues d'une sérieuse demande spontanée des élèves, et par suite inaptes à produire autre chose, à la sortie de l'enseignement secondaire, que des individus balbutiant, quand des rencontres ou des voyages les y conduisent ou les y contraignent, une langue étrangère que presque rien, au cours d'une scolarité pourtant longue, ne leur a rendue vivante ni nécessaire. La seconde conséquence, d'une nouveauté radicale, est que la réduction du cours proprement dit de langue étrangère à un volume horaire limité libérerait ipso facto un nombre considérable d'heures utilisables pour les autres disciplines. Du même coup se trouverait annulée l'objection bien connue de surcharge des programmes, qui est fréquemment soulevée par les familles, et les administrations, contre l'introduction de plusieurs langues vivantes à l'école en tant que disciplines nouvelles.

Importance du latin et du grec. Quand les enseigner

Maintenir les langues anciennes
dans l'enseignement

On ne peut méconnaître que le latin et le grec ont une importance essentielle pour le développement de l'esprit et pour la richesse culturelle de l'individu. Car ils sont les bases de la civilisation européenne, non seulement dans les pays de langues néo-latines, mais aussi dans les pays germaniques et dans ceux de l'ouest du domaine slave. Dans tous ces cas, le latin, langue d'évangélisation, devint par là même langue savante, celle de la culture, de la science, longtemps seule langue écrite et administrative. Dans un article récent, il était rappelé que

> « les Pays-Bas et l'Allemagne, pourtant de langue non romane, maintiennent solidement l'enseignement du latin, tout comme le font l'Italie, bien entendu, qui en est le berceau historique, et la Belgique, néerlandophone et francophone. Le latin n'est pas seulement, avec le grec pour les parties savantes des lexiques, la source où puisent les langues d'Europe et d'une grande partie du monde, dans les domaines du droit, des institutions politiques, de la désignation des espèces, de la pathologie, de la pharmacopée, de la vie de l'esprit. Il n'est pas une seule langue en Europe qui, directement ou par le biais de l'emprunt, souvent lié à l'histoire de l'activité missionnaire, n'en ait été pénétrée » (Hagège 1992 a).

Il convient donc de répondre à la demande des familles qui souhaitent trouver à l'école, pour leurs enfants, un enseignement des langues anciennes. Or l'objection de « surcharge des programmes » est parfois dirigée contre cet enseignement. Mais n'est-ce pas, précisément, le moyen le plus sûr et le plus simple de faire place au latin et au grec, que de libérer, grâce au nouveau système qui est ici suggéré, un grand nombre d'heures ? De quel prétexte pourraient encore se saisir, alors, les adversaires des humanités classiques ?

Quand faut-il enseigner le latin et le grec ? Dans la mesure où le nouvel aménagement que je propose met fin à la concurrence entre langues anciennes et langues modernes, l'écolier entrant au collège devrait pouvoir choisir une langue ancienne, ou les deux, tout en continuant d'étudier sa LV1 et en abordant une LV2. Il existe une raison pour maintenir la pratique selon laquelle les humanités classiques sont introduites à partir du secondaire : n'étant plus parlés, le grec ancien et le latin ne requièrent pas d'apprentissage de la prononciation ; il n'y a donc pas d'inconvénient à laisser passer les années décisives dans ce domaine, à savoir les sept premières de la vie (cf. chapitre II). En revanche, pour les langues étrangères vivantes, l'enseignement bilingue précoce est une nécessité, de par cette raison même.

Montaigne et le latin

Au début du XVIᵉ siècle, le français, langue officielle de la monarchie, avait depuis longtemps amorcé un mouvement de diffusion sur l'ensemble du territoire. Mais le latin était encore présent, comme il devait apparaître indirectement en 1539, quand l'ordonnance de Villers-Cotterets imposa le « langage maternel français » dans tous les actes de justice. Il est donc intéressant de mentionner, pour l'enseignement qu'elle contient, une expérience célèbre d'immersion en latin.

Montaigne raconte en ces termes, à la fin du chapitre XXVI du Livre premier des *Essais* (1580-1588), l'étonnante entreprise que fit son père de lui enseigner le latin à l'exclusion de toute autre langue, alors qu'il se trouvait encore dans sa petite enfance :

> « Feu mon père, ayant fait toutes les recherches qu'homme peut faire, parmi les gens savants et d'entendement, d'une forme d'institution exquise, fut avisé [...] que cette longueur que nous mettions à apprendre les langues est la seule cause pourquoi nous ne pouvions arriver à la grandeur d'âme et de connaissance des anciens Grecs et Romains. Je ne crois pas que ce en soit la seule cause. Tant y a que l'expédient que mon père y trouva, ce fut que, en nourrice et avant le premier dénouement de ma langue, il me donna

en charge à un Allemand, qui depuis est mort fameux médecin en France, du tout ignorant de notre langue, et très bien versé en la latine. Cettuyci, qu'il avait fait venir exprès, et qui était bien chèrement gagé, m'avait continuellement entre les bras. Il en eut aussi avec lui deux autres moindres en savoir pour me suivre, et soulager le premier. Ceux-ci ne m'entretenaient d'autre langue que latine. Quant au reste de sa maison, c'était une règle inviolable que ni lui-même, ni ma mère, ni valet, ni chambrière ne parlaient en ma compagnie qu'autant de mots de latin que chacun avait appris pour jargonner avec moi. C'est merveille du fruit que chacun y fit. Mon père et ma mère y apprirent assez de latin pour l'entendre, et en acquirent à suffisance pour s'en servir à la nécessité, comme firent aussi les autres domestiques qui étaient plus attachés à mon service. Somme, que nous latinisâmes tant, qu'il en regorgea jusques à nos villages tout autour, où il y a encore, et ont pris pied par l'usage, plusieurs appellations latines d'artisans et d'outils. Quant à moi, j'avais plus de six ans avant que j'entendisse non plus de français ou de périgourdin que d'arabesque. Et, sans art, sans livre, sans grammaire ou précepte, sans fouet et sans larmes, j'avais appris du latin, tout aussi pur que mon maître d'école le savait : car je ne le pouvais avoir mêlé ni altéré. Si, par essai, on me voulait donner un thème, à la mode des collèges, on le donne aux autres en français ; mais à moi il me le fallait donner en mauvais latin, pour le tourner en bon » (édition du Club français du livre, 1962).

Certes, l'imprégnation se fait ici à l'exclusion de la langue maternelle durant de nombreuses années, ce qui est hors de question dans la perspective adoptée ici. Néanmoins, cet exemple ne saurait être purement décoratif. Il donne d'utiles indications sur les vertus de l'immersion, même s'il illustre une méthode largement artificielle, et assez étrangère aux environnements d'aujourd'hui.

Fécondité culturelle des échanges de maîtres

Maintien de la langue maternelle
pour les données de base

Proposer que deux cinquièmes des matières du programme scolaire soient enseignés en langue étrangère ne
signifie pas que l'on suggère d'éliminer totalement de ces
matières la langue maternelle. Il est facile de comprendre
pourquoi cette élimination est inconcevable. En premier
lieu, même à n'enseigner en langue étrangère qu'un tiers
des matières, il faut encore consolider la présence de la
langue maternelle en lui attribuant, dans ces matières, un
temps minimal. Car les enfants des premières classes de
l'école primaire sont encore assez malléables pour être
parfois exposés aux risques du mélange des langues (qui
n'est réellement neutralisé que dans les familles bilingues :
cf. chapitre III). Un texte vieux de près de vingt siècles, dû
à un des plus grands rhéteurs de l'Antiquité, le maître de
Pline le Jeune et de Tacite, à savoir Quintilien, lui aussi
fort intéressé par l'éducation bilingue précoce, aide à
prendre conscience du risque. Quintilien écrit :

> « Je suis d'avis que l'on commence par le grec, parce que le
> latin étant notre langue, nous l'apprenons pour ainsi dire
> malgré nous, outre que c'est des Grecs que nous avons tiré
> toutes nos sciences. Mais il ne faut pas observer cela scru-
> puleusement, comme je vois faire à quelques personnes,
> qui tiennent longtemps un enfant à n'apprendre et à ne
> parler que le grec. Car il naît de là un inconvénient, qui est,
> qu'en parlant continuellement une langue étrangère, on
> s'accoutume à une manière de prononcer et à des tours
> qui sont vicieux dans la nôtre, et dont on a de la peine à se
> corriger. Il faut donc que le latin suive de près, et qu'on
> cultive les deux langues presque en même temps et avec

un égal soin, afin qu'elles ne se nuisent pas l'une à l'autre » (*De l'Institution de l'orateur*, I, 2).

C'est là une raison spécifiquement linguistique de garder à la langue maternelle une place au sein même des matières du programme scolaire qui s'enseigneraient en langue étrangère. Mais il s'y ajoute une autre raison, qui est, en quelque sorte, d'ordre sociopolitique. La vie normale du futur citoyen implique que l'enfant connaisse les formulations nationales des faits culturels, historiques et techniques relatifs à son propre pays, faute de quoi il risquerait d'y vivre presque comme un étranger. Pour prendre un exemple simple, si, en France, l'enseignement de l'histoire en Cours Élémentaire 2 (où les enfants, dans le cas le plus général, ont environ huit ans) est confié à un maître allemand enseignant dans sa langue, il faudra néanmoins que le maître français, de son côté, y ajoute, brièvement mais clairement, les phrases et les mots de la langue maternelle qui, attachés aux principaux événements de l'histoire nationale, ont forgé les représentations symboliques et les mentalités collectives à travers lesquelles se reconnaît tout Français. Cela ne signifie pas que l'école doive les marteler comme des schèmes de pensée figés. Elles se trouvent, ainsi que toute réalité, exposées aux soubresauts de l'évolution. Mais elles sont, pour le moment, des composantes de l'identité française. Il en va de même pour tous les contenus qui définissent l'identité de chaque pays européen. Par exemple, les enfants italiens, grecs ou suédois recevant d'un maître français un enseignement d'histoire doivent également apprendre, d'un maître autochtone donnant au moins une heure hebdomadaire de cours dans leur langue maternelle, les formulations locales des événements marquants qui constituent l'histoire de chaque pays, ainsi que les discours qu'en tient la mémoire nationale.

Cette conception de l'éducation bilingue est illustrée d'une manière intéressante par une expérience conduite en Allemagne dans les classes correspondant au CM2 (classes de 7ᵉ) ; un récent article (Sauer 1994) présente ainsi cette expérience :

> « L'originalité de l'enseignement de l'histoire et de la géographie en section bilingue franco-allemande en Rhénanie-Palatinat réside dans le fait que cet enseignement est confié dans la plupart des cas à une équipe pédagogique binationale composée d'un locuteur natif francophone et de son homologue allemand, historiens et/ou géographes. [...] La coopération [...] débouche souvent sur l'élaboration de projets pédagogiques originaux qui enrichissent beaucoup l'expérience quotidienne.
>
> Le partage de l'enseignement entre deux langues et deux personnes de langue maternelle différente oblige à une collaboration permanente des enseignants concernés, au niveau de la répartition des thèmes, de la préparation des cours et de l'évaluation des acquis. Cette situation a une valeur exemplaire aux yeux des élèves et ce n'est pas là son moindre mérite. [...] L'enseignement bilingue perd ainsi son caractère originel d'exception, sort de la marginalisation pour devenir un véritable projet d'établissement, condition à long terme de sa réussite.
>
> [...] En histoire, la pratique s'oriente autour [de divers] principes [...] :
>
> Le *principe de complémentarité*, le plus souvent utilisé, consiste [en un] découpage d'un thème en séquences réparties entre les deux langues [...] : par exemple, dans le cadre de l'étude de la révolution industrielle, les caractéristiques de la société capitaliste sont décrites en français, tandis que la théorie marxiste est expliquée au cours en langue allemande. En ce qui concerne l'étude du xxᵉ siècle, l'histoire de la république de Weimar [se fait] en langue allemande ; en parallèle, les relations internationales entre 1919 et 1939 sont étudiées en français.
>
> Selon le *principe de substitution*, un thème n'est traité que dans une langue : pour des raisons évidentes, l'étude de la révolution française et du régime napoléonien a lieu exclusivement en français ; l'étude de l'histoire intérieure

des deux Allemagnes entre 1945 et 1989, exclusivement en allemand.

Enfin, [...] ont été ajoutés au curriculum allemand, selon le *principe d'addition*, l'étude de la Commune de Paris, celles de la collaboration et de la résistance en France pendant la Seconde Guerre mondiale, de la décolonisation et de la guerre d'Algérie, de la Vᵉ République et ses institutions, etc. [...].

En géographie, le choix des thèmes et leur répartition entre les deux langues est plus facile car les contraintes inhérentes à la discipline sont plus limitées. On a choisi de mettre l'accent dans le cours en langue française, mais sans excès ni esprit de système, sur des exemples pris en France ou dans l'espace francophone. Par exemple, dans le cadre de l'étude des problèmes de l'environnement, on évoquera les conséquences de la marée noire en Bretagne plutôt qu'en Alaska. [...].

Dans chaque discipline, on accorde une attention particulière à l'explication de mots ou d'expressions-clefs dont la connaissance est indispensable à la compréhension des références culturelles du partenaire : par exemple, " nation ", " belle époque ", " esprit de Genève ", " pro- ou anti-munichois " en histoire ; " milieu géographique ", " nouvelle donne démographique ", " les Trente Glorieuses ", etc., en géographie. »

L'ouverture à l'altérité

À l'évidence, la mentalité et les conceptions qui sous-tendent une culture étrangère aux enfants d'un pays sont une source d'enrichissement pour eux lorsqu'ils écoutent un maître venu d'ailleurs enseigner cette culture dans sa langue. Certaines matières sont plus propices que d'autres à cet enrichissement. Un exemple révélateur en est donné par un auteur, qui écrit (Lietti 1994), à propos d'un cours dans un établissement franco-allemand :

« Un Allemand qui enseigne l'histoire aux petits Français :

tout l'esprit du lycée, né de la politique d'amitié entre les deux pays, est résumé dans ce choix. Mais l'intéressante chimie des sensibilités s'observe également là où on s'y attend moins, dans des domaines en apparence plus anodins. Prenez la géographie des Alpes : dans une quatrième française, le prof allemand explique que les gens, là-haut, vivent de l'industrie et du tourisme. Mais que pour pouvoir continuer à exploiter ces deux ressources, ils doivent faire très attention. À quoi ? Silence et perplexité. Eh bien, reprend le professeur dans son allemand limpide comme une eau de source, il faut que l'industrie reste propre, respectueuse de la nature. Si elle pollue trop, les touristes iront ailleurs. Il n'est pas absolument certain que dans cette même situation, un collègue français aurait ajouté à la leçon cette petite note écologique.

L'enseignement franco-allemand est porté par cette vision non seulement bilingue, mais biculturelle. C'est la raison pour laquelle, au moment de choisir les branches enseignées dans la langue partenaire, on a mis l'accent sur les sciences humaines, plus imprégnées d'une dimension culturelle : littérature, histoire, géographie sont l'espace privilégié où se confrontent les civilisations. »

On voit ici combien il est vrai que les disciplines qui étudient le rapport entre l'homme et son passé, ou entre l'homme et son environnement, donnent occasion, grâce à la variété des champs qu'elles recouvrent et de ceux qu'elles convoquent, d'approfondir l'enseignement des langues étrangères qui devraient en être les supports scolaires. Tel est aussi le sentiment de ceux qui ont pris part à l'expérience dont j'ai fait état plus haut, conduite dans le land allemand de Rhénanie-Palatinat. Sont concernées au premier chef l'histoire et la géographie :

« Faisant elles-mêmes appel à d'autres disciplines telles que les sciences politiques, les sciences sociales, l'économie, l'histoire de l'art pour ne citer que quelques exemples, l'histoire et la géographie offrent une richesse lexicale qui dépasse leur champ d'investigation propre. L'étude de celles-ci permet aux élèves des sections bilingues d'élargir considérablement leur vocabulaire à des domaines très variés, essentiels à la compréhension du monde, plus que ne le ferait l'étude en langue étrangère de disciplines scientifiques dont le vocabulaire est plus spécialisé. Par l'intermédiaire de l'histoire et de la géographie, l'élève fait l'acquisition de moyens d'expression et d'outils linguistiques qui lui donnent une grande capacité d'adaptation à des situations de communication très diverses et qui en même temps lui ouvrent les portes d'autres disciplines.

[...] la raison essentielle, qui à elle seule justifierait le choix de l'histoire et de la géographie comme disciplines bilingues, est la volonté d'obliger enseignants et enseignés, à travers l'étude de disciplines " sensibles ", à introduire le(s) regard(s) de l'autre dans l'approche du passé et l'observation du monde actuel. [...] L'histoire et la géographie apparaissent dans le cadre de l'enseignement bilingue franco-allemand comme les disciplines idéales [...] en faveur d'une éducation à caractère interculturel marqué et d'un rapprochement mutuel fondé sur des bases intellectuelles solides, indispensables à l'édification en commun d'un avenir européen. Les résistances de certains qui auraient souhaité que le choix se porte sur des disciplines plus neutres, témoignent de la justesse de la décision » (Sauer 1994).

Cette expérience allemande mérite certainement d'être prise pour modèle dans les autres pays d'Europe.

CHAPITRE VIII

L'entretien permanent des connaissances acquises et nouvelles

NÉCESSITÉ DU « SUIVI »

Le présent livre n'est pas d'un technicien des mesures administratives en matière d'école. J'ai exposé les moyens qui me paraissent les plus aptes à former des citoyens bilingues, à commencer par l'enseignement précoce des langues étrangères, qui constitue le cadre naturel au sein duquel se définissent les autres propositions : traitement instrumental de la langue à enseigner, immersion, échanges massifs de maîtres à travers l'Europe. En suggérant ces méthodes, je ne me suis pas préoccupé, sauf sur d'importants points particuliers comme les garanties à accorder aux maîtres itinérants quant à leur carrière et à leur statut, de l'application pratique de toutes ces suggestions. Cela ne signifie pas que je n'aie pas conscience des difficultés techniques que peuvent soulever autant de projets, presque tous sans précédent si on les compare aux habitudes actuelles dans la majorité des pays d'Europe. Quoi qu'il en soit, il me faut encore exposer une mesure. Il s'agit de ce que le langage administratif appelle, d'un mot fort disgracieux, le « suivi » (par substantivation d'un participe passé-adjectif), que l'on peut encore nommer la continuité du primaire au secondaire, et que je désigne, dans le titre même de ce chapitre, comme entretien permanent des connaissances acquises et nouvelles. L'accord est général parmi ceux qui se sont intéressés à l'éducation bilingue précoce : si la continuité n'est pas soigneusement assurée entre la formation à l'école et l'enseignement au collège, les profits tirés d'un apprentissage précoce sont en danger d'être annihilés, ou du moins, fortement compromis. C'est, précisément, parce que l'on n'avait pas tenu compte de cette nécessité que les premières expériences d'apprentissage d'une langue étrangère à l'école primaire n'eurent pas tout le succès qu'on en escomptait, et qu'à cette étape initiale, l'enthousiasme qu'avait suscité ce programme, alors tout à fait nouveau, commença de décroître. Comme le note D. Girard (1995),

> « l'erreur souvent commise consistait à croire qu'il suffisait de commencer l'enseignement d'une deuxième langue avant [l'] âge critique de dix ans pour obtenir d'excellents résultats, et à oublier que pour être efficace, l'enseignement d'une langue vivante doit bénéficier de conditions favorables. C'est ainsi que vers 1975 la grande vague d'intérêt était largement retombée dans la plupart des pays, pour plusieurs insuffisances constatées : manque d'enseignants correctement formés, de matériaux pédagogiques adéquats, horaires insuffisants et, par-dessus tout, absence de continuité et de suivi entre primaire et secondaire. »

Sur la formation des enseignants, sur les matériaux pédagogiques et sur l'aménagement des horaires, j'ai proposé précédemment une série de moyens qui, affrontant directement les problèmes posés par un enseignement bilingue sérieux, devraient être de nature à assurer le succès de cette entreprise. À la présente étape, il ne suffit pas de soutenir que pour ouvrir les portes du rêve bilingue, la continuité est aussi indispensable que les trois autres clefs. Il convient d'en examiner au moins les principaux aspects.

LIENS D'IMPLICATION ENTRE LA CONTINUITÉ PÉDAGOGIQUE ET LA GÉNÉRALISATION DE L'ENSEIGNEMENT BILINGUE PRÉCOCE

Pour que la continuité ne soit pas un vain mot, pour qu'elle soit davantage qu'une simple étiquette rassurante dont on aime à se prévaloir en montrant qu'on a pris conscience de son rôle, il faut se convaincre d'une nécessité : l'entretien permanent des connaissances acquises et nouvelles ne peut être assuré d'une manière véritable que si les classes qui se forment au début de l'enseignement secondaire sont homogènes. Cela ne peut être obtenu que dans la mesure où l'éducation bilingue précoce est, comme je l'ai proposé plus haut, généralisée à l'échelle d'un pays tout entier, dans chacun des États de l'Union européenne. Une preuve négative de cette nécessité pourrait être fournie par l'analyse des raisons qui ont entraîné l'échec du projet pilote « French from eight » (« Le français à partir de huit ans »), appliqué de 1964 à 1974 en Angleterre et au Pays de Galles. Le projet n'y avait fonctionné, durant ces dix années, que dans des zones expérimentales, sous l'autorité de la NFER (Fondation nationale pour la Recherche pédagogique). Or on lit dans le rapport final de cette Fondation :

> « À l'entrée des élèves dans le secondaire, presque tous les problèmes d'organisation des classes ont leur explication dans le fait que la plupart des établissements accueillent un mélange hétéroclite d'élèves ayant eu une initiation d'importance et de durée très variables au français. À mesure que l'expérimentation progressait et que l'enseignement du

français s'étendait à des écoles et à des zones extérieures aux secteurs initialement prévus, il devenait de plus en plus difficile pour les établissements secondaires d'accueil de mettre en place des classes réservées aux élèves à qui on avait enseigné le français dans le cadre du Projet Pilote, même quand on était persuadé que ces classes spéciales constituaient la meilleure solution» (Burstall et al. 1974, cité par Girard 1995).

Dès la publication de ce rapport, l'expérience prit fin brutalement. La conclusion largement négative qu'on vient de lire permet de comprendre cet épilogue. Quelle qu'ait été la déception des maîtres et des experts engagés dans le projet, personne ne contestait l'analyse qui était ici faite des causes de l'échec. Ce que montre donc cet exemple, c'est que l'obstacle principal empêchant d'assurer la continuité est l'absence d'homogénéité. Il est donc indispensable de donner à tous les enfants d'un pays, et non à ceux de certaines régions ou de certains établissements seulement, un enseignement précoce d'une langue étrangère. Faute de cela, les élèves qui ont commencé très tôt son étude et ceux qui l'ont abordée plus tard que les premiers ne peuvent pas posséder le même type de compétence ; par conséquent, il devient impossible de garantir aux initiés précoces un entretien normal des connaissances qu'ils ont acquises depuis le début. Il n'est pas possible, non plus, de leur prodiguer, dans la continuité logique de leur apprentissage, une formation qui tienne exactement compte de leur niveau et y soit adaptée, c'est-à-dire qui leur apporte des connaissances nouvelles et en entretienne l'acquisition. Or c'est là ce que suppose, également, la notion de continuité. Comme l'indique D. Girard (1995),

> « l'autre sens du mot " continuité " qu'il faut avoir à l'esprit est celui qui implique *progrès et développement* et non pas la simple répétition à l'identique d'activités de classe dont on sait bien qu'elles ne peuvent que perdre de leur efficacité après quelque temps. »

Mais il est une autre raison, très simple et très évidente, pour laquelle l'entretien suivi des acquis anciens et nouveaux doit absolument être assuré, quelque autre bonne mesure que l'on prenne. C'est la nécessité de conjurer les risques de perte des souvenirs.

LA FACULTÉ D'OUBLI

C'est dans deux situations surtout que la connaissance d'une langue apprise très tôt, au lieu de s'accroître sur cette solide racine, est, au contraire, menacée d'un processus d'étiolement. La première de ces situations est celle d'enfants que les circonstances de leur histoire personnelle conduisent à quitter le milieu naturel où se déroule la vie d'une langue. L'autre est celle que crée le défaut d'entretien après acquisition précoce. Je vais ci-dessous traiter successivement ces deux points, après avoir rappelé quelques propriétés de la mémoire chez l'enfant.

Les failles de la mémoire enfantine

La mémoire de l'enfant est un champ à la fertilité puissante, qui ne demande que d'être intensivement exploité. Toute éducation judicieuse ne doit pas tarder à la meubler le plus possible, en s'assurant d'y procéder avec méthode. Ces deux exigences s'étaient l'une l'autre, car contrairement à ce que suggère l'illustre antinomie de Montaigne, indéfiniment citée comme irréfutable révélation, la tête est d'autant mieux faite qu'elle est mieux remplie, grâce à une alimentation bien conçue de la mémoire, et il est bien rare que l'on observe chez un individu une accumulation de savoirs invertébrés que ne domine aucun schéma régulateur.

Cela dit, l'enfant ne s'investit guère dans le passé, et tendrait même, plutôt, à l'oblitérer, car il vit, comme on sait, tout entier au présent. C'est pourquoi il faut, de manière permanente, s'efforcer de lui rendre présente la langue étrangère qu'on entend lui enseigner. S'il est vrai qu'il a le pouvoir de l'apprendre avec bien plus d'aisance que ne le donnent à croire des préjugés tenaces, il est aussi vrai que ses souvenirs se diluent très vite dès lors qu'aucune sollicitation ne les soutient. Je suis loin d'être seul à souligner ce point. Ainsi Girard (1995) :

> «Nous avons déjà indiqué la remarquable facilité avec laquelle les enfants se montrent capables d'apprendre une deuxième langue après ou pendant l'acquisition naturelle de leur langue maternelle. Mais on oublie trop souvent qu'ils ont aussi une grande faculté d'oubli qui se manifeste dès que le processus est interrompu et qui est directement proportionnelle à la durée de l'interruption.»

Les éclipses de la langue

Ainsi, la facilité d'apprendre n'a d'égale, chez l'enfant, que celle, tout aussi frappante, d'oublier. Comme le rappelle le texte cité ci-dessus, plus longue est la césure au cours de l'apprentissage d'une langue, et plus étendues seront les pertes dues à cette absence des stimulations créées par l'environnement et propres à faire vivre les connaissances acquises. Un enfant né à l'étranger apprend souvent aussi bien que les enfants autochtones la langue qui s'y parle. Il peut, du reste, être tout simplement un autochtone lui-même. Mais quel que soit le cas, pour peu que cet enfant quitte son pays natal et soit intégré à un autre environnement, il oublie vite cette langue, à laquelle ne correspond plus d'incitation affective et sociale. J'ai mentionné au chapitre III deux exemples de cette situation : celui d'un enfant américain né en Assam parmi des locuteurs de la langue garo, et amené, à l'âge de cinq ans, aux États-Unis par ses parents, qui s'y réinstallaient, et d'autre part, celui d'enfants coréens qui avaient quitté la Corée entre trois et cinq ans pour se rendre en Suède dans leurs familles adoptives. L'anglo-américain dans le premier cas et le suédois dans le second ne mirent que six mois à éclipser complètement le garo de l'un et le coréen des autres.

Le défaut d'entretien

Ce qui est vrai dans la vie familiale l'est aussi dans le milieu scolaire. La précocité d'acquisition ne suffit pas à compenser l'interruption de l'entretien. Des enfants mis très tôt dans leur vie au contact d'une autre langue en sus de leur idiome maternel ont beau donner des signes remarquables d'un bilinguisme en voie de prendre racine, ils n'en perdront pas moins la plus grande partie de cet acquis précoce s'ils cessent d'être exposés à ladite langue durant une longue période, celle-là même qui précède leur dixième année, et où leurs facultés d'assimilation sont dans leur plénitude et au plus fort de leur vivacité. Les exemples de cette situation abondent. L'un d'entre eux est mentionné par un spécialiste que le ministère de l'Éducation nationale avait chargé de préparer un rapport sur les expériences d'enseignement bilingue précoce dans les établissements scolaires de France. Ce spécialiste écrit (Girard 1995) :

> « Lors de mon enquête nationale, j'avais eu à cœur de visiter non seulement un grand nombre d'écoles primaires mais aussi des collèges et des lycées où se trouvaient dans des proportions variables un mélange d'enfants et d'adolescents ayant eu une initiation de durée variable à l'anglais

ou à l'allemand, avec ou sans interruption, avant leur entrée au collège. Ceux qui avaient été initiés dès l'école maternelle mais avaient vu leur apprentissage s'interrompre à l'école primaire par manque d'instituteur compétent en langue avaient de toute évidence vite été rattrapés par leurs camarades n'ayant débuté qu'au collège. »

Est-ce à dire que l'on est en bonne voie pour former de véritables bilingues si l'on assure la continuité pendant tout le séjour à l'école primaire ? Le succès variable de l'expérience d'immersion canadienne semble bien montrer qu'on ne saurait se contenter de cela. C'est durant toute la scolarité, de l'enfance à la sortie du secondaire vers dix-sept ans, qu'il convient de maintenir l'élève dans une relation étroite avec la langue étrangère. Il faut même s'efforcer d'aller au-delà.

LA CONTINUITÉ, DE L'ÉCOLE À LA VIE

En défendant, dans le cadre de l'enseignement bilingue précoce, une conception instrumentale de la langue, en recommandant l'immersion par échanges massifs de maîtres à travers l'Europe, j'ai proposé des mesures extrêmes, que l'on pourra juger tout à fait utopiques, et impraticables si l'on songe à la puissance, c'est-à-dire, en fait, à l'inertie, de très anciennes habitudes. Il peut donc paraître encore plus aventureux de suggérer des entreprises qui dépassent le cadre scolaire lui-même, auquel, du moins, se limitent toutes les mesures précédentes. Mais précisément, ce cadre est insuffisant. L'immersion canadienne, en dépit de l'effort qui s'y est investi, était impuissante à compenser le manque créé par une situation objective : la vie réelle des élèves se déroulait en dehors de l'école et des cours de français. Il fau-

drait, par conséquent, en tirant les leçons de cette expérience, imaginer des moyens de prolonger au-delà du
lycée le contact avec la langue étrangère, et avec la
culture qu'elle exprime et qui la nourrit. Qu'une telle
entreprise ne soit pas le rêve d'un esprit égaré, c'est ce
que prouve l'existence de programmes européens comme
Lingua, dont un des objectifs est précisément de favoriser
les échanges d'étudiants, ainsi, du reste, que d'enseignants, Lingua apportant, sur ce dernier point, un début
de réponse aux propositions qu'a formulées le chapitre VII.

Certains pays d'Europe, comme les Pays-Bas, la
Suède ou l'Autriche, paraissent bien placés pour s'engager
dans cette voie et prendre valeur de modèles, du fait que
leur conception de l'enseignement bilingue associe dès les
étapes initiales l'entretien des notions de base, régulièrement consolidées, et l'apport de nouveaux éléments, à
leur tour intégrés à ce système d'enrichissement et de
consolidation. Mais cette conception judicieuse profite
surtout, dans les pays en question, à une langue : l'anglais.
Or c'est précisément un des buts du chapitre suivant que
d'exposer les raisons pour lesquelles il ne paraît pas
opportun d'introduire l'anglais parmi les langues enseignées à l'école primaire.

CHAPITRE IX

Quelles langues enseigner
dans les écoles primaires ?

BOULEVERSER LES TABOUS

Les propositions faites dans cette partie du livre affrontent trop de tabous pour qu'il y ait quelque justification à s'arrêter sur ce chemin, et pour qu'on ne se résolve pas à en affronter d'autres encore. Ce qui, en fait, peut encourager à persévérer sur cette voie iconoclaste, c'est moins un goût de la vaine provocation qu'une prise de conscience : dans les conceptions qui sous-tendent l'enseignement des langues en Europe, tout s'ordonne en un ensemble cohérent. Remettre en cause une partie de l'édifice conduit à découvrir la fragilité d'autres parties et à s'interroger sur l'opportunité de les maintenir en l'état. Dans ce qui suit, je suggère d'abord que l'anglais ne soit pas introduit à l'école primaire, et je donne les raisons de cette suggestion. La section suivante indique quelles langues devraient être introduites. J'examine ensuite les objections qui peuvent être faites à ces propositions, et m'efforce d'y répondre. Une dernière section précise la place qui devrait être donnée, dans l'enseignement, à l'anglais, ainsi qu'aux autres langues.

NE PAS INCLURE L'ANGLAIS DANS LE SYSTÈME D'ÉDUCATION BILINGUE PRÉCOCE

L'imprégnation

Je donnerai plus bas les raisons générales qui devraient justifier l'absence de l'anglais dans l'enseignement primaire. Je commencerai par en rappeler ici de plus particulières. En France, si l'anglais était présent dès les premières années d'école, le risque ne serait pas négligeable d'une confusion qui conduirait les petits francophones à assigner leur sens anglais à des mots français qu'ils viennent à peine d'apprendre, et qui existent sous une forme à peu près semblable en anglais, parce que celui-ci, à la suite de la conquête de l'Angleterre par le duc Guillaume de Normandie, les a empruntés, de la fin du XIᵉ au début du XIVᵉ siècle, au normanno-picard puis à l'angevin, mais en modifiant souvent leur contenu. C'est là l'origine d'une contamination du lexique (les « faux amis ») dont je traiterai plus bas (pp. 222-223) à propos des compétences du bilingue véritable.

Un autre inconvénient serait, à travers l'anglais, l'imprégnation des enfants par les schèmes de pensée que cette langue véhicule. Si l'on est en droit de juger qu'une telle imprégnation n'est pas indispensable, c'est dans la mesure où elle ne représente guère d'économie, puisque la culture anglo-américaine est déjà omniprésente dans l'environnement de l'enfant d'Europe occidentale.

*Répartition des compétences
entre trois langues européennes*

Une enquête récente fournit des indications utiles sur les pourcentages d'adultes déclarant, dans dix-sept pays (la Norvège, la Suisse et les quinze de l'Union européenne), qu'ils peuvent parler l'allemand, l'anglais et le français. Selon cette enquête (Eurodata, 1991), les pourcentages sont ceux que fait apparaître le tableau ci-dessous. On voit que l'anglais l'emporte partout sur le français et l'allemand (en dehors, évidemment, de la France, de l'Allemagne et de l'Autriche), sauf en Belgique,

Pourcentages d'adultes déclarant pouvoir parler anglais, français ou allemand en Europe de l'Ouest — classement par pays.

	anglais	français	allemand
Allemagne de l'Ouest	44	16	100
Italie	16	16	4
Royaume-Uni	100	21	9
France	31	97	9
Espagne	12	10	1
Pays-Bas	72	31	67
Belgique	34	71	19
Portugal	12	8	3
Grèce	28	8	5
Danemark	61	9	45
Irlande	100	9	2
Luxembourg	44	89	89
Suède	73	9	35
Autriche	42	5	100
Suisse	40	63	88
Finlande	48	5	14
Norvège	58	2	17

Source : Eurodata (1991)

pays partiellement francophone, au Luxembourg, trilingue (luxembourgeois, allemand, français), et en Suisse, où, sur vingt-trois cantons, seize sont germanophones (l'un d'entre eux, les Grisons, abritant aussi une population de dialectes rhéto-romanches), quatre sont francophones, un italianophone, et deux à la fois germanophones et francophones. En Italie, le français et l'anglais, pour les personnes qui composaient l'échantillon soumis à l'enquête, étaient à égalité en 1991. Mais dans les autres pays méditerranéens autrefois demandeurs de français, l'Espagne et la Grèce, l'anglais l'emporte. Un cas particulier et révélateur est celui du Portugal : si le français y a été sauvé, en 1989, c'est, selon Parvaux (1995), seulement parce que l'on avait décidé, en France, d'inscrire le portugais au nombre des langues proposées à l'école. Quant à l'allemand, il devance le français sur les terres de langue germanique : Pays-Bas, Danemark, Norvège, Suède, ainsi que dans un autre État de la Fenno-Scandie, ouvert depuis des siècles, comme les trois autres, à l'influence allemande : la Finlande.

Ce que fait surtout apparaître cette enquête, c'est qu'en Europe, continent à vieille vocation plurilingue, la domination de l'anglais crée une situation tout à fait inégale. L'inégalité est encore plus frappante si l'on se fonde non plus sur les déclarations d'adultes, mais sur les statistiques scolaires (Candelier 1995). L'éducation bilingue précoce doit se donner, notamment, pour tâche de remédier à cette inégalité, et c'est pourquoi il est proposé ici de ne pas y faire figurer l'anglais.

L'anglais, péril pour les autres langues

Ne pas introduire l'anglais dès l'école primaire, c'est sauvegarder l'enseignement des autres langues, en volant au secours de l'imagination des familles, lesquelles se précipiteraient presque toutes sur lui seul s'il était retenu. La domination actuelle de l'anglais parmi les langues vivantes proposées dans les établissements scolaires de l'Europe n'est pas seulement le reflet de sa suprématie d'idiome répandu dans le monde entier par la puissance économique des États-Unis. Cette situation inégale dans les écoles est aussi créée par l'absence d'un équilibre précocement établi entre l'anglais et les autres langues, qui sont loin d'être portées par le même dynamisme et ne sont donc pas les objets d'une demande aussi forte sur le marché des valeurs linguistiques. Il s'ensuit tout à fait logiquement que si l'offre de langues par l'école n'apporte pas, très tôt, un contrepoids à cette demande, l'anglais est assuré d'accroître encore sa domination, et, à terme, d'éliminer de l'école les autres langues, ou quasiment. Parmi les très nombreux témoignages de tous ceux qui sont conscients de ce péril, on peut retenir celui-ci, d'un lecteur du journal *Le Monde* (11-2-1995) :

> « [...] Quant à l'idée d'apprendre une langue vivante à l'école primaire, bravo ! Mais quelle langue ? À qui fera-t-on croire que l'on va proposer plusieurs langues ? L'on va bien plutôt prendre pour excuse la disproportion dans les demandes des familles entre l'anglais et les autres langues pour généraliser, donc imposer, l'anglais, et supprimer progressivement l'allemand (ou l'espagnol, ou l'italien) du catalogue des langues offertes en primaire, puis en CM2 (où c'est déjà le cas), puis donc en sixième. Et allons donc ! Tous à l'anglais ! C'est la liberté du choix ! »

Pour une saine conception de l'hommage dû à l'anglais

Proposer que l'anglais soit écarté des premières années d'école, c'est, contrairement à ce que pourraient croire ses thuriféraires sourcilleux, rendre à sa diffusion l'hommage d'une reconnaissance. C'est prendre acte du fait que sa large audience lui confère une position assez forte pour qu'il ne subisse aucun préjudice de cette absence. Les rues des villes européennes, où les enseignes des marchands rivalisent de formules anglaises, les spectacles indéfiniment distillés par la plupart des médias, l'omniprésence des objets matériels et culturels fabriqués en Amérique ou imités de ceux qui le sont, tout cela assure à l'anglo-américain un tel pouvoir de pression, que seuls les sourds et les aveugles pourraient prétendre y échapper, si leurs codes de réception des informations n'en étaient eux aussi saturés. On est, dès lors, en droit de se poser une question très simple : pourquoi l'école devrait-elle, dès l'étape primaire, venir en renfort d'une victoire déjà éclatante ?

LES LANGUES QU'IL CONVIENT D'INTRODUIRE À L'ÉCOLE PRIMAIRE

Choisir parmi cinq langues : allemand, espagnol, français, italien, portugais

Ce qui est proposé ici s'inscrit dans la suite logique des considérations précédentes : la deuxième langue vivante que les pays de l'Union européenne devraient, d'un commun accord, introduire dès le début de l'école primaire à côté de la première, langue maternelle, est à choisir parmi celles qui ont la plus grande audience internationale, ou, du moins, qui sont les plus répandues au-delà des pays où elles ont le statut de langue officielle. Il suffit d'une information élémentaire sur les réalités contemporaines dans le monde des langues pour savoir que celles qui répondent à ce critère sont l'allemand, l'espagnol, le français, l'italien et le portugais. C'est donc une de ces cinq langues que, dans tous les pays de l'Union, les familles devraient choisir en tant que LV1 dès l'école primaire. Dans chacun des cinq pays où se parlent ces langues, la LV1 choisie serait, évidemment, une des quatre autres.

Langues de voisins

Il faut remarquer que l'apprentissage de la langue du voisin est un choix naturel, puisqu'il peut fort bien se faire que l'enfant, une fois devenu adulte, ait à engager avec tels habitants d'un pays voisin des relations familiales, professionnelles, touristiques ou autres. Or les cinq langues ici proposées sont pour de nombreux pays celles de voisins. L'allemand l'est pour la France, la Belgique, le Luxembourg, les Pays-Bas, le Danemark, la Suède, la Pologne, la République tchèque, la Slovaquie, la Hongrie, la Slovénie, l'Italie ; l'italien l'est pour la France, la Suisse, l'Autriche, la Slovénie, la Croatie, la Serbie, l'Albanie et la Grèce. Il est intéressant de noter que l'un des plus grands éducateurs de l'Europe classique, Comenius (Jan Amos Komensky), recommandait lui aussi dans sa *Didactica Magna* (1632) d'enseigner aux enfants, après la langue maternelle,

« une des langues des pays voisins, qui sont indispensables pour entrer en relations avec eux » (cité par Girard 1995).

Langues des « bonnes classes »

Les maîtres ont souvent noté que la réputation, nourrie de préjugés, qui s'attache à certaines langues peut devenir dans les familles le motif d'un choix, sans que celui-ci soit vraiment commandé par le désir de faire apprendre à l'enfant une langue particulière. Ainsi, l'allemand, parce qu'il a la réputation, auprès de certains, d'être une langue « étudiée par les bons élèves », sert, chez eux, de prétexte pour orienter l'enfant vers les classes de qualité. Cette pratique, qui se fonde sur un raisonnement circulaire, est remise en cause si l'on introduit quatre autres langues européennes à côté de l'allemand, d'autant plus qu'il ne s'agit pas alors d'une introduction tardive, à laquelle on procède lorsque la scolarité a déjà façonné des profils d'élèves, mais bien du début de la vie à l'école.

OBJECTIONS ET ARGUMENTS

Résistances prévisibles

Selon toute apparence, le projet présenté ici rencontrera de fortes résistances. En particulier, les gouvernements et les populations des pays dont la langue ne fait pas partie de ce groupe de cinq jugeront ce choix intolérable, et rappelleront que depuis longtemps, leurs écrivains et leurs artistes ont apporté une contribution essentielle à la culture européenne. Telle sera, très probablement, l'attitude des Grecs, et qui pourrait nier que l'argument, dans leur cas, ne soit très sérieux ? Mais d'autres encore récuseront ce projet, et parmi eux, surtout, les habitants de la Flandre belge et des Pays-Bas d'une part, d'autre part ceux de la Fenno-Scandie.

Flandre belge et Pays-Bas

Les Flamands de Belgique, qui détiennent de fait, aujourd'hui, l'essentiel du pouvoir économique et politique, et constituent une des trois régions du pays, ne sont guère favorables au français. Cette attitude se nourrit de raisons anciennes, qui tiennent aux relations inégales du français avec les parlers flamands (ainsi que le néerlandais) pendant une longue période de l'histoire (cf. Hagège 1992b). Le français est la cible principale que visent, par exemple, les récents décrets du Vlaamse Raad (Conseil flamand) imposant aux entreprises l'usage exclusif du néerlandais dans les relations avec leurs employés (Eraly 1995). Contre le français, les Flamands favorisent, en fait, l'anglais, qui possède, à leurs yeux, le double avantage de ne pas être un lieu d'investissement passionnel comme l'est le français, et d'avoir plus d'audience internationale que le néerlandais. Cette seconde raison produit la même attitude aux Pays-Bas, bien que le néerlandais ne soit pas confiné à l'Europe : il n'a pas disparu d'Indonésie, ancienne colonie néerlandaise, au moins chez les vieilles générations et dans les milieux cultivés ; il est la langue officielle du Surinam (ex-Guyane hollandaise) et des Antilles néerlandaises (où la population parle le papiamentu, créole à base lexicale portugaise mais à influences hollandaises) ; il est, enfin, proche d'une des langues officielles d'Afrique du Sud, l'afrikaans, qui en est une forme archaïque.

Fenno-Scandie

Le danois n'est pas, lui non plus, confiné à l'Europe, puisqu'il est présent au Groenland. Mais il s'agit, comme pour le néerlandais, d'une présence ponctuelle, liée à une ancienne relation coloniale (Hagège 1992b). Quant aux langues des trois autres pays de Fenno-Scandie, qui bordent la mer du Nord et la Baltique, elles ne sont connues que de leurs nationaux respectifs, à cette réserve près que le suédois, parlé par 10 % seulement de la population en

Finlande, n'en est pas moins la deuxième langue officielle, et que le finnois est parlé le long de la côte suédoise du golfe de Botnie par les travailleurs finlandais qui y résident. On peut donc comprendre ce que l'anglais représente pour ces pays comme pour la Norvège et le Danemark, ainsi que pour la Flandre belge et les Pays-Bas : tous y voient un outil nécessaire pour échapper à l'enfermement que leur paraît produire une langue sans diffusion au-delà de ses frontières. C'est ce qui explique la place assez forte que l'anglais occupe dans leurs systèmes scolaires. Ainsi, aux Pays-Bas, il est enseigné dès l'école primaire à raison d'une heure par semaine, puis adopté, actuellement, par plus de 90 % des écoliers entrant dans le secondaire. Au Danemark, il est enseigné à la totalité des élèves à partir de la cinquième année d'école. De plus, pour les enfants de ces pays, l'anglais, plus encore que pour les Français, est omniprésent à travers les médias, les contacts avec les étrangers, les vacances, tous facteurs qui ont pour effet une permanente réactivation, et donc un niveau de compétence plus élevé, chez les enfants et les adultes de ces pays, que chez ceux de France, dont l'environnement culturel, en dépit d'une forte pénétration des modèles anglo-américains, n'intègre pas cette vision particulière de l'anglais comme seul moyen d'ouverture au monde.

Réponses aux objections

Les instruments modernes de diffusion,
péril menaçant

Ce dont il convient de persuader les gouvernements et les populations de ces pays, c'est que la permanence de leurs langues, symboles de leurs identités nationales, est beaucoup mieux assurée par le multilinguisme européen que par l'anglais. Les langues européennes autres que l'anglais qui possèdent un rayonnement au-delà de leurs frontières politiques n'exercent pas, contrairement à l'anglais, de pression hégémonique. Or l'hégémonie d'une langue, du fait de la rapidité et de l'efficacité des moyens de communication dans le monde contemporain, est en mesure, aujourd'hui, de croître à un rythme tel, qu'aucun précédent historique ne peut en donner d'idée, ni celui du latin en Europe du 1er siècle avant au IIIe siècle après J.-C., ni celui de l'arabe du Moyen-Orient au Maghreb dès les premiers siècles de l'Hégire, ni celui du chinois de la dynastie Han jusqu'au XVIIIe siècle, ni celui du russe dans l'empire des tsars puis en Union soviétique jusqu'au milieu des années quatre-vingt. Ce qui, aujourd'hui, porte puissamment l'anglais en tous lieux du globe, ce sont, entre autres, des objets culturels qui, grâce au renfort des satellites notamment, sont transportés loin de leurs lieux anglophones de production presque immédiatement après y avoir été produits.

Ces moyens nouveaux font courir à l'humanité un risque redoutable d'appauvrissement par disparition d'un grand nombre de langues sous la pression et au profit de l'anglais. C'est donc couver l'aspic, pour les gouvernements de pays où se parlent des langues de diffusion limitée, que de favoriser la promotion de l'anglais. Ces langues ont, au contraire, tout à gagner de la promotion des cinq ici proposées pour être introduites à l'école primaire. Un changement des mentalités est nécessaire. Certes, il se pose des problèmes moins difficiles dans les pays de l'Union que je n'ai pas mentionnés : la Grande-Bretagne et l'Irlande, où la LV1 serait nécessairement une autre langue que l'anglais, l'Autriche, qui est germanophone, le Luxembourg, où l'allemand a une place importante. Tous ces pays n'ont pas de raison, ou ont des raisons moins sérieuses, de s'opposer aux propositions faites ici. Mais on imagine aisément que les Suédois demandent : « Pourquoi le portugais ? », les Finlandais :

« Pourquoi l'espagnol ? », les Danois : « Pourquoi l'italien ? », les Néerlandais : « Pourquoi le français ? », les Grecs : « Pourquoi l'allemand ? ». Il semble qu'il faille beaucoup attendre de la circulation généralisée des personnes et des idées ; cette circulation devrait modifier les menta-lités ; elle devrait créer le sentiment d'une solidarité euro-péenne, et la conscience d'une civilisation commune, à la fois diverse et unifiée, à laquelle les Britanniques, anglo-phones, participent, évidemment, mais où ils ne représen-tent, en termes démographiques, que 8 %.

Illusions de l'option multiculturelle

Certains spécialistes de la pédagogie des langues sont hostiles à l'enseignement précoce d'une seule langue étrangère. Ainsi, M. Candelier écrit (1995) :

> « Plutôt que d'introduire l'enseignement d'une langue étrangère particulière à l'école primaire, il conviendrait d'y aborder le plurilinguisme et la diversité des cultures en tant que tels, dans leur globalité, en présentant aux enfants plusieurs langues, qu'il s'agisse de langues de migrants, de langues régionales, de langues anciennes ou de variétés dialectales de la langue nationale. [...]
> Cette proposition [...] répond [...] à la nécessité, pour déve-lopper une demande pluraliste, d'intervenir directement sur le plan des représentations des futurs apprenants. Or, loin de s'appuyer sur ce point de départ favorable pour l'élargir encore et le consolider, l'école œuvre contre ses propres finalités d'acceptation de la diversité, dans la mesure où sa première intervention structurée se traduit par un enfermement sur une langue et une culture étran-gères particulières. »

Ces propositions, inspirées d'une généreuse ouver-ture, ne peuvent aboutir à aucun apprentissage concret d'une langue particulière, puisque c'est précisément ce qu'elles récusent. La notion de «propédeutique multilinguistique et multiculturelle», par laquelle l'auteur les caractérise, ne répond pas à l'urgence d'une communication entre Européens au moyen des langues les plus répandues. Une simple rencontre avec la diversité linguistique peut certes favoriser chez les jeunes écoliers l'ouverture de l'esprit à l'altérité et au respect qu'elle mérite, mais ne donne pas de savoir articulé sur un but précis. Certes, on peut considérer le projet illustré par ce texte comme une tentative pour combattre le danger d'hégémonie d'une langue unique, qui, du fait du rapport des forces dans le monde actuel, serait nécessairement l'anglais. C'est précisément ce péril que conjure le plan proposé ici, dans la mesure où il ne fait pas figurer l'anglais parmi les langues offertes au choix dès le début de la scolarité.

L'ANGLAIS ET LES AUTRES LANGUES
À L'ENTRÉE DANS L'ENSEIGNEMENT SECONDAIRE

Cette absence provisoire de l'anglais ne saurait lui nuire, puisqu'en tout état de cause, il bénéficie aujourd'hui d'une forte motivation. Il est légitime de l'introduire à l'entrée dans l'enseignement secondaire. Devraient être également proposées parmi les choix possibles les langues de l'Union autres que les cinq retenues dans le présent projet. À cet ensemble, il paraît normal d'ajouter deux grandes langues d'Europe de l'Est, le russe et le polonais, ainsi que celles d'autres pays d'Europe centrale et orientale qui pourraient, au XXIe siècle, rejoindre l'Union européenne : tchèque, hongrois, roumain, serbe et croate, norvégien. Il conviendrait également d'inclure des langues non européennes importantes à deux égards au moins : d'une part, certaines ont un nombre énorme de locuteurs ; d'autre part, quelques-unes sont assez présentes en Europe, à travers les communautés d'intellectuels, d'artistes, de travailleurs et de commerçants qui les parlent. Il s'agit des langues suivantes : arabe, chinois, hindi, indonésien, japonais, persan, turc. Enfin, un débat pourrait être proposé pour décider si l'on introduit également l'espéranto, ce qui suppose que l'on trouve des maîtres, à choisir parmi le nombre encore faible de locuteurs natifs que compte, vraisemblablement, cette langue artificielle.

De la même façon que LV1, la deuxième langue vivante (LV2) choisie parmi cet ensemble à partir du lycée serait obligatoire, comme elle l'est actuellement dans la plupart des pays d'Europe. Mais afin d'élargir, face à ce nombre assez grand de langues, les possibilités de choix, on devrait instituer une troisième langue facultative (LV3). Ainsi, à la sortie de l'enseignement secondaire, le système, si toutes ses latitudes sont exploitées, aurait formé des élèves capables d'utiliser, en plus de leur langue maternelle, trois autres langues, apprises l'une depuis l'enfance, et les deux autres plus tard, mais avec une facilité plus grande que celle des écoliers abordant à onze ans leur première langue étrangère. Car contrairement à ces derniers, ils auraient bénéficié des avantages que donne l'éducation bilingue précoce : l'acquisition de solides mécanismes mémoriels, et une accoutumance aux structures linguistiques qui, à travers la variété des formes, se retrouvent d'une langue à l'autre.

TROISIÈME PARTIE

De quelques données de base et méthodes utiles

Dans la deuxième partie, j'ai proposé plusieurs stratégies qui me semblent capables d'assurer le succès de
l'éducation bilingue. Elles constituent un tout cohérent et
doivent être appliquées ensemble. Il faut, maintenant, préciser les données et les méthodes dont on doit se servir
pour accroître encore l'efficacité de l'entreprise d'enseignement de langues. C'est ce que je ferai ici. Dans le premier des deux chapitres de cette partie, je montrerai comment une prise de conscience des caractéristiques que
l'histoire a façonnées au français peut aider les francophones à mieux acquérir les langues étrangères. Le chapitre suivant soulignera que l'on peut attendre des langues
régionales, lorsqu'elles sont présentes, un concours assez
précieux.

CHAPITRE X

Blandices exotiques
de la langue française

LES FRANÇAIS ET LE MYTHE DE LA CLÔTURE

Plus d'un Français moyen est convaincu, sans examen, de l'exactitude d'une image, pourtant peu flatteuse, que se font les étrangers quant à ses aptitudes linguistiques : elles seraient faibles ou nulles. On le dit moins, bien qu'on le dise aussi, des citoyens de la Suisse romande, de la Wallonie et du Québec, car ces habitants helvétiques, belges et canadiens du vaste monde francophone voisinent, dans chacun des trois pays, avec des usagers d'autres langues, et doivent, dans certains cas, connaître au moins théoriquement ces langues. C'est précisément parce que le francophone de France, même si le pays est bien à dominante unilingue, rencontre de plus en plus, lui aussi, les autres langues, qu'il renonce souvent à se prévaloir, comme il le faisait autrefois, de la diffusion mondiale du français pour leur tourner le dos. Je commencerai donc par suggérer que cette fermeture aux idiomes d'autrui pourrait bien, aujourd'hui, n'être plus qu'un mythe. Mais il est vrai, comme je le montrerai en deuxième lieu, que la prononciation des langues étrangères, si elle n'est pas apprise très tôt, reste difficile pour les francophones. La troisième et dernière section de ce chapitre cherchera dans l'histoire du français les raisons de cette difficulté.

Pour démontrer l'inanité d'un mythe, il suffit de produire les faits. Ils sont très nombreux, et pour éviter d'alourdir cet exposé, je n'en retiendrai qu'un, parmi les plus révélateurs. Dans le tableau ci-dessous apparaissent, tels que les donne une source sérieuse que j'ai déjà utilisée, des chiffres calculés par rapport à la population totale pour dix-sept pays européens (rangés par ordre décroissant d'importance démographique); ces chiffres représentent les pourcentages, dans chaque pays, des adultes considérés comme capables de lire une langue étrangère en sus de leur langue maternelle. En comparant ces chiffres, on note que s'ils sont dépassés par les Luxembourgeois, les Néerlandais, les Suisses, les Belges, les habitants des quatre pays scandinaves et les Allemands, les Français sont à égalité avec les Autrichiens, et font mieux que les Portugais, les Grecs, les Irlandais, les Britanniques, les Italiens et les Espagnols. Encore les infériorités des Français sont-elles explicables

Pourcentages d'adultes déclarant pouvoir lire une langue étrangère, dans 17 pays européens.

Allemagne de l'Ouest	49
Italie	30
Grande-Bretagne	33
France	45
Espagne	30
Pays-Bas	88
Belgique	58
Portugal	38
Suède	78
Autriche	45
Suisse	67

Danemark	71
Finlande	57
Norvège	63
Irlande	36
Luxembourg	97

Source : Eurodata (1991)

par des facteurs externes : le trilinguisme individuel de nombreux Suisses au centre et à l'est du pays, ainsi que de la plupart des Luxembourgeois et de beaucoup de Belges, est lié au trilinguisme officiel, respectivement allemand-français-italien, allemand-français-luxembourgeois, et néerlandais-français-allemand, ce dernier, limité à une petite zone orientale, étant moins important, en Belgique, que les deux autres langues, à l'indice desquelles s'est faite, dès la fin des années quatre-vingt, la fédéralisation de l'État en trois régions : Flandre, Wallonie et Bruxelles ; en outre, on sait que les Pays-Bas et les États scandinaves possèdent un système d'enseignement des langues, en particulier de l'anglais, fort efficace, comme il arrive souvent là où une forte motivation est créée par l'absence de diffusion de la langue nationale en dehors de ses frontières ; quant à l'Allemagne, l'anglais y est fort présent et bien enseigné depuis la Seconde Guerre, qui fut, comme on sait, suivie d'une occupation de vastes zones par les vainqueurs anglophones, et de l'américanisation de nombreux aspects de la vie ; mais il est vrai qu'aujourd'hui, la puissance économique de l'Allemagne réunifiée s'accompagne d'une revendication en faveur de l'allemand, dont la place dans les instances dirigeantes de l'Union européenne est jugée insuffisante par le gouvernement de Bonn.

Si donc on se fonde sur les indications de ce tableau, les Français ne paraissent pas aussi mal placés qu'on a coutume de l'assurer à l'étranger et qu'ils le répètent eux-mêmes avec une complaisance masochiste. Mais évidemment, il s'agit ici de l'aptitude à lire une langue étrangère, et non à la parler. Car, comme on va le voir, l'articulation des sons étrangers suppose un apprentissage, auquel les francophones, dans le présent état des choses, ne sont pas encore assez préparés.

LES PRONONCIATIONS, GESTES CULTURELS

Le francophone et les sons étrangers

Nous avons vu (cf. chapitre I) que pour prononcer les sons d'une langue, l'homme se sert de divers organes, dont les mouvements peuvent être considérés comme des gestes culturels, caractéristiques de chaque communauté linguistique. Apprendre à parler une langue, c'est donc acquérir des gestes, que regardent, chez un apprenti, les locuteurs naturels de cette langue, mais aussi les compatriotes en compagnie desquels il l'étudie dans une classe de lycée. Il n'est pas évident que l'élève adulte soit toujours disposé à accomplir ces gestes en toute sérénité.

Le regard d'autrui et la parole visible

En effet, ces articulations lisibles, qui n'effarouchent pas l'enfant, sont souvent celles que l'adulte craint le plus d'imiter, parce qu'il n'ose pas affronter les ricanements, sinon l'hostilité, de ses contemporains devant l'insolite. Sont, en effet, visibles, et même lisibles, les articulations qui mettent en jeu non des organes profonds de la cavité buccale, en principe dérobés au regard, mais des organes antérieurs, donc parfaitement apparents, ceux, précisément, sur lesquels on attire l'attention des sourds lorsque l'on s'efforce de les démutiser, en leur enseignant la lecture faciale, et en particulier labiale, c'est-à-dire le repérage des sons dont ils ont appris qu'ils sont produits, totalement ou partiellement, par les lèvres. Mais d'autres organes antérieurs interviennent aussi dans l'articulation des sons : les dents, ici surtout les incisives, et l'apex (pointe) de la langue. Un exemple bien connu des difficultés que suscitent certaines de leurs positions pour le francophone adulte désireux d'apprendre l'espagnol ou l'anglais est celui des consonnes interdentales, c'est-à-dire produites par avancée de la langue entre les dents antérieures des deux maxillaires ; ce geste est totalement étranger (sauf cas particuliers de blèsement) aux habitudes articulatoires des francophones unilingues, mais il est nécessaire dans ces deux langues, pour réaliser des sons aussi courants que le *đ* initial du castillan (d'Europe) *dos* « deux » ou de l'anglais *they* « ils » (les notations orthographiques *d* dans un cas et *th* dans l'autre sont historiques, et ne reflètent pas la prononciation d'aujourd'hui) ; il en est de même pour le correspondant sourd (sans vibration des cordes vocales) de ce son, c'est-à-dire le θ initial du castillan *cielo* « ciel » (où il est écrit *c*) ou de l'anglais *thick* « épais » (où il est noté *th* comme son partenaire sonore).

Un autre geste articulatoire bien visible auquel l'adulte francophone unilingue n'est pas habitué, et qu'il n'osera apprendre par crainte des sarcasmes, est le roulement du *r*, c'est-à-dire, en termes de phonétique, la vibration apicale de la langue contre la zone alvéolaire. Le *r* roulé est tout à fait courant en portugais européen (après consonne autre que *n*, *s* ou *l*, ainsi qu'en finale de mot ou de syllabe), en italien, en espagnol, en catalan ou en occitan. Le *r* à roulement prolongé, ou battements multiples, que possède de surcroît l'espagnol, et dont le rendement est important dans cette langue, puisqu'il permet d'y opposer *pero* « mais » et *perro* « chien », augmente encore la difficulté, du moins pour les Français qui n'ont pas fermement résolu d'acquérir ce geste. Certes, le problème ne se pose pas pour tous. On pourrait faire valoir que le *r* roulé existe bien en France aussi, notamment dans les milieux ruraux en Champagne, Bourgogne, provinces de l'ouest et du centre dont Maine et Berry, ainsi qu'au Sud-Ouest, dans les Pyrénées et au Sud-Est, en relation, dans ces trois derniers cas, avec le maintien des patois occitans, enfin, plus sporadiquement, en Flandre, en Alsace et en Lorraine. Mais le *r* non roulé demeure largement majoritaire.

Les mouvements visibles requis par l'articulation de certaines voyelles étrangères ont, eux aussi, de quoi effaroucher les Français adultes. La voyelle dite postérieure non arrondie est commune au russe (qui l'écrit ы), au turc (où on la note *ı*), au roumain (qui la représente par *î*) et au vietnamien, qui en possède deux (*u'* et *o'* dans l'orthographe). Or les Français n'ont pas appris à associer entre eux les gestes qu'elle comporte, soit d'une part la légère ouverture des lèvres, d'autre part leur étirement et leur rétraction, enfin la position de la langue à l'arrière du palais. Ils peuvent pratiquer chacun de ces gestes, mais il les associent différemment : quand un Français étire ou rétracte ses lèvres à faible aperture, c'est à l'avant du palais, contre les alvéoles, qu'il place sa langue, ce qui donne un *i*; en revanche, s'il ne la place pas à l'avant, ses lèvres étant toujours légèrement entr'ouvertes, il ne sait combiner ce mouvement qu'avec leur arrondissement, et non leur étirement, ce qui donne la voyelle *u* (comme dans *jus*) si le dos de la langue est situé au centre du palais, et *ou* (comme dans *vous*), s'il est situé à l'arrière. C'est pourquoi l'association inhabituelle de mouvements qui permet de réaliser la voyelle postérieure non arrondie des quatre langues citées, n'étant pas pour les Français un geste culturel homologué, risque de leur apparaître comme une grimace. Parler russe ou roumain, c'est grimacer. Quel Français moyen mettra tout son zèle à en prendre la décision ? Lui suffira-t-il d'observer assez objectivement les locuteurs de ces langues pour s'apercevoir qu'ils ne rétractent nullement leurs lèvres jusqu'à la caricature et ne font aucune grimace ? De même, ce n'est pas un geste culturel français que de combiner l'étirement des lèvres avec une ouverture un peu plus grande que pour *i*; de là une certaine difficulté à prononcer comme les anglophones des mots aussi courants que *kid* « enfant », *little* « petit » ou *hit* « frapper ». Enfin, les Français n'associent généralement pas les voyelles avec une pause : il n'existe pas de voyelle longue qui soit distinctive, du moins chez la plupart de ceux qui n'ont pas plus de quarante ans et sont nés dans une ville du Nord. Cela rend peu familier le geste qui consiste à marquer un temps de prolongation sur une voyelle, et qu'exploite, à des fins d'opposition, une langue comme l'allemand, dans laquelle on trouve des paires telles que, par exemple, *fühlen* « sentir »/*füllen* « remplir », *Mus* « marmelade »/*muss* « (il) doit », *riet* « (il) conseillait »/*ritt* « (il) chevauchait », *schief* « oblique »/*Schiff* « navire », *spuken* « être hanté »/*spucken* « cracher » (Feuillet 1993).

Affres gutturales

D'autres articulations étrangères mettent en jeu des organes situés à l'arrière de la cavité buccale, et donc, en principe, non visibles, de sorte qu'elles ne devraient pas susciter, chez celui qui s'y exerce, la même crainte d'ostracisme réprobateur ou d'humiliante hilarité. Mais précisément parce que cette partie postérieure de l'appareil phonatoire est peu exploitée par la phonétique française, les sons qui s'y forment apparaissent, à beaucoup de Français sans audace, comme étranges et difficiles. En effet, si peu familiers que soient pour eux les sons mentionnés plus haut, comme *đ*, θ et le *r* roulé, ils sont tous produits par des organes antérieurs, dont les Français, certes, ne tirent pas ces mêmes combinaisons de gestes, mais qu'ils utilisent, néanmoins, à haut rendement : on prête au linguiste russo-polonais Baudouin de Courtenay (1845-1929) une notation selon laquelle, chez des Français discutant entre eux et qu'il ne pouvait, à distance, qu'observer sans les entendre, les mouvements des lèvres étaient incessants ; de fait, dans le lexique français comme dans l'usage, la fréquence des consonnes labiales et labio-dentales *p, b, m, f, v* est très élevée, ainsi que celle des voyelles orales, dites arrondies, que l'orthographe note ordinairement *ou, u, au* (comme dans *peau*), *o* (comme dans *bord*), *eu* (comme dans *peu*), *eu* (une autre voyelle, celle de *peur*) ; on les appelle aussi labiales.

En revanche, le français, langue à base d'articulation antérieure (Hagège et Haudricourt 1978), ne possède pas de consonnes postérieures au-delà du voile du palais, à l'exception de *r*, dont la prononciation la plus générale est celle d'une spirante uvulaire, c'est-à-dire réalisée par passage de l'air au niveau de la luette sans frottement appuyé. Sont inconnus du français les sons que le public, comme pour les dénigrer d'un terme aux connotations de méfiance, appelle gutturaux, parce qu'ils sont produits « dans la gorge », en particulier le son *kh*, fricative uvulaire sourde, et le son *h*, fricative pharyngale sourde, respectivement notés χ et ħ en signes phonétiques. Ils sont présents dans de nombreuses langues, dont certaines sont européennes : le χ en espagnol et en russe, le ħ en anglais, le χ aussi bien que le ħ en allemand, en néerlandais et en arabe. En outre, le ħ, dans les langues germaniques comme l'anglais ou l'allemand, apparaît non seulement comme consonne par lui-même, mais encore comme appendice aspiré des consonnes *p, t* et *k* devant voyelle à l'initiale des mots. Enfin, bien que le phonétisme du français utilise la zone vélaire (voile du palais), puisque c'est celle où s'articulent deux sons courants, le *k* de *concours* ou de *braquer* et le *g* de *garder* ou de *languir*, il ne possède pas la consonne vélaire produite par passage de l'air à travers le nez, à savoir le son ŋ , écrit *ng* en anglais et en allemand, où il est très fréquent ; c'est pourquoi les mots en -*ing* que le français a empruntés à l'anglais (comme *marketing, meeting, parking* ou *pressing*), souvent en leur conférant des sens particuliers qui les francisent en quelque sorte (Hagège 1987), sont prononcés de manière française, c'est-à-dire soit avec un *gn* final comme celui de *peigne*, soit avec un *g* d'appui.

Les sons et le comique

Un critère assez sûr du caractère culturel des gestes articulatoires est l'hilarité que peut provoquer l'inaptitude des étrangers à les acquérir. La caricature de cette défi-cience produit un effet comique que les imitateurs, les humoristes et les auteurs de théâtre ont partout et tou-jours exploité. Ainsi, la crainte du ridicule est double. Le Français redoute les sarcasmes de ses compatriotes, aux-quels les sons des autres langues sont d'autant plus étran-gers qu'il s'efforce de les mieux prononcer ; mais souvent, il les prononce trop mal encore aux oreilles des autoch-tones, dont il craint même davantage l'hilarité. En compensation, s'il est nécessaire, on peut s'égayer d'en-tendre sa propre langue travestie sous des discordances étrangères ; c'est également une partie de la culture, en France comme ailleurs, que les facéties parodiques qu'elles inspirent ; parmi ces pastiches burlesques, cer-tains ne sont que le figement plus ou moins officiel, par généralisation, de prononciations occasionnellement entendues autrefois ; d'autres correspondent à la réalité : remplacement, chez les Espagnols, des *eu* par des *é* (*yé* pour *je*, par exemple) ainsi que des *z* par des *s*, prononcia-tion anglaise des *p* initiaux comme s'ils étaient aspirés, interprétation allemande des *b, v, d, z, j, g* comme *p, f, t, s, ch, k* respectivement, etc.

Le rire est le traitement de l'inattendu. Or chaque culture humaine est faite de contenus créateurs d'une connivence qui se fonde sur la reconnaissance générale de ces contenus par toute la communauté. Encourent la sanction du rire les gestes qui ne sont pas inscrits au nombre des comportements reconnus. Si l'on admet que les mouvements articulatoires sont des gestes familiers à tous ceux qui parlent une même langue, alors il devient clair qu'ils appartiennent à une culture, et que s'ils ne sont pas adéquats (cas de l'étranger prononçant la langue des autochtones, qui l'entendent) ou s'ils sont inhabituels (cas du compatriote s'efforçant de prononcer une langue étrangère), ils sont susceptibles d'enfermer, qu'on le veuille ou non, un pouvoir comique. Mais cette situation ne concerne que l'adulte. L'angoisse du ridicule n'habite pas l'enfant. C'est pourquoi il faut commencer très tôt l'apprentissage bilingue, comme je l'ai exposé en détail au chapitre V.

LA LANGUE FRANÇAISE : ESQUISSE DE BIOGRAPHIE OU LA SÉDUCTION PAR LA SINGULARITÉ

La symphonie française et les beautés de l'insolite

Cette langue maternelle du francophone désireux d'en apprendre également une autre, quels sont ses traits caractéristiques, et comment est-elle perçue par les étrangers ? Tous ceux, quelle que soit leur propre langue, qui comparent, à travers une écoute attentive, le français parisien avec d'autres langues aussi diverses qu'on voudra ne peuvent manquer d'être frappés par l'impression quasiment unique qu'il produit. Les plus savants l'imputeront à l'absence de mise en valeur, par une hauteur ou une longueur vocalique, des syllabes initiales ou médianes des mots, ou à l'abondance des voyelles nasales, celles que l'on écrit *in*, *on*, *un*, *an* (le polonais et le portugais possèdent des voyelles nasales, mais en moins grand nombre), ou à l'articulation très tendue (« accent pointu », selon les méridionaux de France ou selon les Québécois) de *i*, de *a*, mais aussi d'autres voyelles, à savoir les six labiales que j'ai, ci-dessus p. 174, mentionnées et illustrées d'exemples ; de même que les nasales, elles sont loin d'être fréquentes en Europe (sauf, pour certaines d'entre elles, en allemand, néerlandais, langues scandinaves, hongrois, finnois, notamment).

Si chacune de ces particularités peut se retrouver dans diverses langues, leur co-existence dans une seule et même est un phénomène tout à fait rare. Il confère au français une manière d'exotisme qui, pour beaucoup d'étrangers, est un des éléments de sa séduction. C'est cette même singularité qui contribue à rendre moins facile au francophone la prononciation de certains sons étrangers, ainsi qu'on vient d'en voir plusieurs illustrations. Il est important, pour fonder l'apprentissage bilingue sur une claire conscience des différences, d'interroger un moment les sources historiques de cette spécificité.

Les peuples germaniques et la Romania occidentale

L'origine des écarts entre les langues romanes d'Europe occidentale, en particulier quant à leurs systèmes phonétiques, devient claire dès lors que l'on connaît les mouvements de populations qui les ont façonnées. L'incidence linguistique de ces événements peut être mise en évidence par une comparaison des trois cas principaux, ceux de l'Italie, de la péninsule Ibérique et de la France (Petit 1992).

Les Germains et leurs langues en Italie
et dans la péninsule Ibérique

L'Italie fut soumise, après l'invasion et le sac de Rome par les Wisigoths en 410, à la domination de ce peuple germanique. Mais dès 418, les Wisigoths quittent la péninsule et partent s'établir en Aquitaine et en Gascogne, fondant en 419 le royaume de Tolosa (Toulouse), où leur présence durera moins d'un siècle. Cependant, en Italie centrale, ils avaient été relayés par les Ostrogoths, dont le chef, Theodoric, proclamé roi en 493, était parvenu à édifier un État prospère et brillant. Celui-ci fut cependant détruit dès 562 sous les coups de Narsès et d'un autre général byzantin, soutien et rival de l'empereur Justinien Ier, qui préférait le tenir éloigné de Constantinople, c'est-à-dire Belisaire, vieil adversaire des Ostrogoths. Ainsi éliminés politiquement, ces derniers finirent par se dissoudre dans la population italique. Leur domination n'avait duré qu'un peu plus d'un siècle. Un autre peuple germanique, appartenant au domaine oriental, les Lombards, vient occuper, à partir de 568, l'Italie du Nord, puis du Centre. Mais en 774, le royaume lombard et Pavie, sa capitale, seront incorporés aux possessions de Charlemagne, donc à l'ensemble dominé par les Francs. De ce rappel, rapide et simplifié, d'événements complexes, on peut conclure, pour ce qui intéresse notre propos, qu'en Italie, les apports germaniques à la culture et à la langue latine héritées de Rome furent discontinus, relativement brefs, et qu'ils ne se regroupèrent pas autour d'une unique et longue domination. Ils sont donc fort différents de ce que nous verrons plus bas pour la France.

La situation dans l'autre péninsule, à l'extrême sud-ouest de l'Europe, est comparable à celle de l'Italie. Deux peuples germaniques, les Suèves et les Vandales, ainsi qu'une communauté venue de la région de la Caspienne, les Alains, franchissent le Rhin en 406 et, après avoir traversé la Gaule, atteignent l'Espagne en 409. Ils s'y installent, les premiers en Galice, les deuxièmes en Andalousie et les troisièmes en Lusitanie (Portugal). Impuissante à contenir ces invasions, mais soucieuse de préserver du moins une apparence d'autorité, Rome attribue à ces territoires le statut de régions fédérées, qui perd toute signification après le désastre de 410 (cf. supra), et davantage encore lorsqu'au début du VIᵉ siècle, les Wisigoths eux-mêmes, chassés d'Aquitaine par les Francs, se replient en Catalogne, puis vers le sud et l'ouest de la péninsule Ibérique, où ils vont donc supplanter les Vandales, les Suèves et les Alains. Mais la domination wisigothe ne durera que deux siècles environ : en 711, l'État et sa capitale, Tolède, s'effondrent avec leur roi Roderick, sous les coups des troupes arabes remontées d'Afrique par les colonnes d'Hercule, qui s'appelleront désormais détroit de Gibraltar, du nom (déformé) du chef vainqueur, Tariq. Ainsi prend fin la présence germanique en Espagne et au Portugal. On peut voir qu'ici encore, même si la période wisigothe est un peu plus longue, l'influence des cultures et des langues germaniques en péninsule Ibérique ne présente ni unité, ni continuité, et qu'elle se caractérise par sa dispersion.

L'exception française

En Gaule, les événements furent tout à l'opposé. L'influence franque, du point de vue linguistique, est à la fois plus ancienne, plus massive, et surtout beaucoup plus continue que celle des autres peuples germaniques qui occupèrent la Romania occidentale. Dès la seconde moitié du IIᵉ siècle, un grand nombre de paysans propriétaires, dans le nord de la Gaule, abandonnaient leurs terres, du fait de l'insécurité qui régnait déjà aux marches de l'empire. Une partie importante des soldats francs enrôlés en masse, comme mercenaires, dans l'armée romaine, profitèrent alors du droit, accordé par Rome, de cultiver, en adoptant un mode de vie sédentaire, les champs ainsi devenus disponibles, ce qui mit très tôt les Francs au contact de la civilisation gallo-romaine, c'est-à-dire des Celtes romanisés et des Romains. À cette époque s'est probablement maintenue quelque temps une forme de trilinguisme, chez de nombreux individus qui pratiquaient, selon les circonstances, soit le gaulois, soit le latin, soit le franc.

Ainsi, l'empire romain noua dès une période ancienne une relation plus complexe avec les Francs, tantôt ses adversaires en révolte, tantôt ses alliés, qu'avec les autres peuples germaniques. À plusieurs reprises, il fut contraint de négocier. Certes, la fin du IIe siècle avait coïncidé à peu près avec la dernière dynastie solide, celle des sept Antonins, sous lesquels régna une relative prospérité, accompagnée d'un accroissement de l'importance économique des provinces orientales, d'où se répandaient à Rome de nouveaux cultes religieux. Il est vrai aussi qu'en 274 aura lieu une restauration, éphémère, de l'unité par Aurélien. Mais à partir du début du IIIe siècle, sinon avant, l'empire romain n'est plus en mesure d'imposer sa loi, comme il l'avait fait pendant près de deux cents ans face aux peuples soumis par ses armes. En 251, une victoire des Francs alliés aux Goths repousse les Romains en deçà de la rive gauche du Rhin. À la fin du IIIe siècle, Dioclétien est contraint d'instaurer la tétrarchie, système conçu comme un moindre mal pour conjurer le péril d'éclatement d'un empire devenu trop vaste, sans compter que les luttes entre factions rivales et la multiplication des capitales impériales avaient précipité sa dislocation. Au début du Ve siècle, le territoire qui nous intéresse ici ne constitue plus qu'une moitié des anciennes possessions de Rome : l'empire romain d'Occident, exposé à la convoitise des peuples germaniques. En 455, Rome est soumise de nouveau à un pillage, cette fois de la part des Vandales, dont le nom, passé dans le vocabulaire, dit assez quel souvenir ils laissèrent.

Mais alors que les Vandales ne font que « passer », certes en mettant allégrement tout à sac, les Francs s'installent. Rome n'avait pu contenir leur déferlement en Gaule à partir du début du IVᵉ siècle. Au milieu du Vᵉ siècle, les Francs Saliens, qui s'étaient établis dans le Brabant (après s'être séparés des Francs Ripuaires, fixés, comme leur nom l'indique, sur les rives du Rhin), pénètrent dans la Gaule tout entière et s'y implantent définitivement, fondant une monarchie. Clovis, leur roi depuis 481, bat Syagrius à Soissons en 486, chassant ainsi les Romains jusqu'au sud de la Loire. Poursuivant ses conquêtes, Clovis non seulement soumet les Burgondes, dont le territoire s'étendait de la Bourgogne à la vallée de la Durance, mais en outre défait à Vouillé, en 507, le roi des Wisigoths Alaric, ce qui lui assure la domination de l'Aquitaine et de la Gascogne. En 510, les cités armoricaines reconnaissent son autorité. Ainsi, à sa mort, en 511, la quasi-totalité de la Gaule appartient au royaume franc.

Les conséquences linguistiques

Le latin en Septimanie

Je viens de rappeler des faits historiques bien connus. Un exemple suffira pour apercevoir combien ces apparents détails sont ici nécessaires. La seule partie importante de la Gaule qui demeura étrangère à l'emprise des Francs fut, comme le sait tout écolier apprenant sa leçon d'histoire, la Septimanie, soit, entre Rhône et Pyrénées, le littoral du midi, où se trouvaient, dans les Cévennes et surtout en Provence, de nombreuses villes anciennes et importantes. Ce qu'il sait moins si l'on n'attire pas son attention sur cette conséquence linguistique essentielle, c'est que le latin qui s'y parlait fut beaucoup moins germanisé que celui du reste de la Gaule. En effet, non seulement la Septimanie ne fut annexée au royaume franc que dans la seconde moitié du VIIIᵉ siècle, ce qui la maintint hors de son influence pendant fort longtemps, mais en outre, elle appartenait à la région la plus profondément romanisée de la Gaule : les Romains y étaient déjà installés plus de soixante ans avant l'arrivée de César en 58 avant J.-C. ; ils y avaient fondé, en 123 avant J.-C., après la conquête due à Sextius Calvinus (dont le nom fut donné à la ville d'Aix, *Aquae Sextiae* « Eaux de Sextius »), la Province narbonnaise, qui correspondait, pour une large part, aux territoires de la Provence, du Languedoc et de la Savoie (cf. Arondel *et al.*, 1966). Il est bien connu que le nom même du Languedoc est celui de l'idiome méridional où « oui » se disait *(h)oc*. Mais l'écolier français acquerra mieux la conscience des différences si on lui enseigne cette étymologie en l'insérant dans un cadre plus général, c'est-à-dire en insistant sur une divergence : tandis que cette histoire de la Narbonnaise puis de la Septimanie devait maintenir nettement plus proches du latin les formes de l'occitan (provençal, languedocien et gascon), la langue du reste de la Gaule,« langue d'oil », allait s'individualiser de plus en plus fortement sous l'influence germanique.

Le latin en Gaule franque

• De la celticisation à la germanisation

Ainsi, la germanisation du latin de Gaule, beaucoup plus profonde que celle du latin d'Italie et d'Ibérie, est liée à l'occupation franque, plus ancienne et tout à fait continue, que l'on vient de rappeler ci-dessus. Cette Gaule où le latin avait supplanté les parlers locaux sans que s'effaçât tout à fait l'influence de ce substrat celtique, cette Gaule où vient ensuite se greffer l'apport germanique, est donc un territoire linguistique assez particulier. Le latin ne pouvait y connaître qu'un développement spécifique. La situation est adéquatement résumée par la formule simple et claire de G. Paris (1868), selon laquelle le français est le résultat de « l'histoire de la langue latine sur notre sol ». On suppose, au reste, que les Francs conservèrent l'usage de leur langue en même temps qu'ils utilisaient la forme de latin propre à la Gaule, ce qui signifie qu'ils furent probablement bilingues jusqu'au milieu du IXᵉ siècle, bien que leur prononciation, au moins en ce qui concerne l'aristocratie militaire, demeurât étrangère, selon l'hypothèse de W. von Wartburg, qui écrit :

> « Les chefs francs apprenaient tant bien que mal le vocabulaire, la morphologie, la syntaxe du latin, mais ils le parlaient avec un accent tout à fait germanique » (1934).

Il n'empêche que le prestige de la culture latine eut raison de ce particularisme, et que les Francs finirent par être latinisés. Mais symétriquement, le latin des populations gauloises qui, avant d'être romanisées, ne parlaient pas toutes la même variété de gaulois si l'on en croit César et après lui Strabon (Chaunu 1982) devait, au moins initialement, dénoter quelques traces d'« accent gaulois ». Il n'en demeure pas moins que la germanisation fut forte, et que la variante franque du germanique en fut le seul levier important, puisque l'occupation burgonde aussi bien que wisigothe en Gaule fut à la fois partielle et beaucoup moins durable. Si, enfin, l'on se souvient qu'aucune population germanique ne domina aussi longtemps d'autres régions de la Romania, il apparaît que le mot fameux du linguiste M. Müller, selon lequel les langues romanes sont du latin parlé par des Germains s'applique bien davantage au français qu'à l'espagnol, à l'italien, au portugais, à l'occitan, au catalan, et surtout au roumain, où les apports furent, notamment, slaves, et non germaniques.

• Ancienneté des emprunts lexicaux à la langue franque

Avant d'examiner les conséquences phonétiques de cette germanisation, il convient d'en rappeler un aspect lexical. Près de quatre cents mots germaniques furent introduits dans le latin des Gallo-Romains dès la fin du IIᵉ siècle après J.-C., soit plus de cent ans avant le déferlement des Francs en Gaule (cf. ci-dessus). Un grand nombre de ces mots ont disparu, mais d'autres sont toujours bien attestés en français contemporain (cf. Guinet 1982). Les uns appartiennent au domaine des couleurs, comme *blanc, bleu, blond, brun, gris*, les autres à celui de la mer, comme *écume* et *flot*, d'autres à ceux de la guerre et de la chevalerie, comme *convoi, crosse, épargner, éperon, fief, flèche, fournir, gagner, garder, guerre, guetter, hache, haïr, haranguer, honnir, honte, maréchal, orgueil, souiller, trêve*, d'autres, enfin, à la vie agricole, artisanale et domestique, comme *banc, bâtir, blé, bois, broder, bûche, caille, choisir, crèche, danser, déchirer, fauteuil, feutre, fourrage, gai, grappe, guérir, haie, hameau, hanche, héberger, hêtre, houe, houx, jardin, louche, maçon, marais, mésange, râper, regarder, souhaiter, téter, trépigner*. On trouve même dans ce contingent des adverbes tout à fait courants, comme *guère* et *trop*.

Une autre influence franque ancienne est perceptible dans les toponymes. Sur la foi de nombreuses paires, on peut discerner les zones germanisées très tôt. En effet, selon qu'il s'agit de régions où l'implantation franque remonte au IIᵉ siècle avant J.-C., généralement situées au nord, ou de régions du sud, on trouve la structure adjectif + nom, typique des langues germaniques, ou la structure nom + adjectif, possible en latin et retenue en français lorsqu'il s'agit d'adjectifs de caractérisation objective : *Longueville* s'oppose à *Villelongue*, et *Neufchâteau* à

Châteauneuf, pour ne citer que ces exemples (Rostaing 1969).

Ainsi, l'étroite relation que les Francs entretinrent avec la population gallo-romaine dès une époque fort ancienne contribua à façonner ce profil si particulier du français qui semble rendre plus difficile aux francophones l'apprentissage des langues étrangères. Mais précisément, je soutiens que la reconnaissance lucide de cette particularité devrait au contraire, en fixant clairement les traits de chaque langue, favoriser l'éducation bilingue. Or les ancêtres des Français ont eu très tôt le sentiment du caractère spécifique de leur idiome, comme il va apparaître dans ce qui suit.

Les Français et la prise de conscience de l'altérité

*Le Synode de Tours, les Serments de Strasbourg
et la désignation du français*

Il n'est pas exact que les langues romanes, comme on le dit parfois un peu vite, aient pris le relais du latin après sa mort. Le latin, loin de mourir à la suite des invasions germaniques, connut alors, au contraire, un développement considérable. Il convient, en effet, de ne pas confondre le latin littéraire et le latin dit vulgaire. Le premier était maintenu par les lettrés dans un état d'isolement protecteur, sinon de séclusion, à l'égard des variantes parlées : dans la seconde moitié du VIe siècle, Grégoire de Tours écrit un latin fort différent, certes, de la manière classique d'un Tite-Live, mais néanmoins étranger à tout usage oral. Le latin vulgaire, quant à lui, évoluait, tout à fait vivant, vers de nouvelles langues, selon une trajectoire étendue sur plusieurs siècles. H. Schuchardt n'avait donc pas tort lorsqu'il reprochait (1866-1868) à É. Littré (1862) de considérer comme deux

phénomènes corrélatifs l'extinction du latin et la naissance des langues romanes. Mais de tous ces idiomes en
gestation entre le Ve et le IXe siècle, l'un surtout, celui de la
Gaule, commence à se singulariser de plus en plus par
rapport à la forme classique du latin.

Et précisément, le français semble bien être la première langue néo-latine dont l'aspect particulier ait été
perçu, par les plus cultivés, comme celui d'un rameau
résolument différent, à la fois du tronc et des autres
rameaux. Cette perception ne fut pas aussi aiguë ni aussi
précoce pour les formes anciennes de l'italien et de l'espagnol, à raison même de leur ressemblance beaucoup plus
grande, à l'oreille, avec le latin. Pour l'italien, par exemple,
ce n'est qu'en 923 qu'un poème où est célébré le couronnement de Bérenger Ier observe que le peuple exprimait sa
liesse *nativa voce* « en langue vernaculaire », donc perçue
comme n'étant plus du latin ; en 999, l'épitaphe de Grégoire V note qu'il parlait trois langues : francique (cousin
d'Otton III, il fut à Rome le premier pape germanique),
latin et « vulgaire », c'est-à-dire italien. Ces dates de premières attestations sont beaucoup plus tardives que celles
qui sont connues pour le français.

Il n'est pas question de prendre ici parti dans le
débat, alimenté de nombreux travaux (notamment, Lot
1931, Wolff 1970, Banniard 1992), qui vise à déterminer
l'époque à laquelle on a cessé de parler le latin en Gaule.
Il importe simplement de rappeler que dans la Gaule du
Nord, c'est dès 813, au Synode de Tours, que les évêques
décident de renoncer, dans les homélies, au latin, même
dépouillé de tous ornements littéraires, car les fidèles ne
le comprennent plus ; le texte stipule que « chaque
évêque donnera les exhortations nécessaires à l'édification du peuple et qu'il s'appliquera à les " faire passer "
(transferre) en langue romane rustique, ou en tudesque,
afin que tout le monde puisse plus facilement comprendre ce qui y est dit » ([...] *in rusticam Romanam lin-
guam, aut Thiotiscam, quo facilius cuncti possint intelle-*

gere quae dicuntur); or il faut garder en mémoire que *transferre* ne signifiait pas simplement « traduire », mais « convertir *par écrit* en une autre langue ». Par conséquent, si cette première forme historique du français est reconnue comme langue à part entière, c'est selon le critère qui, pour les lettrés d'alors, définit une langue, à savoir l'accession à l'écriture : symbole du pouvoir, elle était exclusivement réservée, jusque-là, au latin. Demander cette « transla-tion » en langue romane vulgaire, c'est donc reconnaître qu'une nouvelle langue est apparue (Cerquiglini 1991).

Il ne s'étend qu'une période de vingt-neuf ans entre ce synode et la date à laquelle apparaît le tout premier écrit qui nous soit conservé de la langue française, et qui fonde son existence en même temps que celle du royaume où elle est parlée par la masse de la population. Il s'agit des célèbres Serments de Strasbourg, qui scellent, en 842, l'alliance entre deux chefs : Charles le Chauve, roi de la partie occidentale, « francophone », de l'ancien empire de Charlemagne, et son frère Louis le Germanique, roi de la partie orientale, « germanophone ». Ainsi, dès la première moitié du IXe siècle, un acte pose les fondements de l'Europe de l'Ouest jusqu'à nos jours (en attendant que l'Union européenne restaure une forme d'association comparable à l'empire de Charlemagne, dont cette décision de ses petits-fils et, un an plus tard, le Traité de Verdun, consacraient la disparition ?) ; et par cet acte sont reconnues, en même temps, les premières formes écrites de deux des principales langues : le tudesque, ancêtre de l'allemand, et la langue romane, ancêtre du français, seule de sa famille à être désignée, avec le tudesque, comme langue de plein droit.

Glorieuse inhumation du latin,
irrésistible percée de l'altérité française

D'une manière paradoxale en apparence et logique en réalité, ce fut précisément la promotion du latin qui favorisa l'émancipation du français. Dès le couronnement impérial de l'an 800, la réforme carolingienne, en restaurant les études latines par le biais d'une véritable politique linguistique, rendait possible le retour à la forme classique du latin, et aux anciens auteurs de sa période faste, non sans dessein de pouvoir, car il s'agissait aussi pour Charlemagne de fixer un code écrit d'administration, propre à affirmer son autorité sur toute l'étendue de ses territoires. Or une telle restauration du latin eut pour effet de creuser davantage encore l'écart entre cette langue littéraire fort éloignée de l'usage vivant et l'idiome que parlaient les masses. Celui-ci impose son altérité à ceux, minoritaires, qui ne le parlaient pas, notamment la cour de l'empereur, lequel s'intéressait fort à sa langue germanique, mais guère au jargon roman des parties occidentales de son empire. D'autres, en revanche, sont tout à fait conscients de cette altérité : les clercs, qui n'appartiennent pas à l'aristocratie carolingienne, étant, en fait, souvent issus des masses. Ils sont donc bilingues, ajoutant la connaissance du latin à celle de la langue vulgaire, leur idiome maternel. Or ces clercs sont justement ceux qui ont pour ministère de faire entendre à tous le message des évangiles. Ils jouent donc un rôle essentiel dans cette aventure intellectuelle par laquelle les populations de la Gaule découvrent la singularité de leur idiome face au latin et à ses autres héritiers.

Ainsi l'altérité du français au sein des langues romanes, telle qu'elle s'est façonnée à la suite de circonstances historiques particulières, a fait très tôt l'objet d'une prise de conscience.

Cette dernière doit aiguiser chez le francophone la curiosité des autres langues, et faciliter leur apprentissage rationnel, et surtout précoce. Je voudrais examiner, pour finir, deux points particuliers sur lesquels se manifeste la singularité française.

Les Français et le h

C'est dans le domaine de la prononciation que la germanisation du latin de Gaule à la suite de la très longue présence franque a produit les effets les plus décisifs et isolé le plus nettement la langue française des autres idiomes romans. Pour commencer par un paradoxe, le français, dans un de ses états anciens, contenait un son qui se trouve précisément être un des plus difficiles à prononcer pour les francophones lorsqu'ils apprennent une langue étrangère où ce son est présent ! Il s'agit du *h*, que l'enseignement traditionnel appelle « aspiré », désignation erronée, qui induit parfois les francophones voulant étudier l'allemand, par exemple, à s'imposer, sans résultat audible ou identifiable, mais non sans risque de suffocation, l'effort laborieux d'un geste d'aspiration. Or le *h* n'est pas aspiré, mais expiré, comme le sont toutes les consonnes des langues du monde, à l'exception de celles que l'on appelle claquantes et qui ne se rencontrent que dans certaines langues des zones australes, comme le hottentot (dialecte nama) de Namibie ou le zoulou de République sud-africaine. Le *h* appartenait bien à l'inventaire des consonnes de la langue franque, tout comme il figure dans les langues germaniques modernes, de l'anglais au suédois en passant par le néerlandais et l'allemand. Les mots francs commençant par un *h*- et introduits en Gaule étaient probablement prononcés avec cette consonne par les Gallo-Romains, mais faiblement, car plus d'un siècle et demi avant la conquête de la Gaule par Rome, soit à l'époque de Plaute, le latin avait perdu son propre *h* (Niedermann 1959), ne faisant plus que le noter dans l'écriture. On sait, au reste, que, dans la continuité du latin, la plupart des langues néo-latines ne possèdent pas de *h* dans leur prononciation ; on n'en rencontre que dans quelques cas rares, notamment en roumain, situé beaucoup plus loin à l'est du domaine, et en gascon, surtout dans sa forme béarnaise ; l'espagnol ne fait pas entendre le *h-* des mots comme *hombre* « homme » ou *huevo* « œuf ».

Le *h* des mots d'origine franque empruntés en latin de Gaule à partir du IIIe siècle s'est maintenu dans la prononciation du français jusqu'au début du XIIIe, époque à laquelle il a commencé à disparaître. Il est intéressant de noter que le français en conserve une trace, puisque devant les mots d'origine germanique où ce *h* initial se prononçait encore au XIe siècle, l'article n'est pas élidé, et le son final *z*, dit « liaison », des mots comme *ils, les, des, ces, aux, grands, beaux*, etc., quand l'élément qui les suit commence par une voyelle, ne se prononce pas, si du moins l'on s'en tient à la norme : on dit *la honte*, et pour *les hameaux*, la prononciation n'est pas [lezamo] ; au contraire, dans les mots d'origine latine, le *h* que conserve la graphie a disparu de la prononciation au point de n'y laisser aucune trace, puisqu'il n'empêche ni l'élision, ni la liaison : on dit *l'honneur* ; et *les hommes, ils honorent* se réalisent, respectivement, [lezɔm], [ilzonɔʀ]. Les Anglais ne prononcent pas davantage que les Français jusqu'au XIIIe siècle le *h* des mots reçus du latin, tels que *heir, honest, hour*, etc. alors que le *h* est bien présent dans les mots du fonds germanique comme *have* (dans sa forme forte), *house, high*, etc.

Ainsi, bien que le *h* ait disparu du français, les traces qu'il y a laissées, de même que la connaissance d'un passé où il était prononcé (légèrement, il est vrai) devraient aider les francophones à l'articuler lorsqu'ils apprennent une des nombreuses langues qui le possèdent. Si la singularité du français est une des sources de sa séduction, rien en elle n'interdit de déployer les portes du bilinguisme.

Les Français et l'accent tonique

L'accentuation des syllabes finales en français

Le phénomène que le public appelle l'accent tonique et qui, chez les linguistes, est désigné comme l'accent tout court, joue un rôle essentiel dans l'histoire des langues. Pour montrer comment il a contribué à façonner le profil sonore très particulier du français, il faut rappeler la façon dont avait évolué la syllabe latine dans l'environnement gaulois. Dès le IIe siècle, en latin parlé, une voyelle (dite prosthétique, c'est-à-dire « placée avant »), était apparue à l'initiale des mots commençant par deux consonnes dont la première était *s*. Cette voyelle, un *i-* qui s'ouvrit ensuite en *e-*, avait eu pour effet de transformer les mots tels que *sc(h)ola, scripta, spongia, stella*, respectivement en *isc(h)ola, iscripta, ispongia, istella*, puis *esc(h)ola, escripta, espongia, estella*, formes représentant une phase d'évolution encore attestée, sous des réalisations un peu différentes, en espagnol, en catalan ou en provençal. L'italien, pour sa part, perdait la voyelle prosthétique, et revenait donc, purement et simplement, aux groupes initiaux du latin, *s* + consonne (Petit 1992). Quant au français, il conservait, au contraire, la voyelle prosthétique, mais allait jusqu'à perdre le *s*, ce qui produisait une première syllabe ouverte (= non terminée par une consonne) qui coïncidait avec ladite voyelle, d'où, dans la langue moderne, *école, écrits, éponge, étoile*. Le *s* a également été perdu en français lorsque le groupe *s* + consonne se trouvait entre deux voyelles, par exemple dans les descendants des mots latins *castigare, hospitalem* (sens latin = « hospitalier » ; pour les noms et adjectifs, l'accusatif est ici donné comme étymon), *hostem* (sens latin = « étranger, ennemi »), *pastam, piscari,* à savoir, respectivement, *châtier, hôpital, hôte, pâte, pêcher.* Il est bien connu que, comme on le voit ici, la chute du *s* fut compensée par un allongement de la voyelle précédente, que note encore l'orthographe sous la forme d'un accent circonflexe, mais qui a disparu de la prononciation, sauf chez les francophones (moins nombreux en France qu'au Québec ou en Suisse romande) qui font encore entendre une voyelle longue, artificiellement restaurée chez certains sous l'influence de l'écriture. Les syllabes non fermées par une consonne, et dont la multiplication est la conséquence de la chute du *s,* sont par exemple, dans les mots ci-dessus, le *châ-* de *châtier* ou le *hô-* de *hôpital.*

Cette tendance aux syllabes ouvertes s'était manifestée très tôt, puisque s'amorçait dès le bas-latin la simplification des consonnes doubles, que l'orthographe française, savante et fidèle à l'étymologie, a pourtant conservées (ainsi dans *additionner, alléger, apparaître, assister, atténuer*), conduisant même certains lettrés guidés par la graphie plus que par l'écoute de l'usage vivant, à restituer la réduplication dans des mots à la mode, comme *colloque* ou *corruption.* Ces résurgences sporadiques ne changent rien à la forte pression qui, conduisant à l'ouverture des syllabes, avait finalement eu raison, au XVe siècle, d'une marque distinctive très importante, pourtant : le *-s* qui signalait le pluriel dans les noms et la deuxième personne du singulier dans les verbes, d'où *tables* et *(tu) chantes,* par exemple, prononcés comme *table* et *(je) chante.* Le tropisme d'ouverture syllabique, qui a produit ces graves conséquences historiques, est également une des causes de l'allergie aux groupes consonantiques compacts, qui, chez les francophones, peut constituer, si on ne la prévient par une éducation bilingue précoce, une source de difficultés dans l'apprentissage de l'allemand ou du russe.

La raison principale de cette orientation résolue vers les syllabes ouvertes est qu'aux tendances du bas-latin s'était ajoutée dès le IIIe siècle la pression de la langue franque. L'accent initial des idiomes germaniques s'exerça, certes, sur l'ensemble de la Romania occidentale. Mais en Gaule, où l'on a vu ce que fut la présence franque, ses effets furent plus puissants. Certes, il ne s'agissait pas d'une nouveauté radicale, et l'on doit rappeler avec G. Paris (1862) que « l'accent [tonique — CH] latin persiste dans la langue française, c'est-à-dire que la syllabe des mots français sur laquelle porte l'accent principal, autrement dit la dernière syllabe sonore, est la même que celle qui a l'aigu en latin ». Si donc l'accent du germanique produit un effet particulier, c'est non par la position de la syllabe sur laquelle il agit, mais par l'intensité de cette action. La conséquence en est la disparition des voyelles non accentuées, lesquelles appartenaient à la syllabe finale, située immédiatement après celle que G. Paris appelle « la dernière syllabe sonore ». Cette disparition entraîne la généralisation de l'accent sur ladite syllabe, devenue nécessairement finale. Ainsi, les deux facteurs que sont les tendances du bas-latin d'une part, et d'autre part l'intensité de l'accent germanique s'associent pour aboutir non seulement à l'élimination des désinences, c'est-à-dire des marques finales de l'identité des verbes et des noms, mais encore à un fait qui caractérisera le français jusqu'à nos jours : l'installation de l'accent final de mot à l'exclusion de tout autre accent.

Cette caractéristique différencie fortement le français d'un très grand nombre d'idiomes, et notamment des langues néo-latines, qui lui demeurent, néanmoins, assez étroitement apparentées pour que l'acquisition d'une compétence passive en soit facilitée, mais plus à l'écrit qu'à l'oral. En effet, les mots français sont tous oxytons (= à accent sur la dernière syllabe) : aucun francophone ne dit *chápeau* ou *doûteux*, avec accent de hauteur et d'intensité sur la première syllabe, ou allongement de sa voyelle, et prononciation estompée (plus basse, plus faible ou plus brève) de la seconde syllabe. Or les langues néo-latines font partie des innombrables idiomes du monde entier dans lesquels ce type d'accent est tout à fait courant. Le français, où l'accent ne frappe jamais d'autre position que la finale de mot, possède donc un profil très singulier. Ainsi, le latin *terminat* a donné en espagnol et en italien *termina*, c'est-à-dire, dans chacune de ces langues, un mot de trois syllabes, accentué sur la deuxième, et dans lequel le *a* de la troisième, bien que non accentué, est parfaitement audible. En revanche, le correspondant français, *(il) termine*, est un mot de deux syllabes accentué sur la seconde ; on appelle donc « muet » le *e* final, écrit mais non prononcé, de tous les mots de ce type, parmi lesquels la masse énorme des noms féminins. Certes, il est vrai que cette prononciation, norme française fondée sur l'usage du nord de la France, n'est pas celle des méridionaux, qui font clairement entendre le *e* final de *belle, boule, livre, (il) ramène, table*, et accentuent la syllabe qui le précède. Cette fidélité au latin est tout à fait explicable si l'on se souvient que le sud de la Gaule fut beaucoup moins exposé que le nord à l'influence germanique. On notera que la prononciation du *e* final non accentué n'est pas, dans la Romania, une exclusivité du français des Occitans. On la trouve également dans d'autres parties du domaine qui furent, elles aussi, moins germanisées que le nord de la Gaule, en particulier dans certains dialectes italiens, comme ceux de Campanie, de Lucanie, des Pouilles, du nord des Abruzzes, du sud des Marches, et plus sporadiquement, quelques parlers septentrionaux (ligures, piémontais et lombards).

« Véroniqueu, où est ton verreu ? » Une mutation
phonétique du français au XXIe siècle ?

Certains soutiendront peut-être qu'en réalité, même dans le nord de la France, le *e* prétendument muet ne l'est plus autant qu'on le dit. De fait, les oreilles attentives ont probablement perçu un intéressant phénomène. Depuis une quinzaine (ou serait-ce une vingtaine ?) d'années, un grand nombre de francophones de France font claire-ment entendre, c'est-à-dire démutisent, le *e* « muet » de *verre, ministre, manque, mince, trouble, Véronique*, etc. Or c'est justement, comme on vient de le voir, la chute de ce *e*, issu de diverses voyelles latines dont -*a*, qui a induit en français la généralisation de l'oxytonie. Est-ce à dire que ces locuteurs sont en train de créer les conditions d'une véritable mutation par résurgence, en abolissant l'accent final systématique qui est propre au français ? S'agit-il d'une restauration de l'accentuation latine, telle qu'elle est conservée dans les autres langues romanes, dont l'occitan, ainsi que dans la manière dont les Occitans prononcent le français ?

En fait, il convient de distinguer clairement les situa-tions. Les francophones dont il est question ici ne sont pas des méridionaux, mais au contraire, des habitants du nord de la France pour la plupart. J'avais cru remarquer, quand je perçus pour la première fois cette prononcia-tion, qu'elle était propre à la population féminine d'âge scolaire et universitaire. Mais j'observai bientôt que chez les écoliers et étudiants, on entendait souvent aussi *c'est l'prof de physiqueu*, ou *j'aime bien l'histoireu*, ou *à quoi il rêveu ?* Ce que je note -*eu* est en fait une voyelle plus ouverte encore que celle de *peur*. Parfois même, elle s'ouvre, et se nasalise, jusqu'à ressembler au *an* de *rou-lant*, de sorte que la différence entre *roule* et *roulant* n'est plus très claire. En élargissant l'enquête, on s'aperçoit que le phénomène s'étend à bien d'autres milieux sociaux et professionnels, apparaissant, notamment, chez les employés de bureaux et de magasins, dans le monde des médias, etc. Est-ce assez pour considérer que le français est aux premières étapes d'un changement qui devrait aboutir, en début de troisième millénaire, à restaurer les finales disparues de la prononciation depuis mille cinq cents ans ? En soi, cela n'est pas plus à exclure que ne l'est tout changement dans le monde vivant ou inerte. Mais certaines considérations suggèrent au chercheur de suspendre son jugement. Il apparaît, d'abord, que cette prononciation qui démutise le -e final ne se réalise qu'en fin d'énoncé. Elle n'a donc pas le caractère régulier et systématique d'un phénomène indépendant des positions. D'autre part, ce qui est plus troublant, cette prononciation affecte aussi des mots qui n'ont jamais eu de -e final au cours de leur histoire, ou l'ont perdu depuis longtemps, et que l'orthographe représente comme tels, par exemple *mer, bol, (au) revoir*, et même, parfois, des mots à voyelle finale, comme *merci* chez certaines marchandes ! Comme il semble, enfin, que cette prononciation soit typique d'une classe d'âge que l'on peut, plus ou moins arbitrairement, situer entre douze et trente ans, on en vient à présumer qu'il s'agit, plutôt, d'un trait d'affirmation de groupe, ou de revendication d'une solidarité (Hagège et Haudricourt 1978), dont la pression s'exerce sur les individus et les conduit à modifier, consciemment pour certains sans doute, inconsciemment pour la plupart, leur prononciation.

Ce phénomène ne présente donc pas de traits généralisables et susceptibles de provoquer un changement véritable de la physionomie phonétique du français. On peut le regretter. Car s'il devait, démentant ces prévisions, avoir au contraire un effet décisif, il serait, du même coup, susceptible de rendre plus accessible aux francophones la prononciation des langues où beaucoup de mots sont accentués sur l'avant-dernière syllabe. Encore faudrait-il qu'on les aidât à prendre conscience de cet avantage que leur confère, en vue de devenir bilingues, leur manière de prononcer le français. Pour l'instant, j'ignore si des maîtres de langues étrangères qui l'auraient remarquée l'ont exploitée à des fins pédagogiques et avec quel succès... Mais quoi qu'il doive advenir de cette apparence d'une mutation, le français demeure pour l'essentiel une langue à accent final.

Singularité du profil accentuel en français

L'érosion des finales latines qui a produit l'amuissement du -e et rendu finale la syllabe précédente est une caractéristique française. Car si cette érosion, en elle-même, n'est pas inconnue des autres langues romanes, elle n'y a été que partielle, et elle a laissé subsister de très nombreux mots accentués soit sur l'avant-dernière syllabe (paroxytons), soit sur l'antépénultième (proparoxytons), tous schèmes syllabiques directement hérités du latin. Quant aux langues occidentales non issues du latin, comme l'allemand, l'anglais, le néerlandais ou le suédois, elles ont emprunté des paroxytons et des proparoxytons latins, ainsi, du reste, que des oxytons français. Cela leur a donné, comme à l'italien ou à l'espagnol, un profil de langues à accent mobile, c'est-à-dire frappant, selon les mots, une syllabe ou une autre, ce qui en fait, pour des oreilles d'adulte francophone unilingue, des idiomes assez curieux.

On peut en dire autant de ceux où l'accent, bien que fixe comme en français, affecte non pas la dernière syllabe, mais une autre : soit l'avant-dernière (polonais, par exemple), soit la première (tchèque et hongrois, notamment). Bénéficient, au contraire, d'une circonstance favorable lorsqu'ils veulent apprendre à prononcer les mots français, les usagers de langues contenant des oxytons parmi leurs schèmes syllabiques : espagnol, italien, portugais, catalan, allemand, anglais, suédois, russe, grec, pour ne citer que certaines langues européennes. La difficulté que présentent pour les francophones les mots paroxytons et proparoxytons des langues à accent mobile se double d'une autre, corollaire, qui concerne les groupes de mots. Car le francophone accentue systématiquement non seulement la dernière syllabe de tout mot de plus d'une syllabe, mais aussi la dernière syllabe d'un groupe de mots grammaticalement solidaires ; il prononce donc *un bon étudiant* ou *le joli mois d'avril* avec un accent sur *-diánt* et sur *-vríl*, et il distingue par l'accent de groupe deux phrases identiques par leurs sons, par exemple *il sort de la vie comme un vieillard en sort* et *il sort de la vie comme un vieil hareng saur*, accentuées, respectivement, sur *-árd* et sur *sáur*. Au contraire, on ne trouve pas d'accent de groupe, et chaque mot d'un ensemble cohérent conserve son accent propre, dans des langues comme l'italien : *una buona strada* « une bonne route », l'espagnol : *un problema dificil*, l'allemand : *ein günstiges Urteil* « un jugement favorable ». En tout état de cause, qu'il s'agisse de mots ou de groupes de mots, l'accentuation finale est une caractéristique française. Il peut arriver, si elle est appliquée par un francophone à une langue étrangère, qu'elle fasse obstacle à la communication. L'étudiant germaniste de Paris qui est sûr de n'avoir commis aucune faute de langue en demandant dans un magasin d'alimentation, en Allemagne, *ich* (« je ») *möchte* (« voudrais ») *Bananen* (« des bananes ») *haben* (« avoir »), et qui ne comprend pas l'air de douloureuse stupeur, les gestes d'impuissance et les questions du marchand, doit savoir qu'il ne suffit pas de respecter les règles de la grammaire et de prononcer à peu près correctement chaque son ; il faut encore que les accents soient à leur place : ici *Banánen háben* et non *Bananén habén* (cf. Petit 1992, 197-198) ; car comme l'enseigne A. Martinet

(1960), « un mot mal accentué n'est pas compris, même si les phonèmes qui le composent sont prononcés à la perfection ». Pour décoder une phrase, les auditeurs procèdent, à une première étape, par repérage des sommets accentuels, et l'articulation correcte des consonnes et des voyelles, si elle ne s'accompagne pas d'un placement adéquat de l'accent, est souvent impuissante à assurer la compréhension. Ce principe doit être enseigné très tôt et très fermement lors de l'apprentissage bilingue.

Enfin, il est utile, pour créer les conditions d'une réelle efficacité de cet apprentissage, d'avoir examiné des sonagrammes. Il s'agit des graphiques obtenus par le sonagraphe, appareil électronique d'enregistrement des sons sur bandes magnétiques, qui fournit le profil acoustique de chacun d'eux en inscrivant les fréquences en abscisse et les temps en ordonnée. Or en étudiant des sonagrammes d'énoncés français, on constate que la partie correspondant à la dernière syllabe présente un profil de répartition des hautes et des basses fréquences qui reflète la coïncidence entre l'accentuation et l'intonation finale. Ce type de galbe fréquentiel n'est pas inconnu des autres langues occidentales, mais il y est nettement plus rare qu'en français. Cela s'explique par le fait que dans ces langues, l'accent est fréquemment séparé de l'intonation terminale par plusieurs syllabes : l'intonation affirmative (souvent par descente mélodique de la voix) ou interrogative (souvent par montée de la voix) s'amorce sur la syllabe accentuée et s'achève avec la dernière syllabe de l'énoncé. Les francophones, faute d'être habitués à entendre ce profil acoustique dans leur langue, auront quelque difficulté à le percevoir dans les autres, si l'on n'a pas accoutumé très tôt leur oreille à y être sensible.

Certes la réputation de noble élégance dont jouit la langue française auprès de beaucoup d'étrangers cultivés n'est pas sans relation avec l'effet singulier produit par cette restructuration systématique des schèmes syllabiques latins, jointe à la prononciation très claire des voyelles, à la réduction des groupes consonantiques et, corollairement, à la généralisation des syllabes ouvertes. Cela dit, si ces traits composent un ensemble dont la cohérence, et l'esthétique toute classique, sont certaines, il est indispensable que l'apprenti bilingue prenne conscience de leur existence lorsqu'il commence d'apprendre une langue qui en est dépourvue. Certes on pourrait faire valoir qu'il ne s'agit ici que de sons, pur revêtement matériel. En réalité, le système phonologique, s'il n'est pas l'entier d'une langue, est ce qui apparaît avant tout le reste dès lors qu'elle est apprise dans sa réalité vivante, et qu'on ne se contente pas d'en lire les reflets écrits. Car c'est alors sur ce terreau de sonorités que viennent s'ajuster l'apprentissage de la grammaire et du lexique. Un grand nombre de Français candidats au bilinguisme risquent d'être découragés de s'engager plus avant quand il leur paraît trop difficile de dominer dès la première étape un ensemble impressionnant de sons rebelles. Face à cette situation, certains spécialistes dressent un constat assez pessimiste. Ainsi, J. Petit écrit (1992, 196) :

« La position finale invariable de l'accent tonique français, son caractère peu accusé et son évanescence dans le groupe et l'énoncé constituent un conditionnement mutilant et font du francophone monolingue une sorte d'infirme psycho-moteur pour l'acquisition de la prosodie des autres langues européennes. »

Il note encore que

« le francophone ne serait avantagé que pour l'acquisition d'une langue à accent fixe et oxytonique. Mais il s'agit malheureusement d'une option qu'il est le seul à avoir prise en Europe ! » *(ibid.)*.

Cet auteur déclare enfin, plus généralement, que

« la base articulatoire hypersingularisée de la francophonie constitue, avec son allergie consonantique et sa rigidité accentuelle, une condition objectivement défavorable pour l'apprentissage d'autres langues européennes » (*ibid.*).

Même en admettant que ce sombre bilan corresponde à la réalité, il ne concerne que l'adulte. Mais l'enfant ? Comment ces obstacles pourraient-ils exister pour lui, qui est encore vierge de toute accoutumance ? C'est lui qui détient ici le secret, comme l'a montré le chapitre I. Il reste que tous les francophones auxquels ne peut s'appliquer, parce qu'ils ne sont plus des enfants, le système d'éducation bilingue précoce recommandé dans le présent livre ont intérêt, pour acquérir une ou des langues étrangères, à prendre une claire conscience des blandices exotiques de la langue française.

CHAPITRE XI

Le précieux concours
des langues régionales

LE DESTIN DES LANGUES RÉGIONALES EN FRANCE

Certains pays possèdent la chance historique de comporter des zones où des langues régionales sont encore en usage. Pour clore cette troisième partie du présent ouvrage, il est donc utile d'examiner le profit que l'on peut tirer de ces langues pour le propos qui nous occupe ici. Après un rappel rapide de l'histoire des langues régionales en France, je montrerai qu'elles ont vocation à servir la cause du multilinguisme.

Barère, Grégoire et les patois

Il serait un peu long d'insister ici sur les relations entre le français et les langues régionales de France durant l'histoire. C'est un thème traité en détail dans d'autres travaux (notamment, Hagège 1987, et 1992 b). Je rappellerai seulement que lorsque l'abbé Grégoire procède, en août 1790, à la première des enquêtes dont la synthèse devait constituer son célèbre Rapport du 16 Prairial an II (4 juin 1794), « sur la nécessité d'anéantir les patois et d'universaliser l'usage de la langue française », les langues régionales, les dialectes et les patois (sur les différences entre ces notions, cf. Hagège 1992b) étaient tout à fait vivants sur l'ensemble du territoire national, ce qui n'empêchait pas le français d'être partout en progrès. Je n'en retiendrai qu'un témoignage, celui du *francimand* (ou *franchimand*). Il s'agit d'un personnage bien connu de la littérature occitane, en particulier théâtrale, des XVIIe et XVIIIe siècles, qui est ridicule parce qu'il affecte de *francimander*, c'est-à-dire de connaître le français. Grégoire note dans son Rapport :

> « Il y a une vingtaine d'années qu'à Périgueux, il était honteux de francimander [...]. L'opinion a tellement changé, que bientôt, sans doute, il sera honteux de s'énoncer autrement [qu'en français] » (cité par Sauzet 1989).

L'abbé Grégoire anticipe un peu, ici, sur une situation de déclin accéléré des langues régionales, qui sera en fait, pour une large part, le résultat des mesures prises par la Convention à la suite de son Rapport, et surtout de l'intervention présentée devant les députés quelques mois plus tôt, le 8 Pluviôse an II (27 janvier 1794), par Barère, au nom du Comité de Salut public. En 1790, le français n'est pas encore l'adversaire redoutable qu'il deviendra quelques années plus tard, quand, la marche de la Révolution précipitant celle de l'histoire, les conventionnels feront de lui seul le socle d'une politique de plus en plus fortement centralisée. Ainsi, l'abbé Fonvielhe, curé du district de Bergerac, note dans sa réponse au questionnaire de Grégoire :

> « Dans les villes, tout ce qu'on appelait le bas peuple parle patois excepté quand il a bu » (cité par Sauzet 1989).

Près de quatre-vingt-dix ans plus tard, l'usage du français sera encore marqué de ce même tabou, dont la transgression ne survient que sous l'effet de l'alcool : F. Mistral, dans son grand dictionnaire provençal-français *Lou tresor dou felibrige* (1878), glose le mot *francés* en notant que *comença de parlar francés* signifie « il est ivre » (Sauzet, *ibid.*).

Le français, langue et symbole de la République

Les esprits, au plus fort de la Révolution, n'étaient guère habités par le souci de préserver la richesse naturelle que constituent les langues régionales. Encore moins imaginait-on le profit que peut en tirer l'enseignement des langues étrangères. Il s'agissait avant tout de répandre le français sur l'ensemble du territoire, comme langue de la République et symbole de son identité. C'est ce que font clairement apparaître les textes de cette époque. Dans l'intervention de Barère, on peut lire (Balibar et Laporte 1974) :

> « La monarchie avait des raisons de ressembler à la tour de Babel ; dans la démocratie, laisser les citoyens ignorants de la langue nationale, incapables de contrôler le pouvoir, c'est trahir la patrie. [...] Le français deviendra la langue universelle, étant la langue des peuples. En attendant, comme il a eu l'honneur de servir à la déclaration des Droits de l'homme, il doit devenir la langue de tous les Français. [...] Chez un peuple libre, la langue doit être une et la même pour tous. »

De même, dans un Rapport présenté au Comité d'Instruction publique le 9 Prairial an II (28 mai 1794) sur « les idiomes et patois répandus dans les différentes contrées de la République », l'abbé Grégoire écrit :

> « C'est surtout l'ignorance de l'idiome national qui tient tant d'individus à une si grande distance de la vérité [...] ; pour extirper tous les préjugés, [...] fondre tous les citoyens dans la masse nationale, [...] il faut identité de langage [...] ; l'unité

d'idiome est une partie intégrante de la Révolution» (cité par Balibar et Laporte 1974).

Le même esprit inspire encore, beaucoup plus tard, le questionnaire que V. Duruy, alors ministre de l'Instruction publique, envoie aux préfets, leur demandant de le faire remplir par les inspecteurs primaires et inspecteurs d'académie (1864). On peut y lire le texte suivant (cité par de Certeau *et al.* 1975) :

> «Idiomes et patois en usage : Existe-t-il des écoles où l'enseignement est encore donné en patois exclusivement ou en partie ? [...] Combien d'enfants ne savent pas encore parler la langue française ? [...] Quelles sont les causes qui s'opposent à une prompte réforme de cet état de choses ?»

L'ENSEIGNEMENT BILINGUE PRÉCOCE ET LA VOCATION DES LANGUES RÉGIONALES

Aptitude multilingue des patoisants

La promotion des langues régionales

Aujourd'hui, comme on sait, la situation est bien différente de ce qu'elle était il y a deux cents ans. Loin de constituer un obstacle à la diffusion du français en France, les langues régionales, immolées par une politique scolaire et culturelle qui ne leur laissait presque aucun espace de survie, sont dans un état fort précaire. Pourtant, dans les régions de France où elles existent encore, elles sont promues par de nombreuses initiatives de défenseurs qui ne se résignent pas à les voir disparaître. Dans les familles, surtout rurales, où les vieilles générations les parlent encore et n'ont pas honte de les transmettre, on a pris conscience d'une vérité : la perte de langue peut produire une perte d'identité, et même, dans des cas extrêmes, avoir de mauvais effets psychologiques.

Mais surtout, dans la perspective du présent livre, il existe en faveur des langues régionales un argument scientifique très clair. C'est, tout simplement, leur utilité pour l'apprentissage des langues étrangères. Avant d'examiner ce point, je voudrais citer deux témoignages qui me paraissent révélateurs.

Exemples de patoisants polyglottes

J'avais rencontré naguère à Prague un diplomate qui m'avait frappé par son aisance en tchèque, une des langues slaves à la morphologie la plus exubérante. Je le retrouvai plus tard à Fribourg-en-Brisgau, et constatai que son allemand était de très bonne qualité. Or il s'agissait d'un natif du Poitou, qui avait, depuis son enfance, vécu dans une situation de diglossie intégrale, ne parlant que le dialecte poitevin de son village en famille, et utilisant le français dans les autres circonstances.

Le second témoignage concerne des missionnaires auxquels on doit d'importants travaux sur les langues de l'ancienne Indochine. L'un, le R.P. Esquirol, était un bilingue occitan-français, l'autre, le R.P. Savina, un bilingue breton-français. Ils ont laissé des descriptions de langues à tons fort difficiles et jamais décrites avant eux (Savina 1916, 1924 ; Esquirol 1931). On peut se demander si leur bilinguisme n'a pas joué un rôle essentiel dans leur aptitude à apprendre ces langues thaï d'Asie du Sud-Est.

Tirer profit de la connaissance des langues régionales

Les parentés linguistiques

Un certain inspecteur d'académie Biron, ayant appris qu'un instituteur avait su convaincre ses élèves corses d'écrire *chant* mais *champ* en leur rappelant que le corse dit *cantu* mais *campu*, rédigea en 1925 une étude sur l'utilité du corse dans l'enseignement (Hagège 1987). De même qu'en cette circonstance, la parenté latine entre le corse et le français suggérait, de manière heureuse, d'utiliser la connaissance de l'un pour enseigner l'orthographe de l'autre, de même je voudrais montrer ici que le maître peut exploiter utilement la pratique des langues régionales dans le cours de langue étrangère. L'efficacité de cette exploitation est évidente lorsqu'une parenté génétique et typologique relie les deux langues en cause. Or c'est une telle parenté qui attache au néerlandais le dialecte flamand parlé en France, dans l'arrondissement de Dunkerque, jusqu'à Bailleul environ, sur le territoire traversé par le cours supérieur de l'Yser et les cours moyens de l'Aa et de la Lys ; sont, de même, étroitement apparentés à l'allemand les parlers alsaciens qui s'égrènent d'Altkirch à Wissembourg, et d'autre part le francique mosellan, encore vivant au nord et à l'est de Metz, dans une zone jalonnée par les localités de Cattenom, Sierck, Basse-Ham, Petite-Rosselle, Morsbach, etc. Mais il existe d'autres cas encore dans lesquels il n'est pas difficile d'apercevoir tout le parti que l'on peut tirer des langues régionales pour l'apprentissage d'une langue étrangère. Je vais en donner ci-dessous quelques illustrations (Petit 1992).

Avantages de divers bilinguismes

- Français-breton

En breton, les consonnes sonores *b, d, g, v, z, ž* (de *jus*), qui apparaissent en position initiale ou entre deux voyelles, deviennent sourdes quand elles se trouvent en finale, soit respectivement *p, t, k, f, s, š* (de *chou*). On sait que de la même façon, les sonores *b, d, g* de l'allemand s'assourdissent en position finale. C'est également le cas en russe. Mais ce n'est pas le cas en français. Les petits Bretons bilingues sont donc ici, s'ils apprennent ces langues, plus avantagés que les autres enfants francophones. D'autre part, en breton, les voyelles longues sont plus fermées que les voyelles brèves. Il en est de même en allemand, ce qui favorise un enfant connaissant le breton, alors qu'un francophone unilingue n'est pas avantagé, ne sachant prononcer que *ma mère*, et non *ma mére*. Par ailleurs, le breton, contrairement au français, possède un *h*, ce qui aide à articuler celui de l'allemand. Enfin, le breton connaît l'accentuation sur l'avant-dernière syllabe, ce qui est le cas de la plupart des langues européennes ; c'est là un avantage considérable, car il permet de briser un obstacle important dont on a pu dire (Petit 1992) qu'il correspondait à une véritable « parésie accentuelle ».

- Français-basque

Comme le breton, le basque possède un *h* aspiré. Mieux encore, il oppose à des consonnes non aspirées *p, t, k, l, r, n* des consonnes aspirées qui leur correspondent, soit respectivement *p^h, t^h, k^h, l^h, r^h, n^h*. Le français n'aspirant aucune consonne, c'est le basque qui apportera son concours aux enfants qui le connaissent, lorsqu'ils voudront apprendre l'allemand ou l'anglais, langues où *p, t, k* sont aspirées en position initiale devant voyelle. En outre, le basque oppose, parmi les consonnes dentales, soit *d, t, l, n, z, s*, une série mouillée à une série non mouillée, ce qui favorise l'acquisition des langues qui, comme le russe, utilisent ce même trait d'opposition. De plus, le basque possède, de même que les langues germaniques (allemand, anglais, néerlandais, etc.), des diphtongues *ai* (comme dans *ail*), *ei* (comme dans *abeille*), *ow, éw*, etc. Le basque a une prononciation égale de toutes les syllabes, sans la mise en relief de la dernière qui est caractéristique du français ; c'est là un carcan que le basque aide à desserrer. Enfin, cette langue, selon un trait fort exotique pour un francophone, est agglutinante, c'est-à-dire utilise de nombreux suffixes, comme le hongrois ou le turc ; deux d'entre eux marquent l'un le lieu où l'on est, l'autre le lieu où l'on va, tout comme le font, respectivement, le datif et l'accusatif de l'allemand.

• Français-occitan

Il suffit d'écouter les méridionaux qui conservent une prononciation de terroir pour remarquer qu'ils articulent, à la finale des mots tels que *cadran, blanc*, etc., un *a* suivi de la consonne nasale vélaire ŋ dont j'ai rappelé qu'elle est fréquente dans les langues germaniques, et que les francophones ne peuvent pas la prononcer, devant recourir à des expédients. Par ailleurs, dans une partie du domaine occitan, dont les traits sont assez spécifiques pour que certains y voient une langue indépendante et non une branche écartée, le *f* latin est devenu un *h* ; il en est de même en castillan, mais là, le *h* s'est amuï, ne laissant de trace que dans l'écriture, alors qu'il subsiste en gascon : dans un de ses parlers, le béarnais, on trouve, correspondant aux mots espagnols *hijo* «fils» et *hambre* «faim», où le *h* ne se prononce pas, les mots *hilh* (du latin *filius*) et *hami* (du latin *fames*), où il se prononce, tout comme dans *la hemne* «la femme» (latin *femina*), *lu huec*

« le feu » (latin *focus*), *lu hurnau* « le fourneau » (latin *for-nax*). Il est clair que les petits Béarnais qui connaissent leur parler local n'auront pas autant de peine que les autres enfants à prononcer le *h* que possèdent bien des langues, dont l'allemand.

• Français-catalan

Les enfants originaires du Roussillon et qui ont appris le catalan en famille prononcent sans difficulté deux consonnes d'articulation ardue pour les autres : d'une part le *v*, intermédiaire entre le *b* et le *v* du français, et que le catalan possède en commun avec le castillan, d'autre part le *l* ressemblant à un *w* et obtenu par relève-ment du dos de la langue, dans sa partie postérieure, en direction du voile du palais ; ce son est connu, notam-ment, du portugais, du néerlandais et de l'anglais. En outre, on trouve en catalan, comme en basque, des diph-tongues, et, comme en breton, un *l* mouillé et un assour-dissement des consonnes sonores à la finale : *adob* « répa-ration » est prononcé [adop], mais « réparer » se dit *ado-bar* ; *fa fred* « il fait froid » se prononce *fa fret*, mais « eau froide » se dit *aigua freda* ; l'orthographe note même la sourde dans *anec* « canard », opposé à *anega* « cane », et dans *perdut* « perdu », face à *perduda* « perdue ».

On peut encore noter que le catalan du Roussillon et de Catalogne (mais non celui de la principauté d'Andorre) prononce comme des *e* muets les *a* non accentués, ce qui devrait faciliter aux enfants catalanophones des Pyrénées Orientales et du nord-est de l'Espagne l'acquisition de ce trait en portugais d'Europe, où il est également attesté. D'autre part, le catalan, possédant, à l'inverse du français, un accent tonique mobile, prépare bien ceux qui le connaissent à l'apprentissage des nombreuses langues où il en est de même. Enfin, par un effet de retour, et comme on l'a vu plus haut pour le corse, le catalan peut aider l'enfant à comprendre les particularités de l'orthographe française, où sont notés, bien que non prononcés (du fait des amuïssements qui ont, au cours de l'histoire, opacifié la morphologie), des -*e* de féminin et des -*s* de pluriel ; en catalan, au contraire, la graphie reflète des marques de genre et de nombre qui ont été conservées et sont parfaitement audibles : à *ami, amie, amis, amies* répondent, respectivement, *amic, amiga, amics, amigues*.

L'enseignement des langues régionales

Tout ce qui précède laisse assez voir combien le concours des langues régionales peut être précieux pour l'éducation bilingue précoce. Mais il ne suffit pas de compter sur l'avantage acquis par l'enfant originaire d'une région et d'une famille où se parle l'une d'entre elles. Tout comme l'enfant reçoit à l'école un enseignement de sa langue nationale qui consolide et approfondit l'apprentissage naturel dû au milieu familial, de même, dans les parties du pays où elles sont présentes et où une demande existe, les langues régionales (LR) devraient être enseignées à l'école, dès le début, à côté du français. Les élèves qui, plus tard, considèrent que leur LR leur tient lieu de LV3 ne prendront au lycée qu'une LV2. Les autres souhaiteront acquérir une LV3, ce qui, avec la LR, fait quatre langues en sus du français. Est-il besoin de dire que l'apprentissage précoce d'une LR, à la fois en famille et à l'école, rend plus probable cette deuxième solution, quand on sait combien l'initiation de l'enfant à plus d'une langue le prédispose à en apprendre d'autres et à le souhaiter ? Quoi qu'il en soit, on peut être assuré que ceux qui choisiront cet itinéraire et deviendront réellement multilingues préfigurent assez exactement les Européens de demain.

QUATRIÈME PARTIE

Diversité des situations bilingues

Dans les parties précédentes, j'ai proposé, en fonction des aptitudes d'acquisition propres à l'enfance et des caractéristiques des langues, une méthodologie de l'éducation bilingue à l'école. Il reste, pour appuyer l'entreprise sur une information tirée des expériences déjà disponibles, à prendre en considération les types de bilinguismes connus, ainsi que les situations sociales dans le cadre desquelles les langues étrangères sont apprises. C'est ce que je me propose de faire, pour clore le présent livre, dans les deux chapitres de la dernière partie.

CHAPITRE XII

Les visages du bilinguisme

CRITÈRES DE LA CONNAISSANCE
DE DEUX LANGUES

« Elle est tout à fait bilingue », « Je suis un bilingue », « Ce sont tous de parfaits bilingues ». Il arrive parfois d'entendre de semblables caractérisations de soi-même ou d'autrui. Les réalités qu'elles recouvrent sont moins simples. Une spécialiste connue du multilinguisme, T. Skutnabb-Kangas, propose la définition suivante (1981, 93 et 96) :

> « Bilingue est celui qui a la possibilité de fonctionner dans deux (ou plusieurs) langues, au sein de communautés soit unilingues soit bilingues, conformément aux exigences socioculturelles de compétence communicative [cf. ici p. 223] et cognitive individuelles requises par ces sociétés et par l'individu lui-même, au même niveau que les locuteurs natifs, ainsi que la possibilité de s'identifier positivement aux deux communautés ou à tout ou partie de ces groupes linguistiques et de leurs cultures. [...] Un profil idéal de bilinguisme serait celui qui, tant du point de vue de l'individu lui-même que du point de vue de la société, offrirait

une possibilité optimale de réalisation du moi aussi bien que de compétence sociale en tant que membre à part entière de la société. À partir des différentes disciplines concernées, on pourrait préciser à la fois les besoins linguistiques, psychologiques, sociologiques et sociopsychologiques, c'est-à-dire les exigences de compétence, de fonction interne, de fonction externe et d'attitude, en particulier le besoin d'identification, besoin lui aussi interne et externe » (cité par Fernandez-Vest 1989, 80).

En dépit du louable souci de faire leur place aux aspects psychologiques et sociaux du bilinguisme, ces longues considérations offrent peu de matière concrète. C'est pourquoi, sur fond de généralités de ce type, on peut suggérer une échelle plus fine de discriminants.

Double maîtrise de l'idiomatique

Être vraiment bilingue implique que l'on sache parler, comprendre, lire et écrire deux langues avec la même aisance. Un critère sûr de cette perfection des deux compétences est, dans le maniement de chacune des deux langues, l'égale connaissance, c'est-à-dire l'égale rapidité d'emploi, en tant que locuteur, et d'identification, en tant qu'auditeur, de certaines structures qui caractérisent toutes les langues. Il s'agit, d'une part, des *formulations préférées*, d'autre part, des *expressions compactes*. J'appelle *double maîtrise de l'idiomatique* cette égale connaissance des unes et des autres dans deux langues.

Formulations préférées

J'entends par *formulations préférées* des types d'associations entre mots, ou, le cas échéant, des types de phrases, que les usagers naturels d'une langue emploient ordinairement en diverses circonstances récurrentes de la vie quotidienne ; elles sont préférées à d'autres, grammaticalement correctes et sémantiquement interprétables, mais qui, néanmoins, étant inusitées, frappent les usagers naturels par leur aspect insolite, et portent donc, pour eux, la signature d'un étranger, lors même que celui qui les emploie montre, par ailleurs, une bonne connaissance du système de la langue. Car aux formulations préférées, que l'usage a consacrées, il en substitue d'autres, qui ne sont pas attendues dans le contexte. Ainsi, lors d'une première rencontre, il est d'usage de dire en français *enchanté* ou *très heureux* par exemple, en espagnol *encantado* ou *mucho gusto*, et en anglais *pleased to meet you*, et non pas *je me loue fort de vous voir*, ni *estoy contento conocerle* (= « je suis heureux de faire votre connaissance »), ni *happy to run into you* (= « heureux de me trouver nez-à-nez avec vous ») (cf. Pawley 1994). Pour évoquer à l'esprit de l'interlocuteur les caractéristiques exceptionnelles d'un objet matériel ou intellectuel, on dit habituellement en français *tu ne peux pas savoir* (*combien c'était beau* ou *difficile*, etc.) et non pas *tu n'as pas la capacité de te représenter...* ; si l'on veut dire qu'on est satisfait d'une situation ou qu'elle pourrait être pire, la formule courante est *(il ne) faut pas se plaindre*, et on rompt les conventions formelles si l'on dit *il n'y a pas lieu de gémir*. À l'allemand *das ist Zumutung!* correspond en français non pas sa traduction littérale *cela est une prétention excessive*, mais la formule consacrée *c'est un peu (ou trop) fort!*

Expressions compactes

Les *expressions compactes*, dites aussi idiomatiques, sont celles dont les éléments constituants non seulement ne peuvent pas être suppléés par des synonymes, mais en outre ne livrent pas, si on les additionne, le sens de l'ensemble ; celui-ci, n'étant pas restituable par analyse, doit, en conséquence, être connu en bloc, et s'apprend comme tel. On peut être guidé par les équivalences entre expressions idiomatiques d'une langue à l'autre, mais ce recours n'est pas sans receler quelques pièges. Ainsi l'allemand *ins Gras beissen*, mot à mot «mordre (vers) l'herbe», veut dire, en réalité, «mourir», alors que l'expression française qui pourrait l'évoquer, *mordre la poussière*, signifie «essuyer un échec», et seulement dans certains contextes «être tué au combat». Le grec (moderne) *de(n) mou les !* est presque identique à l'espagnol *no me digas !*, puisque son mot à mot correspond à «tu ne me dis pas», mais en fait, le premier signifie, par antiphrase, «dis-moi !», et le second, en réponse à une assertion incroyable, «sans blague !» ou «ce n'est pas vrai !». Dans d'autres cas, on peut tenter de deviner le sens d'après les parentés culturelles. Ainsi, le hongrois *valaki malmára hajtja a vizet* signifie en français la même chose que sa traduction littérale : « il apporte [de] l'eau au moulin de quelqu'un » ; mais en cas de disparité des cultures, l'intuition n'est pas d'un grand secours : le japonais *ashi o arau*, mot à mot «se laver les pieds» veut dire «en avoir assez» ; et même dans des langues culturellement plus proches du français, les sens ne sont pas toujours prévisibles : le danois *tage billetten* («prendre le billet»), le roumain *vrei, calule, ovăz ?* («veux-tu, cheval, ton avoine ?») signifient l'un «mourir» et l'autre «bien entendu !», pour ne rien dire des expressions anglaises *his goose is cooked* ou *to saw logs* qui ont respectivement pour sens littéraux «son oie est cuite» et «scier des bûches», mais pour sens véritables «son compte est bon !» et «dormir».

Trois, seulement, des langues auxquelles sont emprun-tés les exemples ci-dessus sont étrangères à l'Union euro-péenne ; encore l'une d'elles, le roumain, est-elle indo-européenne, et même romane, cependant qu'une autre, le hongrois, bien que finno-ougrien, se trouve depuis de nombreux siècles au contact des langues européennes, le japonais seul étant étranger, mais moins qu'on ne l'imagine. Et pourtant, la déduction ou l'analyse ne suffisent pas pour connaître le sens de la plupart des expressions compactes de ces langues. Il n'y a d'autre outil, pour cela, que la mémoire. Un véritable bilingue est celui chez qui la pratique permanente et ancienne de deux langues entretient le souvenir vivace, et donc la disponibilité immédiate, des expressions compactes comme des formulations préférées. Cela ne signifie pas qu'il puisse toujours les traduire d'une langue dans l'autre. Toute langue est porteuse d'un héritage culturel particulier, comme l'attestent, notamment, les proverbes, parfois proches des expressions compactes ; chaque langue a ses domaines de prédilection. Le bilingue emploie et comprend les tournures idiomatiques de deux langues avec la même aisance, mais il n'est pas nécessairement un traducteur professionnel.

Dans les nombreux cas où, à un seul mot de la langue A, équivaut une expression complexe ou une périphrase interprétative dans la langue B, notamment parce qu'une notion ou un objet familiers aux usagers de A ne l'est pas à ceux de B, dont la culture est tout autre, le bilingue peut fort bien ne pas trouver aisément la traduction de A en B. Cela vaut, en particulier, pour les expressions idiomatiques. Toutes n'ont pas voyagé d'une culture à l'autre, et souvent, le bilingue ne peut qu'expliquer ou commenter, dans la mesure où elles sont un défi au mot à mot. Pourtant, il les comprend parfaitement dans la langue où il les entend, et il sait les employer à bon escient. Cette expérience, que l'on peut faire lorsqu'on observe le comportement des bilingues, laisse voir que ces derniers ont un accès direct au sens, quelles que soient les formes dans lesquelles il se coule, à savoir celles de deux langues distinctes.

Par ailleurs, en considérant la double maîtrise de l'idiomatique comme un des critères importants de la compétence bilingue, on n'entend pas suggérer qu'elle doive s'étendre à la totalité du domaine. Les unilingues qui ont consacré leur vie au culte de leur langue et en connaissent bien des secrets n'ont pas, eux-mêmes, une maîtrise exhaustive des formulations idiomatiques, et les lexicographes qui en fournissent des listes théoriquement complètes (mais ne peuvent y inclure toutes les productions régionales) n'y parviennent que parce qu'ils ont recours à des sources nombreuses et variées. La double maîtrise de l'idiomatique est un idéal, à ne pas prendre au pied de la lettre. Si elle peut constituer un bon critère du bilinguisme réel, c'est dans la mesure où elle implique que le bilingue, face à la plupart des formulations préférées et des expressions compactes, a le comportement d'un individu chez qui les deux langues paraissent maternelles, au lieu que l'une d'entre elles paraisse apprise.

Le bilingue doit être conscient des différences entre les registres

Un bilingue doit, en principe, connaître les différents registres possibles au sein de chacune des deux langues qu'il pratique, et donc savoir les utiliser à bon escient, ainsi que les identifier chez l'interlocuteur. Il existe, pourtant, des bilingues qui, bien que capables de soutenir une conversation avec aisance sur tous sujets, font entendre, au milieu d'un discours jusque-là homogène, de brusques écarts de niveaux. Ils insèrent, par exemple, dans un contexte tout à fait soutenu, des expressions appartenant à la langue la plus familière, ou réciproquement. Les bilingues précoces, ou ceux qui, à l'âge adulte, ont parfaitement acquis une langue étrangère, sont, en général, moins exposés à de semblables confusions de niveaux. De même, ils savent discerner le style écrit du style parlé, le style oratoire du style de dialogue, etc. Le bilingue véritable, en outre, possède assez les deux normes pour être à l'abri des phénomènes de contamination, par l'effet desquels, dans une langue, on emploie un mot ou un groupe de mots en leur attribuant le sens que possèdent des mots de forme proche de la leur dans une langue reliée à la première par la parenté ou par l'emprunt ; or, du fait de l'histoire individuelle de chaque langue, ces mots d'aspects voisins ont pris des sens différents ; ils constituent ce que la tradition pédagogique appelle de « faux amis » (cf. Hagège 1987, où je parle de la « cohorte des clandestins »). Mais évidemment, en définissant les critères du bilinguisme idéal, il faut se garder de toute attitude normative : bien parler deux langues, c'est aussi les parler telles qu'elles sont.

Le bilingue doit être doublement compétent

Un bilingue véritable est censé posséder doublement ce qu'on appelle une *compétence communicative* (Hymes 1975). Cela signifie qu'il connaît les principes d'utilisation de chacune des deux langues dans des situations concrètes de communication. Selon les langues et les cultures, en effet, certaines choses ne sont pas dites et certaines spécifications sont omises du discours, étant considérées comme implicites ou comme fournies par la situation. D'autres, au contraire, doivent êre explicitées. Il peut s'agir d'un type d'implicite ou d'explicite dépendant de la catégorie stylistique qui est en cause : dialogue, récit, discours, injonction, interrogation, etc. Il peut s'agir, également, d'un type intégré au système grammatical de la langue ; un exemple de ce cas est celui des indices de personne : il n'est pas toujours d'usage, en italien, en espagnol ou en portugais, de se servir des indices personnels correspondant au *je, tu,* etc., du français : les flexions de la forme verbale suffisent le plus souvent, dans ces langues, pour spécifier la personne, contrairement à ce qui est le cas en français. C'est donc une faute que de les utiliser, à moins que le sens soit de mise en valeur; un autre exemple est celui du hongrois, où une forme comme *szeretsz*?, littéralement «tu aimes?», du fait qu'elle est distincte de *szereted* «tu l'(ou «les») aimes», que d'autre part, on doit ajouter un pronom spécial pour traduire «tu nous aimes», et qu'enfin il n'est guère vraisemblable que l'on demande à quelqu'un «t'aimes-tu?», est interprétée comme signifiant «m'aimes-tu?». Un bilingue français-hongrois est censé avoir intégré tous ces paramètres et une telle forme est transparente pour lui.

Bilinguisme et ambidextrie

La bonne connaissance de deux langues ne signifie pas qu'il n'y ait pas une spécialisation fonctionnelle, en vertu de laquelle l'emploi de l'une des langues est préféré à celui de l'autre dans certains domaines d'expérience. Le bilinguisme, à cet égard, est comparable à l'ambidextrie. Ceux que l'on dit ambidextres ont presque toujours une main d'élection pour chaque type de geste ou d'opération. De même que la main droite, par exemple, apparaît comme plus apte que la main gauche à accomplir certaines tâches, de même, selon les moments et selon les étapes de la vie, une des deux langues est, de préférence à l'autre, l'objet d'un choix que guident les circonstances. Le rapprochement qui est ici proposé entre bilinguisme et ambidextrie vise à faire apparaître que le maniement de deux langues est un processus aussi naturel que celui des deux mains.

DIVERSITÉ DU BILINGUISME

Les deux types

Bilinguisme coordonné et
bilinguisme composé

C'est au linguiste U. Weinreich (1953) que l'on doit la
suggestion selon laquelle il existerait trois types possibles
d'organisation des connaissances de mots dans les situations de bilinguisme : les types coordonné, composé et
subordonné. Le lexique mental d'un bilingue serait donc
structuré selon l'un de ces trois types. Le bilingue de type
coordonné possède deux systèmes conceptuels simulta-
nés : un pour chacune des deux langues qu'il connaît. En
d'autres termes, une forme appartenant à une de ses
deux langues, par exemple l'allemand *Buch*, et la forme
qui lui correspond dans l'autre, à savoir *livre* s'il s'agit du
français, sont les faces matérielles, ou les signifiants,
terme que Weinreich reprend à F. de Saussure, père fondateur (1916) de la linguistique moderne ; à ces signifiants
correspondent des sens, ou signifiés en termes saussu-
riens, que les deux mots possèdent, respectivement, dans
chaque langue. Par opposition à cette situation, le bilingue
de type composé ne posséderait qu'un seul signifié pour
deux signifiants, ce qui veut dire, pour prendre le même
exemple, que *Buch* et *livre* seraient les deux formes différentes correspondant à un seul et même contenu conceptuel, qui est stocké dans la mémoire du bilingue et
recouvre à la fois les deux langues.
   La distinction entre ces deux types, coordonné et
composé, de bilinguisme, ne tient pas compte du niveau

comparé de compétence du bilingue dans chaque langue. Weinreich introduit donc un troisième type, qu'il appelle subordonné, pour caractériser les situations où l'une d'elles, en fait la langue maternelle, est bien acquise, tandis que l'autre n'est qu'en voie d'acquisition. Dans ce type, le mot à apprendre, au lieu d'être relié directement à un contenu conceptuel, est rapporté à son équivalent dans la langue maternelle. Ainsi, un francophone apprenant l'allemand peut donner au mot *Wald* le sens du mot français *bois*, alors qu'il existe une dissymétrie de structures sémantiques entre les deux langues : en français, *bois* est en relation dimensionnelle avec *forêt*, et en relation métonymique avec l'autre mot *bois* signifiant « matière dure qui constitue le tronc, les branches et les racines des arbres », tandis qu'en allemand, cette matière est désignée par un autre mot, *Holz*.

La répartition proposée par Weinreich est demeurée longtemps une source d'inspiration chez les spécialistes du bilinguisme, au moins pour deux des types qu'elle définit, le type subordonné ayant disparu assez tôt de la littérature sur le sujet, probablement parce qu'il s'applique non pas aux bilingues, mais aux unilingues s'efforçant d'apprendre une seconde langue. Divers chercheurs ont repris en l'élargissant la distinction entre les types coordonné et composé. En particulier, Ervin et Osgood (1954) insistent sur le fait que le type composé est assez bien illustré par le cas de l'apprentissage scolaire d'une deuxième langue, ou bien par les situations familiales dans lesquelles les parents utilisent tous deux, indifféremment, chacune des langues, ne tenant pas compte, ajouterai-je, du principe de Ronjat. Ici, en effet, le même sens est véhiculé par deux mots appartenant chacun à une langue différente. Au contraire, le type coordonné, dans lequel les mots de la langue A ne sont associés qu'avec les sens qui sont propres à cette langue, et de même ceux de B avec les sens qui sont propres à B, est celui qui se rencontre chez les individus apprenant A dans un lieu ou un environnement culturel donnés, et B dans un lieu ou un environnement différents. Il s'agit donc d'une expérience de deux cultures, supposant chez l'enfant, même lorsqu'il n'a que quatre ou cinq ans, une certaine conscience du fait qu'il dispose de deux codes distincts, dont chacun, reflétant un monde différent, est applicable à un type spécifique d'échange verbal. Faute d'une telle conscience, l'enfant, qui ne verrait aucune différence entre ses deux langues, fonctionnerait en fait comme un unilingue.

La distinction entre deux types coordonné et composé de bilinguisme n'implique pas qu'ils soient radicalement exclusifs l'un de l'autre. Ervin et Osgood considèrent que les bilingues se répartissent le long d'un continuum, lequel s'étend entre un pur système composé et un pur système coordonné. Ces derniers sont donc, en fait, deux pôles. Une gamme de degrés très divers se déploie entre un palier de compétence bilingue minimale et un sommet ou niveau idéal d'équilinguisme, c'est-à-dire de connaissance excellente des deux langues. Ces auteurs proposent également de mesurer, au moyen d'un ensemble d'épreuves, constituant ce qu'ils appellent un différenciateur sémantique, les degrés de compétence observables au sein même du bilinguisme coordonné ; cette mesure concerne surtout l'aptitude à saisir les connotations, c'est-à-dire tous les traits de sens (culturels, allusifs, situationnels, etc.), qui enrichissent et nuancent le sens de base du dictionnaire, lequel relève de la dénotation.

Bilinguisme et traduction

Ervin et Osgood déclarent, d'autre part, que dans le type combiné, c'est une procédure de décodage d'une seconde langue qui est à l'œuvre, c'est-à-dire, en fait, une procédure de traduction. Au contraire, un système de type coordonné implique la co-présence d'unités sémantiques appartenant à des réseaux de sens différents l'un de l'autre. À l'objection selon laquelle la traduction est théoriquement impossible dans ce type, puisqu'une forme de la langue A ne peut convoquer de sens qu'au sein de A, et de même pour B, les auteurs répondent que la traduction, dans ce cas, est d'autant plus rapide que les deux langues se ressemblent, les généralisations étant alors plus faciles à établir. Ils ajoutent que « dans la mesure où les cultures humaines, ainsi que les situations et les objets, sont similaires, le système coordonné a vocation à mettre en jeu, dans une langue, un processus de représentation mentale auquel ressemblera beaucoup celui qui est propre à l'autre langue ». Si importantes que soient les homologies structurelles entre les langues, elles ne sont pas en cause ici ; en fait, le débat est esquivé, tout comme est contourné, dans le cas du système composé, un problème important posé par la traduction : le bilingue utilisant, pour les deux langues, le même ensemble d'outils de traitement sémantique, comment seront conjurés les risques d'interférences entre elles ? Mais surtout, cette conception de la traduction est insuffisante, car elle suppose trop d'automatismes, et, corollairement, confond le niveau de la langue et celui du discours. En effet, ce ne sont pas des mots isolés qui sont les cibles de la traduction, mais des unités au sein d'un contexte. La langue n'est pas un répertoire figé, mais le système qui sous-tend une activité en situation. La traduction d'une phrase, par conséquent, restitue un sens qui est bien davantage que le simple résultat d'une opération additionnant les sens particuliers de chacun des mots dont la suite constitue cette phrase.

Même s'il était possible de se limiter à une telle opération, la traduction littérale demeurerait une voie sans issue, car il n'existe pas d'équivalence préétablie, pour tout mot, lorsque l'on passe d'une langue à l'autre. De surcroît, le sens implique, en sus du signifié de chacun des mots d'un message, bien d'autres composantes (Hagège

1985). Enfin, le sens résulte encore de la « mobilisation d'un savoir non verbal, que les signifiants du discours évoquent concurremment avec leurs signifiés propres, sans que, pour autant, ils le concrétisent par une forme sonore ou visuelle » (Seleskovitch 1976).

L'hypothèse de Humboldt-Sapir-Whorf et
les problèmes cognitifs posés par le modèle bi- ou tripartite

La conception réductrice de la traduction à laquelle sont conduits les défenseurs du strict modèle bipartite, bilinguisme coordonné/bilinguisme composé, n'est qu'une des difficultés qu'il soulève. Car en reconnaissant que les deux types sont à considérer comme des pôles, il ne va pas assez loin : ce n'est pas seulement d'un individu à l'autre que l'on observe des degrés variables de compétence, c'est au sein même d'un seul individu. Selon les situations et selon ses expériences, une même personne bilingue développe, entre ses deux langues, soit une relation de coordination, soit une relation de composition ; et cette alternance se joue, au cours de l'histoire individuelle du bilingue, non seulement d'une étape à l'autre, mais aussi dans le cadre d'une même étape. Il s'agit donc de deux stratégies, ou choix de comportements, et non de deux types exclusifs entre lesquels se répartiraient les individus bilingues.

S'il fallait prendre à la lettre le modèle bipartite et que l'on adhérât, comme de nombreux linguistes contemporains, à une forme ou à une autre de l'hypothèse de Humboldt, de Sapir et de Whorf, alors on devrait en conclure qu'une série d'étranges dilemmes consignent le bilingue dans un espace de clôture. Selon l'hypothèse que l'on trouve esquissée, dès la première partie du XIXᵉ siècle, chez W. von Humboldt, et que reprendront E. Sapir ainsi que B. L. Whorf (1956), parfois tenu pour l'inventeur de cette idée, les différences entre les langues sont les sources de différences substantielles entre les types de fonctionnement cognitif et d'appréhension du monde. Même si l'on n'accepte qu'une version nuancée de l'hypothèse de Whorf, on est conduit à considérer que le bilingue doit nécessairement se trouver dans une des trois situations suivantes (Paradis 1980) :

« (1) fonctionner, en termes cognitifs, de la manière appropriée à L1 quand il utilise L1 ou L2, et dès lors avoir grande difficulté à comprendre les locuteurs de L2 ou à être compris d'eux ; (2) fonctionner, en termes cognitifs, d'une manière qui n'est appropriée à aucune des deux langues, et courir le risque que personne ne le comprenne ni ne soit compris de lui ; (3) fonctionner, en termes cognitifs, d'une manière différente selon la langue. Bien que, dans ce cas, les bilingues puissent communiquer avec des locuteurs de l'une et de l'autre langue, Macnamara [1970] soutient que (a) ils auraient grande difficulté à communiquer avec eux-mêmes, et (b) ils auraient du mal à expliquer en L2 ce qu'ils ont entendu ou dit en L1. »

Or le comportement couramment observable du bilingue ne reflète aucun de ces dilemmes ; ces derniers n'existeraient que si le bilinguisme d'un individu était, de manière nécessaire et exclusive, ou subordonné, ou composé, ou coordonné, ces trois types correspondant respectivement aux situations (1), (2) et (3) énumérées dans le texte ci-dessus. Du fait du démenti apporté à cette hypothèse par la réalité empirique des conduites bilingues, on est amené à confirmer ce que les paragraphes précédents avaient fait entrevoir : le bilingue adapte sa stratégie aux circonstances, il a recours, selon ces dernières, à l'un ou à l'autre des modèles, et il n'y a pas lieu de tenir ceux-ci pour rigoureusement séparés et représentés chacun par un type distinct d'individu.

Les deux langues du bilingue
comme grilles de perception

Ainsi, on peut considérer que chacune des deux langues du bilingue fonctionne comme un filtre, et qu'il peut donc organiser selon l'une ou l'autre son interprétation de l'expérience. Mais il s'agit toujours d'une seule et même expérience, malgré la dualité des filtres qui la médiatisent. Ceux-ci sont assimilables à des grilles de lecture, du type de celles qui facilitent pour l'enfant l'apprentissage des lettres, ou fournissent à l'adulte les clefs de déchiffrage d'un texte peu transparent. La situation du bilingue peut même, d'une manière évidemment métaphorique, être rapprochée de celle où l'on se trouve parfois lorsque l'on doit choisir entre deux types distincts de structuration d'une même image offerte à la perception visuelle. Ce cas est illustré par les figures 1 à 3. Chacune de ces figures représente un unique dessin, tout comme est unique le monde des objets, des phénomènes et des concepts que traitent les deux langues du bilingue. Mais chaque dessin peut être vu selon deux grilles de perception. En effet, la figure 1 offre au regard, selon que l'on sélectionne l'une ou l'autre des structurations possibles, soit le profil gauche d'un visage de jeune femme à moitié orienté vers la droite, soit celui d'un visage de vieille femme : l'oreille, le sourcil gauche, la mâchoire et le ruban de cou de la première sont, respectivement, l'œil gauche, le sourcil droit, le nez et la bouche de la seconde (dessin de Hill 1915, commenté par Boring 1930, et repris dans Paradis 1980). (Je ne m'attarderai pas ici, car c'est un autre débat, qui concerne la pertinence technique de ce dessin, sur le fait que la plupart des personnes interrogées voient la vieille femme plutôt que la jeune, probablement parce que la première est figurée exactement de profil,

Figure 1

alors que de la seconde on n'aperçoit qu'une moitié de profil). On notera que l'aigrette n'est pas distinctive : il n'est pas nécessaire d'en tenir compte pour décider entre les deux lectures possibles. Que l'artiste l'ait représentée parce que, tout simplement, c'était un ornement courant dans les coiffures féminines de la bourgeoisie au début du siècle, ou, plus subtilement, afin d'égarer le destinataire sur une fausse piste, cette aigrette accroît encore l'intérêt du rapprochement entre l'activité du bilingue et l'interprétation des croquis de ce type, communément appelés silhouettes ambiguës : tout comme les détails de ces croquis sont loin d'avoir tous valeur de discriminants, de même il s'en faut de beaucoup que, dans la manière dont les langues lisent l'univers, les traits distinctifs soient dominants ; l'existence de différences structurelles entre les langues reflète les stratégies variables utilisées par elles pour découper le monde et le rendre dicible ; cela n'exclut pas de très nombreuses homologies, qu'impose à l'homme de paroles l'unité même de l'environnement physique et culturel.

Face au cube de la figure 2, l'œil peut sélectionner, comme situé au premier plan, soit le carré abcd, soit, apparaissant comme projeté vers le haut et à droite, le carré a'b'c'd' ; l'arrière-plan, constituant le fond du cube, est représenté par a'b'c'd' dans le premier cas, par abcd dans le second. Enfin, la figure 3 peut être perçue soit comme un vase à trois renflements de formes variées, soit, mais de manière moins évidente, comme l'ensemble constitué par deux visages humains vus de profil et se faisant face (figures extraites de Paradis 1980).

Si l'on admet que l'activité linguistique du bilingue, comparable à l'opération par laquelle l'œil interprète des croquis à double clef, met en œuvre deux filtres sélectionnant chacun une organisation particulière de l'expérience, alors il est intéressant de se demander comment fonctionne le cerveau bilingue. À l'évidence, les connaissances sur le cerveau unilingue étant elles-mêmes embryon-

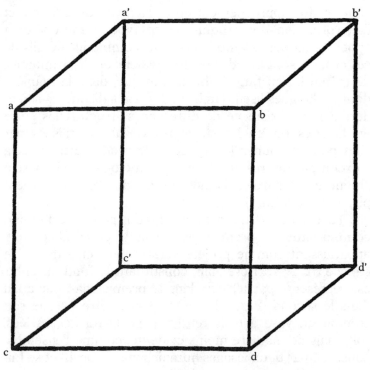

Figure 2

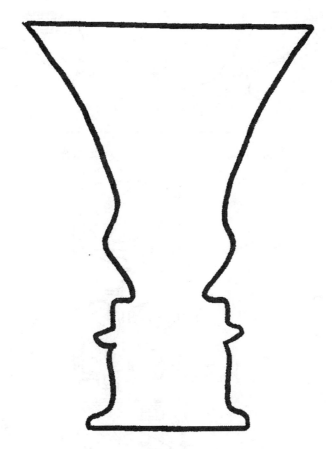

Figure 3

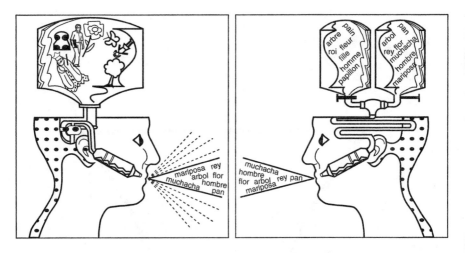

Figure 4   Figure 5

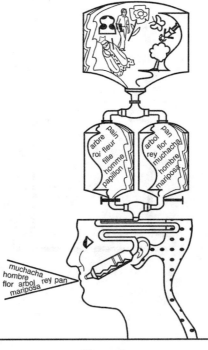

Figure 6

naires en dépit des sérieux progrès récemment accomplis (Hagège 1994), la recherche sur le cerveau bilingue en est à ses débuts, bien que l'on sache que l'enfant possède une aptitude innée à l'apprentissage des langues. On ne peut donc, ici encore, faire mieux que concevoir de manière métaphorique les processus dont il s'agit. Les figures 4, 5 et 6, reflétant trois hypothèses différentes, essaient de représenter la manière dont l'information stockée dans le cerveau est filtrée par chaque langue. La figure 4 correspond à l'hypothèse selon laquelle l'information est tout entière contenue dans un seul réservoir, le bilingue y ayant accès directement quelle que soit la langue qu'il utilise.

L'hypothèse sous-jacente à la figure 5 est, au contraire, que l'information est emmagasinée dans deux réservoirs séparés. Comme M. Paradis (1980), qui rappelle ces hypothèses de P. Kolers (1968), et auquel j'emprunte, en les simplifiant, les représentations imagées correspondant aux figures 4 à 6, je crois plus adéquat de considérer qu'un seul et même ensemble d'informations expérimentales et conceptuelles alimente deux filtres distincts, équivalant à la manière dont fonctionne chacune des deux langues du bilingue. On notera que dans la figure 6, comme dans la figure 5, le réservoir-filtre correspondant au français est obturé par un clapet, alors que celui qui correspond à l'espagnol ne l'est pas, puisque dans les deux cas, ce sont les mots espagnols, et non les mots français, qui sont choisis par le bilingue. Je n'ai pas figuré de mécanisme qui mette en action ce clapet, renonçant donc à donner une plus grande exactitude technique au dessin, lequel, en tout état de cause, ne fait que simuler une réalité cérébrale telle qu'on s'efforce de l'imaginer ; plus que ce détail de plomberie, l'important ici est de retenir que le choix d'une langue au lieu d'une autre relève de la personne bilingue, ce qui ne veut pas dire qu'il s'agisse d'un choix libre. On remarquera également que dans les figures 5 et 6, les réservoirs-filtres ne sont pas reliés entre eux : cette absence de connexion répond au souci de rap-

peler que le bilingue n'est pas nécessairement un traducteur.

L'ALTERNANCE DES CODES

Alternance n'est pas interférence

Les terres de brassages, où se croisent des groupes
humains d'origines très diverses, sont les lieux d'élection
d'un phénomène assez particulier. Il s'agit de l'usage
alterné de deux langues d'une phrase à l'autre, ou, dans
une même phrase, de l'une à l'autre de ses parties. Pour
désigner ce phénomène, on parle d'*alternance de codes*.
Ses manifestations ne peuvent échapper aux observateurs attentifs. Lequel d'entre eux n'a entendu, dans certains quartiers cosmopolites d'une ville comme Paris, des
étudiants venus de pays arabes où le français est enseigné
très tôt à l'école, comme c'est le cas, notamment, de la
Tunisie, parler, en quelque sorte, deux langues à la fois,
insérant, au cours d'une conversation, des mots ou des
groupes de mots français au sein d'une phrase en arabe ?
Le même phénomène, évidemment, se produit dans bien
d'autres régions du globe où, pour une partie de la population, deux langues coexistent dans l'usage. Un des cas
les plus connus et les mieux étudiés est celui des communautés originairement hispanophones qui, après émigration aux États-Unis, sont devenues également anglophones : sur la côte atlantique, à l'est, les Porto-Ricains et
autres anciens insulaires de la zone caraïbe, et à l'ouest,
dans les États de la côte pacifique, les Mexicains, appelés
Chicanos.
Les productions linguistiques des bilingues ont longtemps été évaluées à l'aune de la norme unilingue. En
effet, les observateurs, même quand ils s'efforçaient d'évi-

ter toute attitude normative, étaient unilingues. Dans une telle perspective, il est clair que les alternances de code ne peuvent apparaître que comme une bizarrerie. Mais depuis le début des années quatre-vingt, l'attention croissante à l'égard des faits de contacts entre langues, tels que les sécrètent dans de nombreuses sociétés modernes les rencontres entre ethnies, entre cultures, entre conceptions du monde, a conduit les sociolinguistes à reconnaître dans l'alternance des codes un phénomène important. La forme que prend ce dernier chez les membres des communautés chicanos mentionnées ci-dessus a inspiré, notamment, un article dont le titre illustre clairement le propos, en donnant lui-même un exemple de ce dont il s'agit : « Sometimes I'll start a sentence in English, y termino en español : towards a typology of code-switching » (Poplack, 1980). On envisage donc aujourd'hui les alternances de codes non plus négativement dans le cadre d'une théorie de l'écart, mais comme des faits positifs, et pleins d'intérêt, pour tout ce qu'ils révèlent sur les aptitudes des individus capables de passer rapidement d'un code à l'autre. Les recherches confirment que le bilingue, en particulier à codes alternés, loin de n'être que l'addition incarnée de deux unilingues, étrange type humain, en vérité, s'il existait, possède une double compétence, qui, dans les cas les plus courants, s'accroît au fur et à mesure de l'apprentissage. L'alternance des codes doit même être tenue pour l'indice d'une haute compétence communicative dans chacune des deux langues.

L'alternance des codes doit évidemment être distinguée de l'interférence. La première est un procédé le plus souvent conscient, alors que la seconde est un croisement involontaire entre deux langues. À grande échelle, l'interférence dénote l'acquisition incomplète d'une langue seconde. L'interférence aboutit, lorsque le processus se déploie sur une certaine durée historique, à une véritable intégration par emprunt, les mots de la langue seconde finissant souvent par être traités selon les mêmes règles que ceux de la langue emprunteuse, dans leur structure morphologique comme dans leur comportement syntaxique. Au contraire, dans le cas de l'alternance, les mots ou groupes de mots juxtaposés obéissent les uns aux règles d'une langue, les autres à celles d'une langue différente. Cela ne les empêche pas de faire sens pour chacun des usagers habitués à communiquer par codes alternés. Car ces usagers distinguent parfaitement les deux codes, qu'ils soient ou non totalement conscients au moment où ils les mettent simultanément en œuvre au sein d'un discours, d'une phrase, ou encore d'un mot composé ou dérivé dont les deux parties n'appartiennent pas à la même langue.

L'alternance comme style

L'alternance chez l'adulte

À un certain degré de saisie consciente et d'intention, l'alternance de codes peut en venir à constituer un ensemble de choix d'expression, c'est-à-dire un style. Le passage à une autre langue au sein d'une même phrase est alors un mode de mise en relief et un appel aux connotations. Cette assignation d'une haute valeur informative fait du transfert d'un code à l'autre un moyen de surcodage. Certes, l'unilingue dispose aussi de moyens stylistiques variés : passage du voussoiement au tutoiement quand la langue les distingue, changement de registre du soutenu au familier, jeu sur les différences d'intonations, etc. Mais l'effet d'un discours bilingue où est pratiquée l'alternance est plus fort, car il s'agit alors d'une véritable stratégie communicative, en vertu de laquelle tous les moyens sont mis à contribution, de la phonétique au lexique en passant par la grammaire. Si l'on choisit de pratiquer l'alternance d'une phrase à l'autre plutôt qu'au sein d'une même phrase, on dispose alors d'un outil efficace pour animer un entretien, en confiant, par exemple, à l'une des deux langues les passages où l'on rapporte les paroles ou l'opinion d'un tiers, au lieu d'utiliser, dans la même langue, les formes citatives, comme, en français, *il dit*, ou *c'est elle qui parle*, etc., et autres moyens que j'ai proposé d'appeler *médiaphoriques* (Hagège 1995b). Ce même procédé permet aussi d'assigner un registre particulier, par l'usage d'une autre langue, aux passages expressifs, où se font voie la colère, l'insulte, ou, au contraire, la complicité, la tendresse.

L'alternance chez l'enfant

Chez l'enfant de couple linguistiquement mixte (cf. chapitre III), au début de l'apprentissage bilingue, c'est-à-dire entre deux et trois ans, on observe plutôt un mélange de langues qu'une alternance. Mais à mesure que l'enfant grandit, le mélange fait progressivement place à l'alternance. J. Ronjat (1913) a décrit certaines étapes de cette évolution :

« L'enfant sait dès le 20ᵉ mois qu'il possède des couples de mots ; ne trouvant dans sa mémoire qu'un membre d'un couple donné, il forge l'autre d'après certaines correspondances qu'il a remarquées. »

Dans un autre passage, l'auteur écrit :

« À partir du commencement de la troisième année de sa vie, quand Louis fait un emprunt de mot, ou, si l'on veut, transporte un mot d'une langue dans l'autre, il l'adapte phonétiquement ou le laisse tel quel, suivant le plus ou moins de difficulté d'adaptation. »

Un peu plus tard, un type d'alternance apparaît, mais évidemment imposé par la nécessité, et non sous-tendu par un choix. L'auteur observe, en effet, que

« si, par exemple, il veut demander en français un objet dont il ne sait le nom qu'en allemand, la relation entre la représentation mentale d'un objet matériel et celle d'un nom qui désigne cet objet étant tout ce qu'il y a de plus immédiat, le nom allemand se place pour ainsi dire de lui-même dans la phrase française, et cela d'autant mieux qu'il existe un vocabulaire commun assez étendu ».

Enfin, soulignant, plus généralement, la relation entre le recours à l'alternance et le taux de développement du lexique selon les étapes de l'apprentissage, Ronjat remarque que

« l'introduction de mots allemands dans une phrase française, et réciproquement, se fait suivant le degré de richesse de chacun des deux vocabulaires à différentes époques ».

Ainsi, on voit se réduire, au gré de sa croissance, la tendance enfantine au mélange, caractéristique du petit apprenti bilingue, et augmenter, au contraire, l'aptitude à faire alterner les codes en fonction des situations, de l'interlocuteur, des choix ludiques, etc. On constate qu'à l'étape où, le bilinguisme n'étant pas encore fermement établi, une des deux langues est dominante, 70 % des mots empruntés à l'autre et interpolés dans les phrases sont des noms et 30 % sont des verbes, adverbes, adjectifs, pronoms et prépositions (Vihman 1985) : l'enfant acquiert d'abord les désignations d'objets, lesquelles, dans les langues occidentales, sont, en majorité, des noms, et au cours de l'alternance des codes, c'est à eux qu'il recourt le plus volontiers.

À l'age adulte, cette aptitude à se mouvoir d'une langue à l'autre au cours d'un échange verbal s'affirme encore, en particulier dans les communautés où l'usage fait coexister deux langues. Elle ne saurait être considérée comme une déficience ; on doit, au contraire, y voir, pour les sociétés qu'elle concerne, un critère de bilinguisme réel, en excluant, évidemment, les cas de mélange par semi-linguisme, où aucune des deux langues n'est dominée. De ceux qui possèdent cette aptitude, on peut dire qu'ils *parlent bilingue*, et que le choix qu'ils font d'une telle alternance, supposant une égale dextérité à bondir d'un code à l'autre, établit entre eux une connivence qui n'est pas sans implications ludiques. Mais évidemment, il s'agit ici de l'oral, et le critère essentiel demeure la capacité de se servir avec une égale aisance, dans les deux langues, de l'écrit comme de l'oral.

DE LA COMPÉTENCE PASSIVE
À LA COMPÉTENCE ACTIVE

Connaissance et pratique

Comme on l'a vu plus haut, le multilinguisme, et son cas particulier le bilinguisme, sont des phénomènes tout à fait naturels et universellement répandus. Cela ne signifie pas, cependant, que l'on trouve chez tous les multilingues du monde une connaissance égale et parfaite des deux langues qu'ils pratiquent. Le bilingue et *a fortiori* le multilingue authentiques sont évidemment les types auxquels il faut tendre, mais ils demeurent minoritaires ; et le cas idéal des enfants de couples linguistiquement mixtes que leurs parents ont correctement formés n'est pas encore, bien qu'en progression, aussi répandu qu'il serait souhaitable. Très souvent, les circonstances assignent à chacune des langues d'un multilingue potentiel un rôle spécifique. Par exemple, un Indien de la bourgeoisie de Bombay qui parle chez lui en goujrati (langue du nord de l'État du Maharashtra, dont Bombay est la capitale) se servira du mahratte (langue de la moitié méridionale de ce même État, parlée par un grand nombre de travailleurs immigrés à Bombay) pour acheter du riz au marché ; il utilisera le nepali pour s'adresser à son gardien de nuit originaire de Kathmandou ; mais il ne sera pas nécessairement en état de tenir dans ces deux langues une longue conversation portant sur la politique ou sur la culture, alors qu'il pourra le faire dans deux langues qu'il a apprises à l'école, le hindi et l'anglais. Pour prendre encore un exemple dans l'Inde pluriethnique et plurilingue, un homme d'affaires de Calcutta parlera la variante soutenue du bengali avec sa première femme, de même origine que lui, la variante non soutenue s'il se rend au marché, le hindi avec ses clients indiens extérieurs au Bengale et aux États de l'Union indienne voisins où le bengali est utilisé comme deuxième langue, enfin l'anglais avec ses clients étrangers ; mais il s'adressera en tamoul à sa seconde épouse originaire de Madras, et en oriya et assamais à ses deux domestiques venus, respectivement, des États d'Orissa et d'Assam ; cela n'implique pas que sa compétence dans ces dernières langues soit d'un niveau comparable à celui qu'il possède en hindi, en anglais et dans les variantes haute et basse du bengali ; il peut du moins, dans les langues dont il n'a pas la pleine maîtrise, donner ses instructions et s'assurer qu'elles ont été reçues, ce qui est, dans les circonstances où il fait usage de ces langues, le profit principal qu'il en attend.

De très nombreux cas de multilinguisme, dans le monde, sont de ce type. C'est pourquoi, par opposition aux consommateurs de nouvelles sensationnelles, les linguistes de profession sont parfois sceptiques face aux déclarations que font sur leurs aptitudes les polyglottes présumés. J. Edwards, qui donne les exemples indiens mentionnés ci-dessus, observe à propos d'une personnalité du monde littéraire (1994) :

> « Existe-t-il quelqu'un qui soit un bilingue parfait, une personne chez qui toutes les langues qu'elle connaît ont le même degré de développement ? L'écrivain et critique George Steiner a déclaré qu'il était parfaitement trilingue, et que le français, l'anglais et l'allemand étaient pour lui des langues maternelles ; peut-être un examen plus poussé

révélerait-il, cependant, que l'équilibre entre les trois langues n'est pas total; s'il l'est, alors Steiner est un individu plutôt exceptionnel.»

Edwards paraît moins réservé quant aux capacités du célèbre linguiste russo-américain R. Jakobson, à propos duquel il se contente de dire (*ibid.*) :

> «Il affirmait qu'il pouvait donner une conférence en six langues différentes et qu'il était capable de lire virtuellement toutes les variétés de langues européennes occidentales et de langues slaves.»

Au-delà de ces incertitudes, c'est en fait la conception même du bilinguisme qui est en cause ici. Souvent celui que l'on répute parfait bilingue l'est surtout dans les déclarations d'unilingues étonnés d'entendre parler par quelqu'un une langue étrangère qui leur paraît inaccessible. J'ai proposé pp. 217-224 des critères moins subjectifs. Mais il est clair que ces derniers définissent la *connaissance* véritable de deux langues et non la *pratique* qu'un même individu peut en avoir. Ces deux notions ne doivent pas être confondues. Une des premières études écrites au XXe siècle sur le phénomène (Leopold 1939-1950) précisait déjà que par bilinguisme, il convient d'entendre, plutôt que connaissance parfaite de deux langues, pratique habituelle de chacune d'entre elles. En fait, ajoute l'auteur, on ne peut s'attendre qu'à des formes qui s'approchent de l'idéal, selon lequel les deux langues seraient aussi aisément maniées dans toutes les circonstances de la vie. C'est pourquoi Leopold propose de ne parler de bilinguisme que dans la mesure où les deux langues sont régulièrement utilisées comme moyens de communication. Et Comenius écrivait en 1632 :

> «Les langues ne doivent pas être apprises toutes complètement jusqu'à la perfection, mais seulement jusqu'à la limite de la nécessité» (cité par Girard 1995).

Il rappelait (cf. ici pp. 221-222 à propos des expressions idiomatiques) que cela s'applique aussi à la langue maternelle,

> «qu'il n'est nécessaire pour personne de connaître parfaitement». [Cicéron lui-même avoue qu'en latin] «il ne connaissait pas tous les termes techniques des artisans, n'ayant jamais eu de conversation, on le voit bien, avec les cordonniers et les autres ouvriers» (*ibid.*).

Comprendre une langue sans la parler, ou la compétence passive

En deçà du bilinguisme ainsi défini comme pratique régulière, plutôt que comme connaissance parfaite, de deux langues, une situation assez courante est celle où l'on note une compétence passive dans l'une d'elles. Ce concept désigne l'aptitude à comprendre tout ce que dit un locuteur, sans être nécessairement, soi-même, en état de parler la langue qu'il utilise. Ainsi, face à la compétence active, qui se déploie dans l'émission comme dans la réception, la compétence passive se cantonne dans le décodage des énoncés entendus. La compétence passive est évidemment favorisée par la parenté entre la langue ainsi perçue et celle où l'on peut aussi bien parler que comprendre.

Le point de vue du francophone

Dans le cas du francophone, l'expérience prouve que la compréhension est plus facilement acquise lorsque l'apprentissage visant à la compétence passive concerne les langues romanes : italien, espagnol, portugais, roumain, occitan, catalan, que quand il s'agit des langues germaniques, telles que l'anglais par exemple.

- Opacité de l'anglais

Pour ne donner que quelques illustrations de l'opacité de l'anglais quand on est usager d'une langue romane, je mentionnerai le cas des mots composés résultant du processus morphologique de l'incorporation. Cette dernière consiste à faire entrer en tant que composante d'un mot complexe (c'est-à-dire analysable en unités plus petites) un élément qui, dans l'énoncé complet, fonctionnerait comme complément, soit d'objet, soit circonstanciel : l'élément initial a le sens d'un complément d'objet dans *bet-hedging* « prudente réserve ; diminution des risques », mot à mot « pari » (*bet*) + « fait d'entourer d'une haie » (*hedge*), soit « contraindre dans une haie (un) pari (pour diminuer les risques en cas de perte de ce pari) » ; *bet-hedging* ne figure pas comme entrée dans les dictionnaires de l'anglais, mais peu importe, car tout anglophone de naissance peut immédiatement former ou saisir des composés de ce type, par nominalisation en *-ing* d'une construction verbale, ici *to hedge one's bets* « prévenir les risques des paris ou des affirmations que l'on hasarde » ; l'élément initial a le sens d'un complément circonstanciel de lieu d'aboutissement dans *thread-bare* « usé jusqu'à la corde (en acception abstraite aussi bien que concrète) », mot à mot « fil » (*thread*) + « nu » (*bare*), soit « (mis à) nu (par l'usure jusqu'à l'apparition du) fil », et le sens d'un complément de lieu statique ou d'agent dans le mot (plus ou moins synonyme du précédent) *shopworn* « décoloré, fané (d'un vêtement, etc.), éculé, qui a trop servi (d'une idée, d'un argument, etc.) », mot à mot « boutique » (*shop*) + « porté, usé » (*worn*), soit « affadi (à force d'avoir été exposé dans la vitrine ou sur les présentoirs d'une) boutique ».

Une autre structure typiquement anglaise et assez

étrangère aux langues romanes est celle qui consiste à confier à un complément de lieu (adverbe ou groupe à préposition) l'expression de l'action principale, et au verbe celle de l'action intermédiaire. Le français fait, le plus souvent, exactement le contraire, en sorte que la traduction littérale ne produit aucun sens lorsqu'elle est appliquée à des expressions telles que *John talked himself into the job* ou *the organ played the congregation out* ou encore *he explained the problem away*. Les calques français de ces tournures sont d'insolubles bizarreries, soit respectivement *Jean s'est parlé lui-même jusque dans ce travail, l'orgue a joué les fidèles dehors* et *il a expliqué le problème au loin* ! Les sens sont, en fait « Jean a obtenu l'emploi à force de discuter » ou « grâce à sa faconde », « l'orgue a accompagné (de ses accents) la sortie des fidèles » et « il a esquivé le problème en guise d'explication » (c'est-à-dire que, contrairement à ce que l'on ferait dire à *explain* si on le traduisait littéralement, il ne l'a pas expliqué !).

Cette manière de répartir les rôles entre le verbe et le complément est caractéristique des langues germaniques, et on en trouverait bien des exemples en allemand, quoique l'anglais semble en avoir tiré le plus grand parti. Mais elle n'est que sporadique dans les langues romanes. De même, les composés à incorporation du type illustré plus haut sont tout à fait courants dans les langues germaniques ; le suédois et le néerlandais, notamment, les possèdent en grand nombre : on a, par exemple, en suédois *tågdödades* « il a été écrasé par le train » (mot à mot « train-fut tué »). Dans les langues romanes, ces composés sont rares, ou n'existent que comme témoins erratiques de processus aujourd'hui figés : on rencontre en français, par exemple, des verbes formés durant le haut Moyen Âge, ou même hérités du latin tardif, comme *maintenir, bouleverser* ou *saupoudrer*, mais qui, s'il n'est spécialiste d'étymologie, s'aviserait de les décomposer en *tenir* (avec la) *main*, (ren)*verser* (sur la) *boule* (= « tête ») et *poudrer* (avec du) *sel* ?

• Transparence des langues romanes

De ce qui précède il résulte que l'acquisition d'une compétence passive est facilitée par les parentés internes à chacun des groupes roman et germanique, et inversement. C'est là une des raisons qui expliquent pourquoi Allemands et Scandinaves acquièrent plus aisément l'anglais que les Français. Pour ces derniers, au contraire, l'apprentissage de l'espagnol ou de l'italien requiert beaucoup moins de temps et d'efforts. La réputation de « facilité » de l'anglais parmi le public est un des mythes les plus tenaces de l'enseignement des langues étrangères en France. Les familles se laissent abuser par la large diffusion de l'anglais, et prennent donc l'effet pour la cause : c'est cette diffusion qui rend omniprésents des mots et expressions élémentaires dont beaucoup de francophones se convainquent de connaître le sens. À cela s'ajoute l'existence, en anglais, mais plus dans le registre écrit qu'à l'oral, d'une masse énorme de racines latines, dues aussi bien à la romanisation des premiers occupants celtes, du Ier siècle avant au IIIe siècle après J.-C., qu'à la relatinisation produite par le christianisme à partir de la fin du VIe siècle, et surtout à la francisation qui suivit la conquête de l'Angleterre par Guillaume et ses Franco-Normands en 1066 (Hagège 1992b). Cette imprégnation latine confère à l'anglais un faux air de familiarité qui, en France, accroît encore sa réputation de facilité, pourtant vite démentie dès lors que l'on consent à examiner un peu sérieusement les faits tels qu'ils sont.

Le lien entre compétence passive et parenté génétique des langues, qui, en réalité, rend l'espagnol ou l'italien plus accessibles aux francophones que l'anglais, a été récemment exploité dans une des branches du groupe germanique. Les spécialistes danois ont lancé un programme d'acquisition de compétence passive dans les deux autres langues scandinaves. Les résultats répondent largement aux espoirs, car la parenté du danois, du norvégien et du suédois est assez étroite pour permettre une communication presque normale entre habitants des trois pays correspondants, lors même que chaque participant parle et répond dans sa langue : le Suédois comprend la plus grande partie de ce qu'il entend en norvégien, et réciproquement ; la chose est légèrement moins vraie avec le voisin du sud : bien que la domination de Copenhague ait imposé pendant plus de quatre siècles une forme de dano-norvégien comme langue officielle en Norvège (Hagège 1992b), les particularités de la prononciation danoise produisent quelque distance par rapport aux deux autres langues ; mais ce n'est pas assez pour la rendre opaque, et le programme fonctionne bien, car il s'appuie sur des données peu contestables.

En France, deux équipes au moins, celles de Grenoble et d'Aix-en-Provence, travaillent sur des projets comparables à celui des Danois. Il s'agit d'examiner la manière dont un francophone se comporte face à l'italien, à l'espagnol, ou à telle autre langue romane qu'il lit, et la proportion qu'il est ainsi capable de comprendre sur l'ensemble d'un texte qu'on lui soumet. Cette proportion varie beaucoup avec les individus, et elle est moins élevée à l'oral qu'à l'écrit, comme on peut s'y attendre ; mais elle est loin d'être négligeable ; pourtant, dans le projet grenoblois par exemple, le critère de sélection des francophones sur lesquels porte l'enquête est qu'ils n'aient jamais été au contact d'aucune autre langue romane ; il faut donc en conclure que la compétence passive est directement corollaire du nombre important de racines communes à toutes les langues issues du latin, et que c'est là le fondement d'une intuition des sens. Certes, les pièges sont nombreux, car chaque langue, comme dans toutes les situations comparables à travers l'univers linguistique, a vécu sa propre destinée, subi des influences spécifiques ; les correspondances ne sont donc pas toujours aussi régulières que pour le suffixe français *-ion* de noms abstraits,

auquel font écho l'italien -ione, l'espagnol -ión, le portugais -ão, le roumain -ie (révolution, rivoluzione, revolu-
ción, revolusão, revoluţie, etc.). Mais la compréhension
tire un grand profit des homologies.

Rôle de la langue maternelle

Le profit ne se limite pas aux mots. Il concerne aussi
les structures grammaticales. À cet égard, il est intéressant de noter une différence de réaction entre francophones unilingues et francophones bilingues qui, bien
que maîtrisant le français, l'ont appris comme langue
seconde : la phrase espagnole había entendido « (il) avait
compris » est aisément interprétée par les premiers, qui
reconnaissent dans había l'imparfait de l'auxiliaire
« avoir », utilisé dans les langues romanes pour former le
plus-que-parfait ; les seconds sont des universitaires d'origine maghrébine ; pour traduire había, ils essaient « habi-
ter » ou « habituel » ; je me réfère ici à une enquête
conduite par un membre de l'équipe de Grenoble (Gaudin
1995) ; il n'est pas exclu, me semble-t-il, que la réaction de
ces informateurs arabophones de naissance soit liée au
fait que l'usage d'auxiliaires pour former certains temps
est un phénomène beaucoup plus rare dans le système de
conjugaison arabe. On peut déduire de cette expérience
que la connaissance intime, c'est-à-dire maternelle, d'une
première langue est un préalable à l'acquisition d'une
compétence passive dans une langue qui lui est apparentée. Une telle connaissance rend aussi plus efficace, du
fait des voisinages culturels, le recours au contexte :
l'espagnol poco « peu » est compris, dans l'expérience ici
mentionnée, par les francophones unilingues, alors
qu'une des arabophones bilingues le traduit par « beaucoup », à mon avis parce qu'elle le considère, indépendamment du contexte, comme phonétiquement proche

252 • L'ENFANT AUX DEUX LANGUES

du français *beaucoup* : l'arabe n'a pas de *p*, et traite comme *b* les *p* d'autres langues.

En conclusion, mon but était de montrer ici que dans une langue apparentée à la sienne, le candidat à l'apprentissage bilingue acquiert plus facilement que dans une autre cette compétence passive qui permet de comprendre, même si on n'est pas encore en mesure de parler, c'est-à-dire si l'on ne possède pas de compétence active. Une bonne compétence passive est une étape vers ce but.

CHAPITRE XIII

Bilinguisme égalitaire et bilinguisme d'inégalité

LE BILINGUISME N'EST PAS LA DIGLOSSIE

Il est important, pour assurer le succès de l'apprentissage bilingue, d'être conscient du statut que les langues concernées possèdent dans la société et dans les représentations symboliques. Ce statut est très variable. Pour s'en convaincre, il suffit, par exemple, d'un bref regard historique sur un des principaux moteurs externes de l'évolution des langues, à savoir l'emprunt. Souvent, la langue emprunteuse a moins de prestige que la langue prêteuse. D'une manière comparable, les deux langues en présence dans l'apprentissage bilingue peuvent être de statuts fort différents. Cela peut tenir à leur nature, auquel cas on opposera bilinguisme et diglossie. Cela peut aussi tenir à des inégalités sociales. J'examine ici le premier de ces deux points, et traiterai plus bas le second. On verra quel parti l'éducation bilingue peut tirer d'une prise de conscience de ces disparités.

La notion de diglossie

Le terme de diglossie fut utilisé pour la première fois en 1928, par l'écrivain J. Psichari, à propos de la situation linguistique qui prévalait alors et continue, dans une certaine mesure, de prévaloir en Grèce malgré la réforme récente en faveur de la variété moderne : la coexistence de deux niveaux de langue. Le terme a été repris et répandu par le linguiste C. Ferguson (1959). Il désigne la présence simultanée, dans certains pays, d'un registre de langue littéraire et d'un registre oral, qui se répartissent selon les fonctions. C'est ainsi que se distinguent les deux formes du grec, l'une appelée *katharévoussa*, c'est-à-dire « pure », et l'autre dite *dhimotiki*, c'est-à-dire « populaire », langue parlée d'aujourd'hui : de même se différencient, en Suisse, l'allemand écrit et les parlers alémaniques, souvent variables d'un canton à l'autre ; dans le monde arabe la langue classique, norme unique pour tous, et les dialectes, dont chacun est propre à un pays du Maghreb ou du Moyen-Orient ; ou encore, à Haïti, le français et le créole. Dans tous ces cas de diglossie, les deux niveaux sont liés par une étroite parenté génétique, étant dans certains cas deux étapes historiquement décalées d'une même langue. Le registre littéraire est considéré comme plus solennel, et s'emploie en tant que langue écrite, ainsi que dans l'administration, la vie publique, les conférences universitaires, la presse , etc., alors que l'autre registre, en principe exclu de l'écrit, est réservé aux relations privées et à la vie familiale. Le niveau littéraire est seul à être, le cas échéant, l'objet d'une normalisation, souvent prise en charge par le pouvoir politique. Enfin, sa grammaire et son lexique conservent plus d'archaïsmes que la langue parlée. On notera que cette dernière est loin d'être disqualifiée par une telle situation. Au contraire, il suffit d'obser-

ver les comportements linguistiques en Suisse alémanique ou en Tunisie, y compris chez les intellectuels, pour
y reconnaître un attachement évident à la norme orale,
miroir d'identité.

Alternance de codes et
conscience métalinguistique

L'étroite parenté génétique qui caractérise les deux
niveaux dans une situation de diglossie n'est pas le seul
critère qui la distingue du bilinguisme. Une autre différence est que la population tout entière se trouve
confrontée à deux normes, et qu'il n'y a donc pas de choix
possible de l'une d'entre elles comme seconde langue :
seule la norme littéraire est enseignée à l'école, et par
suite, seuls y ont vraiment accès ceux qui ont pu bénéficier d'une scolarité complète. L'alternance des codes est
pratiquée, mais elle n'est maîtrisée que par ces derniers :
leur formation les rend seuls capables d'acquérir une
conscience métalinguistique, c'est-à-dire de prendre une
distance à l'égard des formes mêmes qu'ils emploient ou
entendent (cf. p. 59), grâce à une analyse élémentaire du
discours, qui fonde les glissements d'une norme à l'autre.
Un Marocain ou un Syrien instruits emploient consciemment des mots ou des tournures de l'arabe littéraire lorsqu'ils s'entretiennent en dialecte avec un partenaire à la
culture équivalente. Un Zurichois éclairé peut assortir
d'emprunts à la norme allemande un discours en alémanique de son canton. En revanche, ceux qui, du fait d'une
origine plus modeste, ou d'une profession qui ne requiert
pas de long cursus scolaire, ont peu fréquenté les lieux
d'enseignement, ne maîtrisent pas la variante littéraire, et
sont peu conscients des emprunts que lui fait leur message en langue parlée : le travailleur du Pirée a beau se
prénommer Aristote, il n'a guère accès, en dépit des mots

savants qu'en tire la *dhimotiki*, à la *katharévoussa*, proche, par certains aspects, de la langue du philosophe antique, son illustre homonyme ; et pour l'ouvrier agricole qui taille la canne à sucre dans la campagne haïtienne, le français, dont le haïtien intègre bien des mots, est une langue étrangère, alors que ce créole en est historiquement issu, à travers une étape préalable de pidginisation. Chez l'un comme chez l'autre, la diglossie demeure rudimentaire, et ne peut donc pas être cette précieuse propédeutique au bilinguisme qu'elle est chez ceux qui ont assez bien étudié la norme écrite pour savoir manipuler avec dextérité l'alternance des codes. Car on constate bien, chez ces derniers, un passage facile de l'aptitude diglossique à la capacité d'apprendre une langue étrangère, c'est-à-dire de la diglossie au bilinguisme. Il faut en déduire que *la conscience métalinguistique chez l'adulte peut être une bonne base d'apprentissage bilingue.*

LES LANGUES INÉGALES

Bilinguisme et fractures

Perte de langue en environnement précaire

En tant que codes utilisés pour s'entretenir du monde avec autrui, les langues pourraient paraître étrangères aux paramètres sociaux et politiques qui définissent les situations de diglossie. Pourtant, le désir d'être bilingue pose souvent des problèmes qui ne sont pas sans rappeler ces situations, telles que les vivent les usagers exclusifs de la variante orale, dont je viens de traiter. Dans la partie septentrionale de la France, les patois de langue d'oïl sont en relation inégale avec le français ; il était l'un d'entre eux à l'origine, mais il devint puissant car c'était lui que parlait la dynastie qui imposa sa suprématie politique, illustrant ici la définition prêtée au maréchal Lyautey : « Une langue est un patois qui se trouve avoir une armée. » Dévalués par les plus âgés de leurs locuteurs, qui, souvent, s'imputent à péché de les parler encore, et ne les transmettent guère à leurs descendants (alors qu'ils constituent non seulement une richesse, mais encore une aide à l'éducation bilingue), ces patois seraient chacun, vis-à-vis du français, un des deux termes d'une relation de diglossie, s'ils n'étaient pour la plupart en voie d'extinction, à raison même de leur marginalisation. Il s'agit donc plutôt d'un cas de *bilinguisme non égalitaire*, c'est-à-dire dans lequel une des deux langues possède un statut social privilégié, et par conséquent un plus grand prestige (pour plus de détails sur cette notion, voir Hagège et Haudricourt 1978). Mais il existe des exemples tout aussi frappants de bilinguisme non égalitaire, où l'on note qu'une des deux langues est théoriquement maternelle, tandis que l'autre, en principe étrangère, est en fait la langue de la tentation.

En France, par exemple, la relation peut être dite d'inégalité quand les deux termes en sont d'une part le français, d'autre part une des langues d'émigrés, d'origine modeste, qui s'emploient dans des travaux peu lucratifs et vivent, même quand ils ont acquis la nationalité française, comme en marge de la société. Les situations qui en résultent sont de nature à remettre en cause la notion idéale de bilinguisme comme bonne connaissance de deux langues à la fois. Certes, les faits ne sont pas comparables à ceux des États-Unis : dans ce pays, les progrès sont encore timides, bien qu'on n'en soit plus à l'époque où le bilinguisme était purement et simplement associé avec pauvreté et ignorance (Di Pietro 1978), puisque pour bénéficier des fonds accordés par une loi qui subventionnait l'éducation bilingue, les communautés unilingues (souvent vues par l'opinion comme des groupes de marginaux (en majorité hispanophones) fraîchement immigrés et non encore passés au laminoir de l'américanisation) devaient établir la preuve de leur pauvreté ! Cependant, la situation française est loin d'être exempte de fractures. Selon une enquête de C. de Heredia-Deprez (1977), parmi les enfants, en principe bilingues et nés en France, de travailleurs immigrés, notamment portugais et maghrébins, les uns, bien qu'ils aient une pratique aussi satisfaisante des deux langues, celle de la famille et le français, parlent la première avec un accent français ; les autres répondent le plus souvent en français à leurs parents parlant dans la langue vernaculaire, que les enfants comprennent, sans, pour autant, choisir de l'utiliser ; d'autres, enfin, sont engagés dans un processus de dissolution des souvenirs, et ne connaissent plus les noms d'objets et de notions appartenant pourtant à la langue courante ; ils peuvent éprouver de sérieuses difficultés à se faire comprendre lors des séjours de vacances familiales dans le pays d'origine, car leur arabe ou leur portugais, s'ils parviennent à en manier une forme, contient trop de traces de contamination par le français.

Bilinguisme et familles favorisées

En fait, tout indique que l'exposition simultanée de l'enfant à deux langues dès les premiers mois de sa vie ne produit de bons résultats que lorsque certaines conditions extérieures sont satisfaites, dont la principale est l'appartenance à un milieu familial stimulant. Un tel milieu est, le plus souvent, celui que constituent des parents économiquement favorisés, et dont la relation avec la culture, en particulier avec les deux langues, est bien dominée. Tel était, précisément, le cas des deux premiers linguistes qui aient étudié le bilinguisme précoce, intellectuels issus de familles aisées : Ronjat et W. Leopold, un Allemand de milieu éclairé, qui émigra aux États-Unis en 1933 et y écrivit les quatre volumes de son gros ouvrage, en observant l'évolution du bilinguisme anglais-allemand chez sa fille Hildegard entre la naissance et la treizième année. Dans les familles de ce type, qui sont celles de la bourgeoisie cultivée, vivant dans une relative sécurité linguistique, l'enfant acquiert très tôt la conscience du fait qu'il existe dans son entourage deux langues distinctes. Cela ne signifie pas que tout conflit soit banni : la littérature de ce siècle en fournit des témoignages célèbres, ceux des écrivains qui content leur enfance immergée dans le bilinguisme, ou leur partage d'adultes entre deux langues, et parmi eux, bien entendu, E. Canetti, toujours cité (*Histoire d'une jeunesse : la langue sauvée*, 1981), mais aussi N. Sarraute (*Enfance*, 1983), J. Green (*Le langage et son double*, 1985), P. Quignard (*Le salon de Wurtemberg*, 1986) et, tout récemment, V. Alexakis (*La langue maternelle*, 1995) ou A. Makine (*Le testament français*, 1995). Mais il s'agit dans tous ces cas de milieux où les moyens d'assigner un énoncé à l'une ou à l'autre langue sont assez vite appris par l'enfant. Cette sorte d'analyse métalinguistique est favorisée par l'alternance des codes, éventuellement pratiquée (mais entre parents) dans de tels milieux.

Le mélange de langues, l'insécurité linguistique
et les conflits

C'est non pas l'alternance de codes, mais le mélange entre la langue première et un français mal maîtrisé, que l'on rencontre dans les familles où les parents ne veulent pas démériter aux yeux de leurs enfants nés en France. Face à ce mélange, un enfant très jeune n'est pas encore en état d'identifier assez clairement les énoncés pour pouvoir les imputer à l'une ou à l'autre langue. N'ayant pas acquis une langue maternelle stable, l'enfant de ces

260 • L'ENFANT AUX DEUX LANGUES

milieux, le plus souvent ceux de travailleurs immigrés, est trop fragile, en termes linguistiques, pour être soumis sans risques à un enseignement bilingue précoce dans le cadre scolaire. Au contraire, l'enseignement unilingue dans la langue du pays de naissance, le français, qui prend alors les traits d'une langue maternelle bien qu'il ne le soit pas littéralement, peut se dérouler normalement. Mais cela s'accompagne souvent, à mesure que l'enfant grandit, du rejet de la langue familiale ; chez l'adolescent, cette attitude tendra à s'inscrire dans le cadre du refus de l'autorité des parents, d'autant plus que leur langue est non seulement son expression, mais de surcroît la cause, face à l'autre langue, qu'ils parlent de manière fautive, de l'insécurité linguistique dans laquelle l'enfant a grandi. Le refus peut s'assortir d'une assez sévère condamnation de l'ignorance des parents quant à la langue du pays d'accueil, ainsi que d'un sentiment de doute et de perte de confiance. Pour prendre un exemple hors de France, voici l'étonnant témoignage de R. Rodriguez, fils d'émigrés mexicains aux États-Unis, évoquant sa réaction d'adolescent à l'anglais de ses parents :

> « C'était autrement troublant d'entendre parler mes parents en public : voyelles gémissantes, consonnes gutturales, phrases engluées dans des "euh" et des "ah", syntaxe chaotique, rythme saccadé très différent du débit des gringos. Entendre mes parents se débattre avec la langue anglaise m'ébranlait. À les écouter, je devenais nerveux : ma confiance aveugle en leur protection et en leur pouvoir fléchissait » (cité dans Deprez 1994).

L'inégalité de statut entre la langue du lieu d'émigration, nécessairement prestigieuse, et celle des émigrés, souvent disqualifiée aux yeux des plus jeunes, aiguise encore le conflit des générations, notamment lorsque l'enfant fait office d'interprète, pour sa mère par exemple, à l'occasion des démarches administratives auxquelles les émigrés, en France, doivent consacrer beaucoup de temps ; adolescent, il comprend mal que cette attribution de pouvoir, qui le valorise comme un adulte, n'ait pas pour effet d'abolir les actes d'autorité parentale, souvent abrupte, et dès lors impatiemment supportée comme arbitraire et dénuée de justification. Plus généralement s'affrontent d'un côté les parents déclassés par la précarité de leurs conditions de vie, la discrimination sociale et l'insécurité linguistique, de l'autre des enfants dont les intérêts de jeunes citoyens en voie d'intégration sont directement opposés à ceux des parents, dans la mesure où le succès social et professionnel est lié à l'adoption de la langue dominante.

Du mélange de langues au semi-linguisme

La double incompétence

L'école elle-même est impuissante à lutter contre la précarité linguistique que produit, chez les enfants des familles les plus défavorisées, l'exposition précoce à des mélanges de langue permanents. Car si du moins les parents arabophones, par exemple, enseignaient distinctement l'arabe aux enfants, ces derniers y puiseraient une vision claire de l'écart entre deux langues, et seraient en état de devenir bilingues. Mais en l'absence d'un soutien apporté au travail à l'école par l'éducation familiale dans une langue des parents qui s'affirme et soit assimilable, le risque est celui d'une double incompétence : les enfants ne dominent ni l'arabe de leurs parents, ni le français de leur pays natal. Doublement incompétents, ils sont menacés d'être doublement marginaux : exilés de la langue du foyer comme de celle de l'institution scolaire, ils sont exposés aux deux périls contraires de la ségrégation et du déracinement. Si des conditions favorables, des maîtres attentifs et efficaces, et une volonté opiniâtre de surmonter les obstacles grâce à l'effort en classe leur permettent de conjurer le danger de ségrégation par une bonne acquisition du français, la rançon de ce succès est le déracinement : l'occultation de la langue que parlait la mère à l'enfant dans ses premières années, sa disqualification sociale alors qu'elle est la langue de la tendresse peuvent induire de profondes fractures. Cette situation est-elle plus enviable que la double incompétence ?

Le semi-linguisme

La double incompétence ressemble fort au semi-linguisme. Ce terme, proposé à l'origine par un linguiste suédois (Hansegård 1968), s'appliquait alors, en Suède, aux émigrés finlandais de la vallée de la Torne, ainsi qu'aux Sames (Lapons) de Laponie suédoise. On avait constaté que ces communautés ne maîtrisaient ni le finnois ou le same de leurs origines, ni le suédois de leur pays de résidence. En fait, l'individu en situation de semi-linguisme ne connaît, de chacune des deux langues en cause, que les aspects qui correspondent à ses besoins, selon les circonstances. Cette répartition complémentaire des compétences entre deux langues est évidemment fort éloignée de ce que l'on attend d'un bilingue. Elle implique une étendue réduite du lexique dans chaque langue, une limitation de la créativité verbale, une indigence des connotations individuelles. Bien que le terme même de semi-linguisme, après avoir suscité des débats passionnés, surtout en Suède, en Norvège et en Finlande parce qu'il reflétait dans ces trois pays les controverses sur l'intégration économique et sociale des minorités lapones, soit moins en usage aujourd'hui (Fernandez-Vest 1989), la réalité qu'il désigne est présente dans beaucoup de lieux où les relations entre les langues sont régies par l'inégalité.

Plurilinguisme et sous-développement

Face à ces situations de bilinguisme inégal et de semi-linguisme, qui concernent le plus souvent des populations socialement et économiquement défavorisées, on s'est demandé s'il existait, au niveau des États ou des nations, un lien entre plurilinguisme et sous-développement. Il est vrai que des cas comme ceux de la plupart des États d'Afrique pourraient suggérer que les pays plurilingues tendent à être aussi, sans qu'il s'agisse en aucune façon d'une loi, des pays pauvres. En réalité, des études récentes, notamment celle de Fishman (1991), montrent que l'homogénéité ou l'hétérogénéité linguistique n'est reliée que de manière indirecte et non significative au produit national brut par individu. Cela dit, chacun peut noter, même sans établir de relation causale, la fréquente coexistence de conflits tribaux et de langues nombreuses, ainsi que la coïncidence historique, dans les pays d'Europe occidentale, entre développement économique et relative homogénéité linguistique. En France, la langue du roi puis de la République s'est imposée contre les langues régionales à travers l'exercice même de l'autorité politique, facteur de la prospérité économique. Il en fut de même en Angleterre pour la langue de la majorité, dès lors que l'on abandonna le français et consigna les langues celtiques, florissantes avant la conquête romaine, dans les appendices côtiers. Le castillan, langue des rois catholiques de la Reconquête, fut imposé jusqu'aux Amériques par un pouvoir politique qui escomptait de leur colonisation une grande prospérité. Quant à l'Allemagne et à l'Italie, quand se réalisèrent, au XIXe siècle, leurs tardives unités politiques, leur richesse était depuis longtemps bâtie sur une unité économique et culturelle qui s'exprimait en une grande langue dominant sans la dissoudre, dans les deux cas, la diversité des dialectes.

Ces situations, favorables au développement d'une langue nationale, ne le sont pas nécessairement quand il s'agit de bilinguisme, et, à plus forte raison, de multilinguisme. Les pays plurilingues, on l'a vu, tendent à être aussi ceux où le nombre des habitants multilingues est le plus grand. Mais symétriquement, l'affirmation d'une langue unique comme symbole d'un État n'a nullement lieu d'être un obstacle à la diffusion de l'enseignement multilingue. Cet enseignement produit d'autant plus de bons résultats que les langues sont, les unes par rapport aux autres, dans des relations d'égalité. Le présent chapitre a tenté de montrer que lorsque la langue de la famille et celle de la société majoritaire sont différentes, si leurs statuts sociaux sont inégaux, l'apprentissage est menacé d'un dilemme : en France, par exemple, ou bien l'acquisition du français et celle de la langue maternelle sont peu satisfaisantes l'une et l'autre, ou bien le français est normalement acquis, ce qui rend possible l'éducation bilingue à l'école, c'est-à-dire l'acquisition d'une troisième langue, mais le prix personnel en est lourd. Il n'est autre que le déracinement.

Conclusion

On parle souvent du don des langues. Et il est vrai que certains paraissent en acquérir avec plus de facilité que d'autres, bien qu'aucun spécialiste du cerveau n'ait jusqu'ici localisé une zone, un type de circuit ou un mécanisme qui soit spécifiquement le vecteur de ce don. On pourrait se demander si les polyglottes d'hier et d'aujourd' hui le sont au sens plein, et s'il ne s'agirait pas plutôt d'esprits agiles, certes, mais dont la tâche est facilitée par l'un ou l'autre des nombreux facteurs qui rendent leur talent moins étonnant, ou plus proche qu'il ne paraît des mesures humaines ordinaires : parenté entre les langues qu'ils connaissent ; rareté des circonstances où ils les parlent, par rapport à celles où ils les lisent, les écrivent ou les comprennent, ce qui est moins difficile ; éducation de la mémoire par une pratique régulière, laquelle a souvent pour effet de nouveaux apprentissages, le polyglotte étant celui qui peut apprendre assez vite une langue qu'il ne connaît pas, autant que celui qui en connaît déjà plusieurs.

En tout état de cause, aucun « don des langues » ne saurait dispenser d'une étude sérieuse, et il n'est pas vrai que ceux qui n'auraient pas ce don soient contraints de fournir beaucoup plus d'efforts sans être assurés d'un bon résultat. Tout le propos du présent livre a été de montrer qu'une éducation bilingue précoce serait à la portée de tous, dès lors que les États consentiraient à prendre les moyens de la généraliser dans leur politique scolaire. Certes, ceux dont la famille, grâce à des circonstances favorables, a un accès plus facile aux choses de l'esprit peuvent en tirer un avantage, mais cela n'est pas une loi.

Les langues, en particulier les traits spécifiques de leur prononciation et les contraintes de leur lexique, ne peuvent d'aucune manière se deviner. Et il n'est d'autre moyen, pour donner ses meilleures chances à leur apprentissage, que de le faire commencer très tôt. Par ailleurs, comme on l'a vu, l'introduction précoce d'une langue facilite l'apprentissage ultérieur d'autres langues.

Pour assurer le succès d'une entreprise aussi souhaitable, il convient de réduire ce qu'on pourrait appeler la mentalité unilingue. Celle-ci est souvent bien enracinée. L'unilinguisme se trouve même posséder parfois, pour des raisons purement politiques liées à l'isolationnisme et au nationalisme ombrageux des États, une considérable force de résistance, ou d'inertie. Celle-ci paraîtrait justifier, en quelque mesure, la comparaison qu'on a proposé de tracer entre les langues et les espèces animales (Laponce 1995). Les unes comme les autres tendent à occuper des niches territoriales strictement délimitées, dont elles interdisent l'accès aux intrus. Mais on aperçoit vite l'insuffisance de cette comparaison : contrairement aux groupes animaux, les sociétés humaines qu'un même lieu se trouve réunir en viennent à communiquer par la parole, et c'est dans cette aventure, dont l'impulsion leur est propre, que le bilinguisme trouve sa source, d'une manière parfaitement naturelle.

Même les États qui prennent le parti de l'isolement ne laissent pas close la porte des langues. Le Japon des shoguns, au plus fort de sa politique de repli sur soi, n'empêcha pas la population de s'intéresser aux langues étrangères, comme l'attestent, notamment, les mots portugais empruntés en japonais dès la première moitié du XVIIe siècle, ainsi que les centaines de mots néerlandais conservés dans cette langue, où ils furent introduits durant l'ère des Tokugawa, du XVIIe siècle au XIXe. Les langues sont gourmandes, et les interventions officielles, bien que souvent efficaces, sont impuissantes à brider leurs appétits. Reflet de cette gourmandise, la curiosité des langues d'autrui habite les hommes, quels que soient les choix du pouvoir : en Union soviétique, aux temps du paroxysme de méfiance à l'égard du monde extérieur non communiste, l'enseignement des langues étrangères demeura remarquable par sa qualité. Je ne retiens ici que ces deux exemples, pris dans des nations et à des époques différentes, mais l'attitude qu'ils illustrent constitue une des causes qui expliquent la très vaste diffusion mondiale du bilinguisme.

Cette diffusion n'est pas, elle-même, la seule raison qui doive conduire à voir dans le bilinguisme un phénomène tout à fait normal. Une autre raison, essentielle, tient à la nature des langues. Par l'effet d'une erreur assez commune, on confond les notions de langue et de langage. La faculté de langage étant le discriminant principal qui définit l'humain par opposition aux autres espèces animales, il va de soi qu'elle est unique, car si elle ne l'était pas, elle ne pourrait constituer un principe définitoire, reconnu par toutes les écoles, en tous temps et en tous lieux. Il n'y a donc aucun sens à imaginer un individu humain possédant deux facultés de langage. Mais pourquoi cette faculté de langage unique devrait-elle se manifester sous la forme d'une seule langue ? Dans le cadre des États, des nations, des régions, des groupes sociaux, l'expérience la plus élémentaire donne à voir une pluralité de langues, dont on peut se demander s'il n'y a pas lieu de la considérer comme coéternelle à l'espèce, en renonçant (Hagège 1985) à l'hypothèse traditionnelle d'une seule langue, universelle, aux aurores de l'humanité. Mais la diffusion mondiale du bilinguisme signifie que cette pluralité concerne également les individus. Il faut en déduire que rien dans la nature du langage comme faculté n'exige qu'un homme ne manifeste cette faculté qu'à travers une seule langue.

De plus, les langues, étant toutes des illustrations particulières d'une seule et même faculté, ont nécessairement entre elles d'étroites ressemblances de structures.

Une des conséquences de ce fait est que dans les sociétés plurilingues, les enfants, exposés à diverses langues qu'ils s'habituent à comparer plus ou moins inconsciemment, deviennent plus facilement multilingues. Certes, il n'y a pas de rapport d'implication ou de nécessité entre pluri-linguisme et multilinguisme (cf. p. 11). Ainsi, beaucoup de francophones de Suisse romande ne connaissent pas les autres langues de la Confédération, qu'il s'agisse des dia-lectes rhéto-romanches, des dialectes alémaniques ou de l'italien. Mais à l'inverse de cet exemple, un lien apparaît souvent entre plurilinguisme et multilinguisme. Les citoyens multilingues sont plus nombreux dans les États plurilingues, comme le fait apparaître une enquête de 1988, qui appliquait, d'une part aux jeunes générations, d'autre part à l'ensemble de la population, les deux cri-tères du nombre moyen de langues apprises et de langues correctement parlées, en vue de classer les douze pays de l'ensemble qui s'appelait alors la Communauté euro-péenne (Girard 1995).

Même s'il convient de demeurer prudent quand on utilise les enquêtes de ce type, un fait est remarquable : la première et la quatrième positions sont occupées respecti-vement par le Luxembourg et la Belgique, pays pluri-lingues. Il faut ajouter que dans les pays de ce type, les mariages entre deux individus qui ne parlent pas la même langue sont beaucoup plus courants que dans les pays unilingues, ce qui favorise le multilinguisme des enfants, sans compter que même sur ceux qui appartiennent à des familles linguistiquement homogènes, l'environnement social plurilingue exerce nécessairement une forte pres-sion. Ce phénomène s'observe partout, sans que son ampleur soit réduite par la politique qui, souvent, consiste à réputer unilingue un État où se parlent, en fait, d'autres langues en sus de celle qui est seule reconnue comme officielle. Cette reconnaissance, qui masque aux regards étrangers la réalité du plurilinguisme, est toujours un acte de pouvoir.

Tel fut le cas en France lorsque la langue de la monarchie, à savoir la norme commune qui se dégageait des dialectes d'oïl, notamment ceux de Champagne, de Picardie, de l'Orléanais et de l'Île-de-France, supplanta, en attendant que la République consacrât par des lois la suprématie du français, non seulement les autres dialectes romans du Nord, mais aussi les langues romanes et non romanes qui avaient été celles d'entités politiques autonomes, notamment le basque, le breton, le catalan et l'occitan. C'est une situation comparable que l'on observe, à ceci près que les langues non officielles y sont tout à fait vivantes et souvent réputées « nationales », dans les pays d'Afrique qui ont promu comme officielle celle de l'ancienne puissance coloniale : l'anglais au Nigeria, où l'on trouve cependant deux cent soixante-cinq ethnies utilisant autant de langues, dont certaines parlées par huit millions (igbo) à vingt millions (haoussa) de personnes, l'anglais encore au Ghana, où existent plus de quarante langues africaines, le français au Zaïre, où l'on compte une cinquantaine de langues, bantoues pour la plupart, le français également en Côte-d'Ivoire, où une soixantaine de langues africaines se répartissent entre les groupes guinéen, mandingue et voltaïque. En Inde, l'anglais est langue officielle auxiliaire, le hindi langue de l'Union, et il existe onze langues constitutionnelles : sept indo-aryennes dont le bengali, quatre dravidiennes dont le tamoul ; mais on y compte plus de cent autres langues. Ici comme en Afrique subsaharienne, le nombre des multilingues et celui des langues qu'ils parlent ont tout lieu d'impressionner fortement un Français d'aujourd'hui.

En effet, l'unilinguisme est encore dominant en France, malgré une récente ouverture aux autres langues. Les domaines de recherche sont évidemment tributaires des préoccupations dominantes d'une époque et d'une société. Jusqu'à la fin des années soixante, la tradition unilingue était enracinée dans l'idéologie jacobine d'un État fortement centralisé, génératrice de structures mentales et d'institutions scolaires qui consolidaient le règne du français, depuis longtemps établi comme symbole de l'unité nationale. À la même époque, qui est, de manière révélatrice, à la fois celle du retour du général de Gaulle sur la scène politique et celle de la campagne de R. Étiemble contre le franglais (cf. Hagège 1987, 108-114), la prise de conscience du défi anglophone avait encore aiguisé l'idéologie unilingue. Celle-ci puisait ses sources dans la conscience de la primauté historique de la langue française.

Il est intéressant d'observer la manière dont, au début des années vingt de ce siècle, deux grammairiens célèbres pouvaient en venir, selon une inspiration totalement opposée aux modes de penser d'aujourd'hui mais aisément interprétable dans l'environnement intellectuel d'alors, à relier l'unilinguisme et le maintien des positions du français. Indignés par l'introduction de l'anglais dans les négociations du traité de Versailles, laquelle avait également surpris le linguiste A. Meillet, car les armes françaises étaient victorieuses, et l'aide américaine tardive (cf. Hagège 1992), Damourette et Pichon (1911-1927, tome premier, § 44) citent le passage où le marquis de Flers, dans son discours d'octobre 1921, prononcé à la séance publique annuelle des cinq Académies, proteste hautement contre cettre étrange innovation :

> « Que l'on nous prive de tel avantage économique ou de telle zone contestée, nous en avons l'habitude et nous le prenons avec une bonne grâce parfois excessive, mais que l'on cherche à nous évincer lorsqu'il s'agit d'un privilège que le monde nous a reconnu et que le temps n'a jamais entamé, c'est à quoi nous ne saurions nous résigner en silence. »

Néanmoins, Damourette et Pichon relèvent des signes d'espérance ; mais le plus intéressant pour notre présent propos est qu'ils en tirent argument pour recommander l'unilinguisme en France :

« Malgré tout, la langue française garde, au point de vue intellectuel, sa prépondérance universelle. En maints pays, elle gagne du terrain, témoin l'empressement que lui marque l'élite de l'Amérique latine. Et les Français, dont la langue est au programme de l'enseignement secondaire de presque toutes les nations, peuvent rester le peuple le moins polyglotte du monde, et c'est heureux, car, comme l'a dit très justement Remy de Gourmont, "le peuple qui apprend les langues étrangères, les peuples étrangers n'apprennent plus sa langue "».

Et en 1925, le ministre A. de Monzie déclare le bilinguisme nuisible à l'esprit ! Si la polémique, sur ce point, est pure vanité, c'est parce qu'à l'époque contemporaine, les rapports de force sont bien différents. Le sont aussi, dès lors, les idées qui s'en alimentent. Il se trouve que le phénomène qui a éveillé en France l'intérêt pour le multilinguisme est, dans la continuité même de cet attachement au français, affaire éminemment politique, la naissance et l'accroissement du groupe des pays francophones. En effet, deux nécessités sont apparues de plus en plus pressantes aux pouvoirs politiques, en France comme au Québec, en Wallonie et en Suisse romande : d'une part celle de répondre à la demande exprimée, vis-à-vis du français, par les jeunes États, d'Afrique maghrébine et subsaharienne notamment, issus de la décolonisation, d'autre part celle de respecter les langues de tous ces États, afin que le français n'apparût pas comme un outil de domination, mais au contraire comme une garantie de diversité, liée à l'absence de visée hégémonique (Hagège 1987). C'est donc la sollicitude à l'endroit des pays promoteurs de la francophonie qui, en France, a conduit le pouvoir à prendre conscience de l'urgence d'une politique d'ouverture au multilinguisme, désormais tenue pour une arme efficace en vue d'affronter le formidable défi que lui lance aujourd'hui la diffusion mondiale de l'anglais. Mais à vrai dire, les pays francophones, s'ils sont les inspirateurs de cette volte-face, n'en sont pas les bénéficiaires. C'est l'enseignement des langues européennes occidentales qui en tire aujourd'hui parti, à raison même de l'effort de promotion du français au sein de l'Union européenne par le biais d'une défense et illustration du multilinguisme.

De fait, sur la nécessité de développer l'enseignement des langues en Europe, l'accord est, présentement, à peu près unanime. Ainsi, dans un texte rédigé en juin 1984, lors de la réunion, à Luxembourg, du Conseil européen, auquel s'étaient joints les ministres de l'Éducation des États membres, on peut lire cette déclaration :

> « Les États membres conviennent de promouvoir toutes mesures appropriées pour que le plus grand nombre possible d'élèves acquière, avant la fin de l'obligation scolaire, une connaissance pratique de deux langues en plus de leur langue maternelle. »

En 1990 fut institué le programme Lingua, dont le Conseil avait fixé en ces termes la mission, dans sa Décision de juillet 1989 :

> « Le programme Lingua a pour objectif principal de promouvoir une amélioration quantitative et qualitative de la connaissance des langues étrangères en vue de développer les compétences en matière de communication à l'intérieur de la Communauté. À cette fin, il fournit la possibilité de soutenir et de compléter, par des mesures communautaires, les politiques et les actions des États membres tendant vers cet objectif. »

Comme le note M. Candelier, qui cite ces deux textes (1995),

> « l'article 5 précise les objectifs spécifiques : généraliser la pratique des langues étrangères ; aider à la promotion de toutes les langues de la Communauté ; intégrer les langues étrangères dans le plus grand nombre possible de cursus universitaires ; perfectionner la compétence des enseignants de langues étrangères ; promouvoir les langues dans la vie économique ; encourager l'innovation méthodologique. »

En dépit de toutes ces bonnes intentions, et des réalisations concrètes qu'a permises le programme Lingua, notamment la participation de quelque vingt mille enseignants européens de langues à des stages de formation en pays étrangers aux leurs, il n'est pas question, dans ces projets, de l'entreprise, à la fois immense et précise, qui est le propos du présent ouvrage : former partout de véritables bilingues et multilingues, en commençant très tôt. Il est important de prendre conscience d'une vérité : enseignement bilingue n'implique pas enseignement précoce. Or c'est précisément leur étroite association que j'ai ici proposée. Mais pour enseigner quelles langues ?

Les raisons de ne pas introduire l'anglais dès le début devraient à présent paraître claires. Si l'on prend pour exemple, dans les classes bilingues franco-allemandes d'Allemagne, les élèves qui apprennent l'anglais en entrant au gymnase, on constate que la plupart d'entre eux, quand ils en sortent, le parlent avec une aisance suffisante pour qu'on puisse les considérer comme quasiment trilingues. Au contraire, le choix précoce de l'anglais, à mesure que les écoliers et leurs familles prennent conscience de son poids international, les dissuade d'ajouter plus à leur cursus, par la suite, qu'une seule langue étrangère nouvelle. En d'autres termes, alors que toutes les autres langues acheminent naturellement les élèves vers le multilinguisme, l'anglais les en écarte.

Ainsi, paradoxalement, l'anglais, vecteur de tant de savoirs et de tant de pouvoirs sur le monde, apparaît comme un obstacle au partage universel des compétences, c'est-à-dire à cette « démocratie cognitive » dont parle E. Morin. On a souvent souligné l'importance de ce risque dans le domaine de la communication scientifique. Même s'il n'est pas certain que la langue et la culture aient une incidence directe sur la construction des concepts et si nombre d'entre eux peuvent, bien que désignés d'abord en anglais, posséder un contenu international partout identique, il demeure vrai qu'en abandonnant à l'anglais seul le statut d'idiome pourvoyeur de notions scientifiques, l'humanité se prive de la floraison d'idées qui est le reflet naturel de la féconde diversité des cultures et des langues. L'apparition de métaphores dans la terminologie d'un domaine qu'on aurait pu croire rebelle aux formulations imagées, celui des sciences physiques, laisse assez voir quel déficit de pensée menace un monde où, en dehors de l'anglais, presque aucun autre instrument linguistique n'est mis à contribution. Est-il besoin d'ajouter combien la situation est inégale pour des chercheurs non anglophones présentant leurs travaux en anglais ?

Si l'Europe ne réagit pas à cette situation en formant des citoyens multilingues, elle s'exposera davantage encore au péril du « tout anglais », réservé à une élite, et que ses partisans présentent souvent comme « inexorable ». Ainsi A. Minc :

> « L'omniprésence de l'anglais aura de toute façon lieu. [...] L'anticiper, c'est s'adapter à marche forcée : rendre l'enseignement de l'anglais obligatoire dès le primaire ; n'admettre le choix d'une autre première langue qu'une fois vérifiée la parfaite maîtrise de l'anglais » (1989).

Ces prophéties de la fatalité ne font que s'ajouter au zèle avec lequel les plus puissants veulent couvrir le monde de ce qu'on appelle autoroutes de l'information. Si l'on n'y prend garde, ce seront bientôt celles de l'anglais, l'univers se trouvera pris dans les mailles de leurs réseaux, et il ne restera aux autres langues que le cul-de-sac des usages régionaux. C'est bien là ce qu'il faut comprendre derrière les paroles gratifiantes du vice-président des États-Unis en mars 1994 à Rio de Janeiro :

> « Je suis venu [...] vous demander de nous aider à créer une structure d'information pour tout le globe. [...] Ces autoroutes [...] vont nous permettre de partager l'information, de nous relier les uns aux autres, et de former une seule communauté » (cité par Brunsvick 1995).

Comme par hasard, cette généreuse proposition ne fait aucune mention des langues dont il pourrait s'agir. Il n'y a pas lieu de s'en étonner quand on sait que les cultures dont elles sont les vecteurs sont loin de s'adresser à un marché aussi vaste que celui de l'anglais ; précisément, la culture n'est, pour les responsables américains, qu'un produit soumis, comme les autres, aux lois de l'économie ; c'est bien ce que révèle leur refus surpris de retirer des accords commerciaux en 1994, ainsi que le demandaient les Européens, les produits culturels (Jucquois, à paraître).

Former des multilingues, ce n'est pas seulement défendre les langues menacées par une hégémonie, c'est aussi contribuer à la lutte en faveur de l'emploi. Car les multilingues peuvent mettre leurs aptitudes au service des pays dont ils connaissent la langue. Le dynamisme de l'Europe suppose donc une réelle exploitation, grâce à l'éducation bilingue précoce, de ses richesses linguistiques. Même dans un pays comme la France, autrefois réservée à l'égard des langues étrangères, il est clair que les mentalités ont évolué, si l'on en croit un sondage indiquant que

> « 78 % des Français souhaitent, pour résoudre les problèmes de la communication entre Européens, que l'on incite ces derniers à apprendre plusieurs langues [...]; aucun responsable politique n'a prôné la disparition progressive de la diversité des langues » (Candelier 1995).

La défense de cette diversité est le devoir de l'école. C'est pourquoi il apparaît qu'une politique scolaire comme celle que propose le présent ouvrage est la réponse aux redoutables défis lancés à la diversité des cultures par la puissance des moyens d'information modernes. Il convient de ne pas oublier que la maîtrise de l'information par les médias de tous genres a fait de ces derniers des contre-pouvoirs menaçants pour l'école, car jusqu'ici, celle-ci possédait seule le pouvoir d'instruire. Il faut donc renforcer ce pouvoir, et lui donner les moyens de répandre, chez tous les enfants européens, les types de bi- et de multilinguisme les plus aptes à préserver la diversité culturelle. Car seule l'école dispense un enseignement désintéressé, et non soumis à la loi du profit.

Ainsi, tout enfant peut devenir bilingue puis multilingue, pourvu que l'on consente à satisfaire certaines conditions dont ce livre a exposé l'essentiel. Les unilingues de l'Europe de demain risquent d'apparaître comme des sinistrés de la parole. Les multilingues seront, au contraire, le ciment du monde. Comment refuser de donner aux écoliers dès les premières années, en y introduisant le bilinguisme, ce surcroît d'humanité qui fait tout l'enchantement de l'enfant aux deux langues ?

Références

ADAMCZEWSKI, H., 1992, *Le montage d'une grammaire seconde*, Textes du Crelingua, Paris III.

ALLEN, J.P.B. et H.G. WIDDOWSON, 1974, « Teaching the communicative use of English », in *IRAL*, Heidelberg, vol. 12, n° 1.

ARNBERG, L.,1987, *Raising Children Bilingually : The Preschool Years*, Clevedon (Philadelphia), Multilingual Matters Ltd.

ARONDEL, M., J. BOUILLON, J. LE GOFF et J. RUDEL, 1966, *Rome et le Moyen Âge jusqu'en 1328*, Paris, Bordas.

BAIN, B., 1974, « Bilingualism and cognition : Towards a general theory », in S.T. Carey, ed., *Bilingualism, Biculturalism and Education*, Edmonton, University of Alberta Press, pp. 119-128.

BALIBAR, R. et D. LAPORTE, 1974, *Le français national, politique et pratique de la langue nationale sous la Révolution*, Paris, Hachette Littérature.

BANNIARD, M., 1992, *Viva voce, Communication écrite et communication orale du IVe au IXe siècle en Occident latin*, Paris, Institut des Études augustiniennes.

BARUK, S., 1985, *L'âge du capitaine*, Paris, Seuil.

BATLEY, E., M. CANDELIER, G. HERMANN-BRENNECKE et G. SZEPE, 1993, *Les politiques linguistiques dans le monde pour le XXIe siècle*, Rapport pour l'UNESCO, Fédération internationale des Professeurs de Langues vivantes.

BERKO, J. et R. BROWN, 1960, « Psycholinguistic research methods », in P.H. Mussen, ed., *Handbook of Research Methods in Child Development*, New York, John Wiley and Sons.

BILINGUAL FAMILY NEWSLETTER (THE), Multilingual Matters Ltd, Bank House, Clevedon (Angleterre).

BOGAARDS, P., 1988, *Aptitude et affectivité dans l'apprentissage des langues étrangères*, Paris, Credif et Hatier (coll. LAL).

BONDI, A., 1994, « L'insegnamento delle lingue straniere nelle elementari. Qualche passo avanti », *Scuole e lingue moderne*, 32, pp. 86-90.

BORING, E. G., 1930, « A new ambiguous figure », *American Journal of Psychology*, 42, pp. 444-445.

BRUNSVICK, Y., 1995, « Les enjeux de développement des industries de la langue pour l'avenir du français et la francophonie », in *Langue nationale et mondialisation*, pp. 289-309.

BURLING, R., 1959, « Language development of a Garo- and English-speaking child », *Word*, 5, pp. 34-45.

BURSTALL, C. et al., 1974, *Primary French in the Balance*, Londres, NFER Publishing Company Ltd.

CANDELIER, M., 1995, « Diversité linguistique et enseignement des langues : perspectives européennes et réflexions didactiques », in *Langue nationale et mondialisation*, pp. 255-288.

CELLÉRIER, G., 1979, « Stratégies cognitives dans la résolution de problèmes », in M. Piattelli-Palmarini, pp. 114-120.

CERQUIGLINI, B., 1991, *La naissance du français*, Paris, Presses Universitaires de France, coll. « Que sais-je ? », n° 2576.

CERTEAU (de) M., D. JULIA et J. REVEL 1975, *Une politique de la langue, La Révolution française et les patois*, Paris, NRF, « Bibliothèque des Histoires ».

CHAUNU, P., 1982, *La France*, Paris, R. Laffont.

CHOMSKY, N., 1968, *Language and mind*, New York, Harcourt, Brace and World.

CUMMINS, J., 1978, « Metalinguistic development of children in bilingual education programs : Data from Irish and Canadian Ukrainian-English programs », in M. Paradis, ed., *Aspects of bilingualism*, Columbia (S. C.), Hornbeam Press, pp. 127-138.

CUTLER, A., J. MEHLER, D. NORRIS et J. SEGUI, 1992, « The monolingual nature of speech segmentation by bilinguals », *Cognitive Psychology*, 24, pp. 381-410.

DALGALIAN, G., 1980, « Problématique de l'éducation bilingue », *Actes du Colloque de Saint-Vincent*, Val d'Aoste, sans éditeur.

DAMOURETTE, J. et E. PICHON, 1911-1927, *Des mots à la pensée, Essai de grammaire de la langue française*, Paris, Éditions D'Artrey.

DEPREZ, C., 1994, *Les enfants bilingues : langues et familles*, Paris, Didier, coll. « Credif Essais ».

DESHAYS, E., 1990, *L'enfant bilingue*, Paris, R. Laffont.

DI PIETRO, R. J., 1978, « Bilingual education : a new challenge to old priorities », in M. Paradis, ed., *The Fourth LACUS Forum 1977*, Columbia (S. C.), Hornbeam Press, pp. 133-141.

EDWARDS, J., 1994, *Multilingualism*, Londres et New York, Routledge.

ERALY, A., 1995, « L'usage du français dans les entreprises en Belgique », in *Langue nationale et mondialisation*, pp. 197-240.

ERVIN, S.M. et C.E. OSGOOD, 1954, « Second language learning and bilingualism », *Journal of Abnormal Social Psychology*, Suppl. 49, pp. 139-146.

ESQUIROL (R.P.), J., 1931, *Dictionnaire ka-nao-français et français-ka-nao*, Hong-Kong, Imprimerie de la Société des Missions étrangères.

ESSER, U., 1984, « Fremdsprachenpsychologische Betrachtungen zur Fehlerproblematik im Fremdsprachenunterricht », *Deutsch als Fremdsprache* (Leipzig), 4, pp. 151-159.

EURODATA, 1991, « A Consumer Survey of 17 European Countries », Londres, *Reader's Digest International.*

FERGUSON, C., 1959, « Diglossia », *Word*, 15, pp. 325-340.

FERNANDEZ-VEST, M.M.J., 1989, « Être bilingue en Fenno-Scandie : un modèle pour l'Europe ? », in F. de Sivers, responsable, Questions d'identité, *Sociolinguistique* 4, Paris, Peeters-Société d'Études linguistiques et anthropologiques de France, pp. 77-112.

FEUILLET, J., 1993, *Grammaire structurale de l'allemand*, Berne, Peter Lang.

FISHMAN, J., 1991, « An inter-polity perspective on the relationship between linguistic heterogeneity, civil strife and per capita gross national product », *International Journal of Applied Linguistics*, 1, pp. 5-18.

GARANDERIE (de la), A., 1984, *Le dialogue pédagogique avec l'élève*, Paris, Le Centurion.

GAUDIN, M.-M., 1995, « La lecture en LEVIR (Langue Étrangère Vivante Inconnue Romane) chez les LMA (Langue Maternelle Arabe). Différences par rapport aux francophones de langue maternelle française », *Actes des Journées d'étude de l'équipe Galatea*, Grenoble.

GIRARD, D., 1995, *Enseigner les langues : méthodes et pratiques*, Paris, Bordas, « Pédagogie des langues ».

GIRARD, D. et G. Capelle, 1974, *It's up to you*, Méthode audio-visuelle d'anglais, Paris, Hachette

GRAMMONT, M., 1933, *Traité de phonétique*, Paris, Delagrave.

GROSJEAN, F., 1982, *Life with Two Languages : An Introduction to Bilingualism*, Cambridge (Mass.), Harvard University Press.

GUINET, L., 1982, *Les emprunts gallo-romans au germanique*, Paris, Klincksieck.

HAGÈGE, C., 1970, *La langue mbum de Nganha (Cameroun), Phonologie, grammaire*, Paris, Bibliothèque de la SELAF, n° 18-19 (deux volumes).

HAGÈGE, C., 1975, *Le problème linguistique des prépositions et la solution chinoise (avec un essai de typologie à travers plusieurs groupes de langues)*, Paris-Louvain, Éd. Peeters, Collection linguistique publiée par la Société de Linguistique de Paris.

HAGÈGE, C., 1976, *La grammaire générative, Réflexions critiques*, Paris, Presses Universitaires de France, coll. « Le Linguiste ».

HAGÈGE, C., 1983, « Voies et destins de l'action humaine sur les langues », Introduction à I. Fodor et C. Hagège, responsables, *La réforme des langues : histoire et avenir*, Hambourg, Buske, vol. I-II.

HAGÈGE, C., 1985, *L'homme de paroles*, Paris, Fayard, coll. « Le temps des sciences ».

HAGÈGE, C., 1986, *La structure des langues*, Paris, Presses Universitaires de France, coll. « Que sais-je ? », n° 2006, 2ᵉ édition (1ʳᵉ édition 1982).

HAGÈGE, C., 1987, *Le français et les siècles*, Paris, O. Jacob.

HAGÈGE, C., 1992 a, « Le front des langues », *Le Monde* du 4-3-1992, pp. 1-2.

HAGÈGE, C., 1992 b, *Le souffle de la langue*, Paris, O. Jacob. Réédition 1994, coll. « Opus ».

HAGÈGE, C., 1994, « Sciences cognitives, sciences du langage, et conscience des locuteurs-auditeurs comme constructeurs de langues », Résumé des cours et travaux, *Annuaire du Collège de France*, 94ᵉ année, Paris, Collège de France, pp. 871-879.

HAGÈGE, C., 1995 a, « L'exigence du plurilinguisme », *Le Monde* du 11-2-1995, p. 14.

HAGÈGE, C., 1995 b. « Le rôle des médiaphoriques dans la langue et dans le discours », *Bulletin de la Société de Linguistique de Paris*, XC, 1, pp. 1-16.

HAGÈGE, C. et A.-G. HAUDRICOURT, 1978, *La phonologie panchronique*, Paris, Presses Universitaires de France, coll. « Le Linguiste ».

HANSEGÅRD, N.-E., 1968, *Tvåspråkighet eller halvspråkighet ?* (= Bilinguisme ou semi-linguisme ?), Stockholm, Aldus/Bonniers.

HARDING, E. et P. RILEY, 1986, *The Bilingual Family, A Handbook for Parents*, Cambridge, Cambridge University Press.

HEREDIA-DEPREZ, C. de, 1977, « Le bilinguisme chez l'enfant », *La Linguistique*, 13, 2, pp. 109-130.

HILL, W. E., 1915, « My wife and my mother-in-law », *Puck*, 6 novembre.

HUIZINGA, J., 1938, *Homo ludens*, Leyde, Publications de l'Université.

HYMES, D. H., 1975, « The pre-war Prague School and post-war American anthropological linguistics », in E.F.K. Koerner, ed., *The Transformational-Generative Paradigm and Modern Linguistic Theory*, Amsterdam, John Benjamins, CILT 1, pp. 359-380.

JACOB, F., 1979, intervention dans la discussion sur l'innéité du noyau fixe, in M. Piattelli-Palmarini, p. 101.

JAKOBSON, R., 1963, *Essais de linguistique générale*, Paris, Minuit.

JERUSALEM REPORT (THE), 1994, 11 août, pp. 16-17.

JUCQUOIS, G., à paraître, « Le monolinguisme ne coûterait-il pas finalement plus cher que le multilinguisme ? », *Cahiers de l'Institut de Linguistique de Louvain*.

KIELHÖFER, B. et S. JONEKEIT, 1985, *Éducation bilingue*, Tubingen, Stauffenburg.

KILANI-SCHOCH, M. et W.U. DRESSLER, 1993, « Prol-o, intell-o, gauch-o et les autres. Propriétés formelles de deux opérations du français parlé », *Romanistisches Jahrbuch*, Band 43, pp. 65-86.

KOEHN, C., 1994, « The acquisition of gender and number morphology within NP », in J.M. Meisel, ed., *Bilingual First Language Acquisition*, Amsterdam/Philadelphie, John Benjamins Publishing Company, LALD 7, pp. 29-51.

KOLERS, P. A., 1968, « Bilingualism and information processing », *Scientific American*, 218, pp. 78-86.

KOMENSKY, J. A. (dit Comenius), 1632, *Didactica Magna*, Traité de l'art universel d'enseigner tout à tous, Amsterdam.

Langue nationale et mondialisation : enjeux et défis pour le français, 1995, Actes du Séminaire organisé les 25, 26 et 27 octobre 1994 à Québec, Québec, Gouvernement du Québec.

LAPONCE, A., 1995, « Bilinguals and bilingualism as agents of communication, cooperation and conflict », in B. Saint-Jacques, ed., *Studies in Language and Culture*, Aichi (Japon), Shukutoku University, pp. 55-77.

LEOPOLD, W., 1939-1950, *Speech Development of a Bilingual Child,* New York, AMS Press ; réédition 1970, quatre volumes : vol. I « Vocabulary growth in the first two years. »

LIETTI A., 1994, *Pour une éducation bilingue,* Paris, Payot et Rivages (1ʳᵉ édition 1981).

LITTRÉ, J., 1862, *Histoire de la langue française,* Paris, Didier, deux volumes.

LOT, F., 1931, « À quelle époque a-t-on cessé de parler latin ? », *Archivium Latinitatis Medii Aevi,* V.

MACNAMARA, J., 1970, « Bilingualism and thought », *Georgetown University Monograph Series on Language and Linguistics,* 23, pp. 25-40.

MARTINET, A., 1960, *Éléments de linguistique générale,* Paris, A. Colin, rééditions 1970, 1973.

MEHLER, J. et E. DUPOUX, 1990, *Naître humain,* Paris, O. Jacob. Réédition 1995, coll. « Opus ».

MINC, A., 1989, *La grande illusion,* Paris, Grasset.

NANCY, J.-L., 1978, « La langue enseigne », *Cahiers critiques de la littérature,* n° 5, La langue dans l'enseignement, Éditions Contrastes.

NATION, P., 1993, « Vocabulary size, growth, and use », in R. Schreuder et B. Weltens, eds., *The bilingual Lexicon,* Amsterdam/ Philadelphie, John Benjamins Publishing Company, SiBil 6, pp. 115-134.

NEUFELD, G.G., 1977, « Language learning ability in adults : A study on the acquisition of prosodic and articulatory features », *Working Papers on Bilingualism,* 12, pp. 45-60.

NIEDERMANN, M., 1959, *Phonétique historique du latin,* Paris, Klincksieck.

PARADIS, M., 1980, « Language and thought in bilinguals », in W.C. McCormack et H.J. Izzo, eds., *The Sixth LACUS Forum 1979,* Columbia (S.C.), Hornbeam Press, pp. 420-431.

PARIS, G., 1862, *Étude sur le rôle de l'accent latin dans la langue française,* Paris et Leipzig, Franck.

PARIS, G., 1868, *Grammaire historique de la langue française,* Leçon d'ouverture, Paris, Franck.

PARVAUX, S. (Inspecteur général de portugais), 1995, lettre personnelle.

PAWLEY, A., 1994, « Beyond the grammar-lexicon model : The central role of speech formulas in linguistic competence », pre-

mière version d'un article présenté au Symposium international sur la Phraséologie, Leeds, avril.

PENFIELD, W. et L. ROBERTS, 1959, *Speech and Brain Mechanisms*, Princeton University Press.

PETIT, J., 1985, *De l'enseignement des langues secondes à l'apprentissage des langues maternelles*, Paris et Genève, Champion-
Slatkine.

PETIT, J., 1992, *Au secours, je suis monolingue et francophone!*,
Reims, Presses Universitaires de Reims, Publications du
Centre de Recherche en Linguistique et Psychologie cognitive,
UFR de Lettres et Sciences humaines de Reims.

PIATTELLI-PALMARINI, M., 1979, organisateur, *Théories du langage, théories de l'apprentissage*, Le débat entre Jean Piaget et
Noam Chomsky, Centre Royaumont pour une science de
l'homme, Paris, Éditions du Seuil.

POPLACK, S., 1980, « Sometimes I'll start a sentence in English y
termino en español : towards a typology of code-switching »,
Linguistics, 18, pp. 581-618.

PSICHARI, J., 1928, « Un pays qui ne veut pas sa langue », *Mercure
de France*, 1ᵉʳ septembre, pp. 63-120.

QUERLEAU, D. et K. RENARD, 1981, « Les perceptions auditives du
fœtus humain », *Médecine et Hygiène*, 39, pp. 2102-2110.

QUINTILIEN (Iᵉʳ siècle après J.-C.), 1803, *De l'Institution de l'orateur*,
traduit par M. l'abbé Gédoyn, Paris, H. Barbou.

ROLLIN, C., 1726-1728, *Traité des Études*, Paris.

RONJAT, J., 1913, *Le développement du langage observé chez l'enfant bilingue*, Paris, Champion.

ROSTAING, C., 1969, *Les noms de lieux*, Paris, Presses Universitaires de France, coll. « Que sais-je ? », n° 176.

SAUER, F., 1994, « L'enseignement de l'histoire et de la géographie
en section bilingue franco-allemande dans le Land de Rhénanie-Palatinat », *Triangle 13*, L'enseignement/apprentissage des
disciplines en langue étrangère, Paris, Didier Érudition, pp. 75-
94.

SAUNDERS, G., 1982, *Enfants bilingues. L'expérience d'un apprentissage familial*, Paris, Retz.

SAUSSURE, F. de, 1916, *Cours de linguistique générale*, Genève,
Payot.

SAUZET, P., 1989, « La diglossie : conflit ou tabou ? », in *La Bretagne
linguistique*, Cahiers du Groupe de Recherche sur l'Économie

linguistique de la Bretagne, Centre de Recherches bretonnes et celtiques, vol. V, pp. 7-40.

SAVINA (R.P.), F., 1916, *Dictionnaire miao-tseu-français*, Bulletin de l'École française d'Extrême-Orient, t. XVI, fasc. 2.

SAVINA, F., 1924, *Dictionnaire étymologique français-nung-chinois*, Hong-Kong.

SCHUCHARDT, H., 1866-1868, *Vokalismus des Vulgärlateins*, Leipzig, Teubner, trois volumes.

SELESKOVITCH, D., 1976, « Traduire : de l'expérience aux concepts », *Études de Linguistique appliquée*, 24, pp. 64-91.

SELINKER, L., 1969, « Language transfer », *General Linguistics*, 9, pp. 67-92.

SINGLETON, D., 1989, *Language acquisition : The age factor*, Clevedon (Philadelphia), Multilingual Matters Ltd.

SKUTNABB-KANGAS, T., 1981, *Tvåspråkighet*, Lund, Liber Läromedel.

SWAIN, M. K., et M. WESCHE, 1975, « Linguistic interaction : a case study of a bilingual child », *Language Sciences*, 37, pp. 17-22.

TAUPENAS, A., 1989, *Le bilinguisme précoce*, Diplôme de l'École Pratique des Hautes Études, Paris, EPHE, IVᵉ Section.

TOMATIS, A., 1963, *L'oreille et le langage*, Paris, Seuil.

TROCME-FABRE, H., 1987, *J'apprends, donc je suis*, Paris, Éditions d'Organisation, réédition 1994.

TROCME-FABRE H., 1995, « Né pour apprendre », Interview par J. Schlissinger, *La Tribune internationale des Langues vivantes*, nouvelle série, n° 17, 3.

TRUCHOT, C., 1994, Introduction du livre *Le plurilinguisme européen, Théories et pratiques en politique linguistique*, sous la direction de C. Truchot, avec D. Huck, B. Wallis et A. Bothorel-Witz, Paris, Champion.

VERMEER, A., 1992, « Exploring the Second Language Learner Lexicon », in L. Verhoeven et J.H.A.L. de Jong, eds., *The Construct of Language Proficiency. Applications of Psychological Models to Language Assessment*, Amsterdam/Philadelphie, John Benjamins, pp. 147-162.

VIHMAN, M., 1985, « Language differenciation by the bilingual infant », *Journal of Child Language*, 12, 2, pp. 297-324.

VOGEL, K., 1991, « Lernen Kinder eine Fremdsprache anders als Erwachsene ? Zur Frage des Einflusses des Alters auf den Zweitsprachenerwerb », *Die Neueren Sprachen*, 90, pp. 539-550.

WARTBURG (von), W., 1934, *Évolution et structure de la langue française*, Leipzig.

WEINREICH, U., 1953, *Languages in contact*, Findings and Problems, New York, Publications of the Linguistic Circle of New York, 1.

WERKER, J.F. et R. TEES, 1983, «Developmental changes across childhood in the perception of non-native speech sounds», *Canadian Journal of Psychology*, 37, pp. 278-286.

WHORF, B.L., 1956, *Language, Thought and Reality*, New York, The Technology Press.

WOLFF, P., 1970, *Les origines linguistiques de l'Europe occidentale*, Paris, Hachette, «L'univers des connaissances».

Table

DEUXIÈME PARTIE
Cinq clefs pour une école nouvelle

TABLE • 295

TABLE • *297*

TROISIÈME PARTIE
De quelques données de base et méthodes utiles

QUATRIÈME PARTIE
Diversité des situations bilingues

Du même auteur

Le Français et les siècles,
Paris, Éd. Odile Jacob, 1987.

*Le Souffle de la langue : voies et destins
des parlers d'Europe,*
Paris, Éd. Odile Jacob, 1992,
nouvelle édition en 1994, coll. « Opus ».

L'Homme de paroles,
Paris, coll. « Le Temps des Sciences », 1985.

*Le Problème linguistique des prépositions
et la solution chinoise,*
Louvain/Paris, Éd. Peeters, 1975.

La Structure des langues,
Paris, PUF, coll. « Que sais-je ? », 1982.

La Réforme des langues : histoire et avenir,
vol. I-II, 1983 ; vol. III, 1983-1984 ; vol. IV, 1989 ;
vol. V, 1990 ; vol. VI, 1994 (avec I. Fodor), Hambourg,
Buske.

CET OUVRAGE A ÉTÉ REPRODUIT
ET ACHEVÉ D'IMPRIMER SUR ROTO-PAGE
PAR L'IMPRIMERIE FLOCH À MAYENNE
EN MARS 2001

Nº d'impression : 51007.
Nº d'édition : 7381-0340-5.
Dépôt légal : janvier 1996.
Imprimé en France.